SMARTER FASTER BETTER

习惯的力量2
高效的秘密

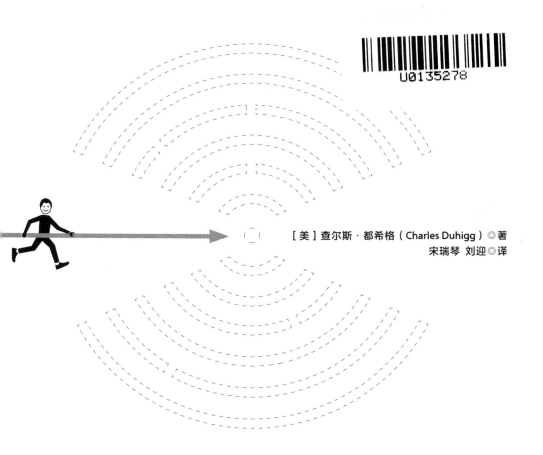

[美] 查尔斯·都希格（Charles Duhigg）◎著

宋瑞琴 刘迎◎译

The Secrets of Being Productive in Life and Business

中信出版集团｜北京

图书在版编目（CIP）数据

习惯的力量. 2，高效的秘密 /（美）查尔斯·都希
格著；宋瑞琴，刘迎译. -- 北京：中信出版社，
2024.6
　　书名原文：SMARTER FASTER BETTER
　　ISBN 978-7-5217-6515-1

　　Ⅰ.①习… Ⅱ.①查… ②宋… ③刘… Ⅲ.①行为经
济学—通俗读物 Ⅳ.①F069.9-49

　　中国国家版本馆CIP数据核字（2024）第 077016 号

习惯的力量. 2——高效的秘密
著者：　　〔美〕查尔斯·都希格
译者：　　宋瑞琴　刘迎
出版发行：中信出版集团股份有限公司
　　　　　（北京市朝阳区东三环北路 27 号嘉铭中心　邮编　100020）
承印者：　三河市中晟雅豪印务有限公司

开本：787mm×1092mm　1/16　　印张：18.75　　　字数：210 千字
版次：2024 年 6 月第 1 版　　　印次：2024 年 6 月第 1 次印刷
京权图字：01-2017-0385　　　　书号：ISBN 978-7-5217-6515-1
　　　　　　　　　　　定价：69.00 元

献给哈里、奥利弗、多丽丝、约翰、安迪，还有我的爱人莉兹

目　录

序 言

2011 年夏天，我请一位同事的朋友帮了个忙，我对效率的研究就是从那时开始的。

当时，我正在写一本书，从神经学和心理学角度研究习惯的养成。我的写作到了几近疯狂的最后阶段，电话响个不停，我手忙脚乱地修改和校对书稿。时间仿佛总是不够用，我感觉定稿之日遥遥无期。那时候，我的妻子刚刚生下我们的第二个孩子，每天还要上班；我是《纽约时报》的一名调查记者，白天忙采编，晚上改书稿。那段时间，我马不停蹄地工作，需要完成的事情很多，包括处理紧急邮件、参加紧急会议……在分身乏术之际，我只能不停地为自己的拖延道歉。

为此，我以咨询出版方面的问题为由，联系了阿图·葛文德。他是一位我很敬重的作家，也是我在《纽约时报》的一位同事的朋友，成功者的典范。他还是一家著名杂志的特约撰稿人、美国顶级医院的著名外科医生、哈佛大学副教授、世界卫生组织顾问。他创立了一个非营利性组织，在全球范围内为缺医少药的地区提供外科手术所需的相关物品。他写了 3 本书——都很畅销，他已婚且有 3 个孩子。2006 年，阿图·葛文德在获得美国麦克阿瑟天才奖后，把

50万美元奖金中的一大部分捐给了慈善机构。

有一种人善于故弄玄虚,简历写得天花乱坠,实际上最擅长的就是自我营销。还有一种人追求脚踏实地地把事情做好,比如葛文德。他写的文章构思巧妙且引人入胜,而且,众所周知,他在外科手术方面造诣很高,是一位对患者负责任的医生,也是一位尽职的父亲。每次接受电视采访时,他都富有亲和力,愿意为他人着想。可以说,他在医学、写作和公共卫生领域的作为既重要又实用。

我给阿图·葛文德发邮件,询问他有没有空和我一起聊聊。我想了解他为何如此高效,也想知道若我能掌握其中的奥秘,是否也可以改变我的人生。

当然,所谓的"高效"在不同的情况下有不同的含义。有人认为,晨练一个小时,然后送孩子们上学,这一天就很充实;也有人认为,花一个小时在办公室回复各种邮件,给不同的客户打电话,能产生成就感。在科学家和画家的眼中,失败的实验和废弃的画布是衡量效率的指标,他们认为每一次失败都能让自己离目标更近一步;而在工程师的眼中,高效或许意味着制造速度更快的生产线。对于我们每个人来说,高效的生活是平日里早早地把孩子送到幼儿园,然后开始工作,周末则带他们去公园散步。

简单地说,高效意味着我们最大限度地利用自己的精力、智力和时间,少做无用功,取得价值最大的回报或事半功倍的效果;意味着我们要努力学会如何在通往成功的路上轻装前进;意味着我们在完成某个目标的同时,不以牺牲其他目标为代价。

根据上述定义,阿图·葛文德似乎把一切都处理得很好。

几天后,他回复了我的邮件,并遗憾地表示:"我很想帮你,但我正在满负荷工作，需要履行的承诺太多。希望你能理解。"看来，即使像他这样的人，精力也是有限的。

几天后，我向我的同事提起这件事，明确表示我并没有生葛文德的气，而且我很佩服他的专注力。我想，他一定在忙着医治患者、给医学院的学生上课、写文章、给世界卫生组织当顾问……

同事却说，我猜错了。葛文德那个星期之所以格外忙碌，是因为他要陪孩子们听摇滚音乐会，接下来还要和他的妻子度过一个短暂的假期。

其实，在当月晚些时候，葛文德曾对我的那位同事说，希望我能够再给他发一封邮件，也许那时他会有足够的时间和我聊聊。

在那一刻，我意识到两点：

（1）我9个月来从未给自己放一天假，这绝对是错误的。我甚至担心，如果让我的孩子在我和保姆之间做出选择，他们会选择后者。

（2）更关键的一点是，的确有人清楚地知道怎样做事才更有效率，我要想办法让他们把秘诀告诉我。

● ● ●

我针对"如何达到高效"展开了深入的调查，试图找出某些人和企业更高效的原因，结论就在本书中。

4年前，我联系了葛文德，又接触了不少神经医学家、商人、政府官员、心理学家以及其他高效人士。从迪士尼电影《冰雪奇缘》的制片人那里，我了解到他们如何在时间紧和创作险些夭折的情况下，通过培养团队本身的创造力，制作出一部超级卖座的电影。我与谷歌的数据科学家以及《周六夜现场》早期的编导交谈，他们都认为，在某种程度上，团队的成功源于他们遵循了某些约定俗成的准则，比如相互扶持、敢于冒险。我采访了美国联邦调查局（FBI）的特工，他们曾借助"敏捷管理"和加利福尼亚州弗里蒙特一座旧汽车制造厂的文化，破获了一起绑架案件。我还走访了辛辛那提的公立学校，目睹学校如何通过增加学生获取信息的难度（一个看似有违常理的教育改革项目）改变了学生的生活。

在与不同领域的高效人士接触的过程中，我总结出几大要点。我发现，无论是扑克玩家、飞行员，还是军官、企业高管、认知科学家，他们有关效率的观点都具有某种相似性。我意识到，或许正是这些共同点让这些人和企业保持高效。

本书分析 8 个（也可以说是最重要的）提高效率的秘诀。例如，掌控力能够激发人的动力：军队通过训练，让一群毫无目标的少年学会主动做出选择，最终成为海军陆战队士兵。再如，我们可以通过构建"心智模型"来保持注意力，澳洲航空 32 号航班的机组人员借此让 440 名乘客在空难中幸存下来。

本书还会介绍设定目标的正确方式——既要有远大的志向，也要有小目标：第四次中东战争爆发前夕，以色列领导人为何要孤注一掷？另外，做决定时，你一定要设想未来的多种可能性，而不是只想着你希望看到的那一种：一位女性如何赢得世界扑克系列赛冠军？硅谷的一些企业如何通过建立"奉献者文化"而成为行业巨头？

我把这 8 个秘诀凝练成一个很重要的基本原则：高效并不意味着超负荷工作或者拼命工作，也绝对不是花更多的时间在工作上，甚至牺牲个人生活。

　　我们可以这样理解，效率的高低取决于你做出选择的方式：我们以什么方式定义自己，并做出大大小小的决定；我们被怎样的故事打动，忽略了哪些容易实现的目标；我们在团队成员中建立起怎样的归属感；我们作为领导者，打造了什么样的创新文化……以上这些，足以判断我们是碌碌无为者，还是真正的高效人士。

　　在我们生活的这个世界里，你可以随时与同事取得联系，可以通过智能手机浏览重要文件，可以在几秒内获取你想要的信息，可以享受任何商品 24 小时送货上门服务。一家企业可以在加利福尼亚州进行产品设计，再把产品销往巴塞罗那，用电子邮件把模板发到深圳，还可以在地球上的任何地方追踪交货情况。在日常生活中，家长可以自动同步家庭计划表，可以躺在床上支付订单，可以在宿舍熄灯后定位孩子手机的位置。当下的我们，正在经历一场经济社会的革命。在很多方面，其深远影响不亚于过去的农业革命和工业革命。

　　这场革命所带来的通信和技术上的进步理应让生活更加便利，不幸的是，它们却让我们的生活充满更多的工作和更大的压力。

　　在某种程度上，这是因为我们一直以来只看到了革命的表象，只学会了使用提高效率的工具——各种小发明、应用程序和处理待办事项的复杂文件归档系统，而没有真正地体验到技术创新带来的便利。

　　然而，有些人已经学会了如何掌控这个变化的世界，有些企业已经发现了如何在飞速变化的时代抓住机遇。

　　现在，我们懂得了如何才能成为真正高效的人和企业。我们懂得了哪些选择最关键，最能拉近我们与成功之间的距离。我们懂得了怎样设定目标才能让创新成为可能。我们懂得了如何扭转局势，在问题中发现潜在的机遇；如何打开我们的思路，发现新的、创造性的联系；如何放慢数据更新的速度，让自己更快地获取信息。

如何做出选择，让自己成为真正高效的人？如何正确利用那些已经改变了我们生活的科学、技术和机遇？答案就在这本书中。总有一些人懂得如何让自己少一些庸碌、多一些成功，总有一些企业懂得如何让了不起的产品背后少一些资源浪费，总有一些领导者能够改变他们周围的人。

此书致力于让你变得更明智、更高效、更优秀，出色地完成你需要做的一切。

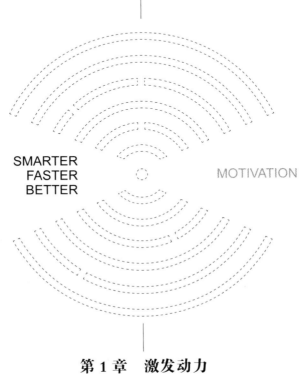

SMARTER
FASTER
BETTER

MOTIVATION

第 1 章　激发动力

重新审视效率产生的源头

动力消失

刚过 60 岁的罗伯特和妻子薇奥拉精心策划了一场南美之旅，他们计划先到巴西，再翻越安第斯山脉到达玻利维亚和秘鲁。在这 29 天的行程中，他们将参观印加遗址，坐船游览的的喀喀湖，逛工艺品市场，观察鸟类。

临行前，罗伯特和朋友们开玩笑说，这趟旅行让他很不安，他都能想象其间要和秘书通多少个电话。几十年来，罗伯特·菲利普努力拼搏，凭借着非凡的领导力，把一座小型加油站打造成路易斯安那州农村地区的汽车配件王国，他自己也俨然成了一位大人物。除了汽车配件生意，他还拥有一家化学公司、一家造纸厂、大片的土地，以及一家房地产公司。如今，罗伯特 60 多岁了，他的妻子劝他休息一个月，去国外旅行。在他看来，那一定是一些连路易斯安那州立大学和密西西比大学之间举行的美式橄榄球赛都转播不了的地方。

罗伯特总爱说，为了做生意，他跑遍了墨西哥湾沿岸，任何一条小路和陋巷都留下过他的车辙。公司逐渐发展起来，罗伯特的豪爽也出了名，他总是邀请新奥尔良、亚特兰大等大城市的客户到各色酒吧，尽兴方归。到了次日早晨，罗伯特会趁那些人还处于宿醉状态，让他们心甘情愿地签下几百万美元的订单。在酒吧里，调酒师总是不失默契地往罗伯特的杯子里倒苏打水，而给他的大客户们奉上鸡尾酒。这么多年来，罗伯特从未喝过烈酒。

他是哥伦布骑士团和商会成员、路易斯安那州批发商协会和大巴腾鲁日港口委员会前会长，还是一家地方性银行的董事长，他愿意向任何一个给他颁发经营许可证的政党捐款。他的女儿罗克珊对我说："这个世界上绝对不会有第二个像我父亲那样热爱工作的人。"

罗伯特夫妇对这次南美之行充满期待。没想到的是，旅程才过半，罗伯特就出现了反常的行为。从拉巴斯下飞机后，他蹒跚地穿过机场，累得上气不接下气，干脆在行李认领处坐下来。一群乞讨的孩子凑过来要钱，他笑着把零钱扔在地上。在去往宾馆的巴士上，他喋喋不休地向人们讲述他去过的国家和所到之处女子的各种风情。拉巴斯海拔 3 600 多米，是世界上海拔最高的城市之一，罗伯特的反常表现或许与这有关。

整理完行李，薇奥拉建议他睡一会儿，可罗伯特说他想出去逛逛。在之后的一个小时里，他走遍了整个小镇，买了些小玩意儿，只要碰到不懂英语的本地人，他就变得怒不可遏。罗伯特回到宾馆后就上床睡觉了，夜里呕吐不止。次日早上，他感觉自己要晕倒了，妻子劝他休息，他又生起气来。罗伯特在床上度过了第三天。到了第四天，他的妻子意识到该提前结束旅行了。

回到路易斯安那以后，情况似乎有所好转，罗伯特清醒了许多，也不再乱说话。然而，薇奥拉和孩子们发现，罗伯特变得嗜睡了，要是没人劝他，他甚至不会踏出家门一步。薇奥拉原本以为他一回国就会冲进办公室工作，却没想到他连秘书都没有联系过。薇奥拉提醒他狩猎季快到了，可以申请许可证，他却推说今年不考虑这件事……最终，薇奥拉决定求助医生，不久后，他们驱车前往新奥尔良的奥什纳诊所。

神经内科主任理查德·施特鲁布博士给罗伯特做了一系列检查，结果表明他的生命体征正常，血液检查结果正常，韦克斯勒成人智力量表（修订版）显示他的智力也正常。没有传染病、糖尿病、心脏病和中风的迹象，能够准确理解当天报纸上的文章，能够转述一个小故事，甚至还能清楚地回忆自己童年的经历。

"能向我介绍一下你的生意吗？"施特鲁布博士说。

罗伯特讲述了他如何创办自己的公司，还详细介绍了最近的几笔订单。

施特鲁布博士说："你的妻子说你最近有些反常。"

"没错。"罗伯特答道，"我感觉自己不像过去那么有干劲儿了。"

"他对此并不惊讶，"施特鲁布博士后来对我说，"他对自己的变化的描述，平淡得就像在谈论天气。"

除了突然变得冷漠，施特鲁布博士没有从罗伯特身上发现任何疾病或者损伤。他建议薇奥拉先带罗伯特回家观察几周，看看情况能否有所改善。一个月过去了，他们又回到这家诊所。薇奥拉对施特鲁布博士说，罗伯特不愿意和老朋友见面，也不想读书。过去，和他一起看电视是件让人很恼火的事情，因为他老是不停地换台，想找到更好看的节目。现在，他却两眼直勾勾地盯着电视屏幕，毫不在意电视里在演些什么。在薇奥拉的恳求下，罗伯特终于走进了他的办公室，可秘书说他一连几个小时都坐在办公桌旁发呆。

"你是否感到不开心或者抑郁？"施特鲁布博士问他。

"没有，"罗伯特说，"我感觉很好。"

"你昨天都做了什么？"

罗伯特说自己看了一整天电视。

施特鲁布博士说："你太太告诉我，你的员工很担心你，因为他们最近在办公室几乎见不到你。"

"我现在的注意力好像转移到了别处。"罗伯特说道。

"比如呢？"

罗伯特说："噢，我也不知道。"紧接着，他陷入了沉默，面对墙壁，一脸茫然。

施特鲁布博士给罗伯特开了好几种药（用于治疗激素失调和注意力障碍），但是都没什么效果。抑郁症患者通常会感到悲伤和绝望，而罗伯特说他对自己的生活很满意。他承认自己现在性情大变，但并没有因此感到苦恼。

施特鲁布博士通过磁共振成像（MRI）采集了罗伯特大脑内部的图像，发现他的颅骨内靠近头部中心的位置有一处小阴影区域，这表明血管破裂导致少量血液暂时瘀积在他大脑的纹状体内。在极罕见的情况下，这会造成大脑损伤或情绪波动。可是，除了精神不振，罗伯特没有任何神经疾病的症状。

一年后，施特鲁布博士在《神经学档案》杂志上发表了一篇文章。文章里写道，罗伯特的"行为变化以冷漠和缺乏动力为特征，他放弃了个人爱好，在工作中不能及时做出决定。他很清楚自己在生意上应该采取哪些行动，却一直拖延，把具体的事务搁置一边。要知道，这并非抑郁症的症状"。施特鲁布博士指出，这种消极的状态是由轻微的脑损伤导致的，而玻利维亚的高海拔很有可能是造成这种脑损伤的元凶。然而，这并不是最终结论。"血管破裂出血可能只是巧合，与高海拔没有任何关系。"

施特鲁布博士写道，这是一个独特但尚无定论的病例。

● ● ●

　　之后的 20 年里，医学期刊陆续发表了一些与之相似的研究成果。某一天，一位 60 岁的教授突然"对什么都提不起兴趣了"。他曾是自己所在领域的专家，是一个十分看重职业精神的人。然而，从那天起他彻底变了。"我感觉自己没有精神，也没有活力。"他对医生说，"我失去了动力，每天必须强迫自己起床。"

　　一个 19 岁的女孩在遭遇一氧化碳泄漏事故并陷入短暂的无意识状态之后，似乎对最基本的日常活动也失去了兴趣。若非有人督促，她能在一个位置上坐一整天。一位神经学家在一篇文章中写道："有一次，在沙滩上，她躺在一把遮阳伞下好几个小时。即使太阳正对着她，她也没有想着去阴凉的地方，最后竟被严重晒伤。"从那以后，她的爸爸再也不敢让她一个人待着。

　　一位退休的警官突然每天"早上都要睡到很晚才起床，没人催他的话，他就不去洗漱，但对于妻子的话他还是言听计从的。之后，他就往扶手椅上一坐，什么也不干"。还有一位中年男性被黄蜂蜇伤后，就不再主动与妻子、孩子和生意伙伴交流。

　　20 世纪 80 年代后期，法国马赛一位名叫米歇尔·哈比卜的神经学家听说了这些事情，并对它们产生了兴趣。他开始从各种档案和文献中寻找类似的病例，经研究发现这种罕见的病例有着惊人的相似性：家属带患者到诊所就医，诉说患者的消极状态和反常的行为。医生在给患者做了一系列检查后，却没有查出任何问题——心理测试结果正常，智商测试结果为中等偏上，身体健康，患者自己也没有感到抑郁或者苦恼。

　　接着，哈比卜联系了诊治那些患者的医生，请他们提供患者的磁共振成像图。很快，他发现了这些病例的另一个共同点：患者的纹状体上有血管破裂的痕迹，与在罗伯特颅骨内发现的阴影所在位置相同。

纹状体作为大脑的中央调度站，把前额叶皮质等负责决策的脑区指令传达给负责运动和情绪功能的基底神经节——神经中一个比较古老的部分。神经学家相信，纹状体可以帮我们把决策转化为行动，对于调节情绪有重要的作用。哈比卜的一些同事认为，血管破裂所导致的患者纹状体的损伤实在是太小了，不足以解释他们行为的变化。不过，除了这些损伤，哈比卜无法解释他们失去动力的原因。

纹状体与帕金森病有关，一直以来，纹状体损伤备受神经学家的关注。不过，帕金森病患者通常伴有静止性震颤、身体不受控制和抑郁的症状，而哈比卜研究的这些患者，似乎只是失去了做事的动力。"帕金森病患者存在运动困难的问题，"哈比卜对我说，"但是那些突然变冷漠的患者没有任何行动上的困难，他们只是不想动。"比如，那个在沙滩上被晒伤的 19 岁女孩能够打扫房间、洗碗、叠衣服、做饭，但是如果没人要求她做这些事，她一整天都不会动一下。当妈妈问她晚餐想吃什么时，她会回答"什么都可以"。

哈比卜写道，在诊所，那位 60 岁的教授"坐在医生面前，在很长一段时间内一动不动，也不说话，等着医生向他提问"。可是，当医生要求他描述自己的工作时，他不但能阐述复杂的观点，还能凭记忆引用文献内容。随后再次陷入沉默，等着医生的下一个问题。

对哈比卜研究过的所有患者而言，药物和心理咨询没有任何效用。"那些在生活中本应引起人的积极或消极情绪变化的事物，在这类患者身上却一点儿效果都没有。"哈比卜写道。

"就好像他们大脑中负责产生动力和活力的那部分区域彻底消失

了。"他对我说，"他们没有消极的想法，也没有积极的想法——什么想法都没有。他们的智力水平没有下降，仍然能够感知这个世界。他们原来的人格还在，但是动力全无。"

猜数字游戏

研究员毛里齐奥·德尔加多在匹兹堡大学做了一项实验。实验室的墙被刷成樱桃黄色，里面有一台磁共振成像仪和一台计算机显示器。令人难以置信的是，这位看起来如此年轻的研究员竟然是一位博士，他微笑着请所有实验参与者进入实验室。德尔加多要求他们取下身上的首饰，拿出口袋里的所有金属物品，再躺在那台磁共振成像仪上。

德尔加多解释说，实验参与者躺下后，能够从计算机显示器上看到 1 到 9 之间的数字。在数字出现之前，实验参与者需要猜数字是大于 5 还是小于 5，然后按下不同的按钮，游戏将会重复多次。实际上，这个游戏没有什么技术含量，也不能考察实验参与者的能力。这一点德尔加多虽然没有和实验参与者提及，但他认为这绝对是世界上最无聊的游戏之一。不过，这是他有意为之的。

德尔加多并不关心实验参与者能不能猜对数字，他只想了解当人的注意力长时间地集中在一个枯燥的游戏上时，大脑的哪部分区域会变得活跃。在猜数字的同时，磁共振成像仪记录了实验参与者的大脑活动。德尔加多想要找出兴奋和预测的神经感觉（动力）产生的根源。他提示实验参与者如果不想玩了，可以随时停下来。不过，根据过往的经验，实验参与者会一轮接一轮地玩下去，有时甚至会持续几个小时，因为他们每次都想知道自己有没有猜对。

躺在磁共振成像仪里的每位实验参与者都目不转睛地盯着计算机显示器，不断地按下按钮，有的还会随着自己的胜败而欢呼或叹气。德尔加多在监测实验参与者的大脑扫描图像时发现，实验参与者在玩游戏时，无论猜对还是猜错，他们的纹状体区域都会发亮，这表明纹状体处于活跃状态。德尔加多知道，纹状体的活动与人的情绪反应，尤其是期待、兴奋的情绪有关。

实验结束后，有一位实验参与者竟然想把这个游戏带回家接着玩。

"这恐怕不行。"德尔加多回答道。这个游戏只能安装在他的计算机上，而且他悄悄告诉这位实验参与者，游戏结果是预先设置好的。为了确保每位实验参与者玩的游戏都是相同的，他通过编程预设了游戏的结果，所以每个人都会按照猜对—猜错—猜对—猜错的顺序玩下去。也就是说，游戏的结果一开始就已设定好了，就像用两面都是头像的硬币打赌一样。

这位实验参与者竟然说："没关系，我就是喜欢它。"

"真奇怪，"德尔加多后来对我说，"那位实验参与者既然知道游戏结果是预设好的，为什么还想玩？我的意思是，一个被人为操纵的游戏有什么好玩的？你的选择和最后的结果没有任何关系，但是，我却花了5分钟才说服他。"

在之后的日子里，德尔加多一直在思索为什么这个游戏会让这位实验参与者如此感兴趣，还有，实验期间其他实验参与者为什么也玩得不亦乐乎？在实验数据的帮助下，德尔加多找到了实验参与者玩游戏时大脑中的活跃区域，但他无法进一步解释他们为何如此喜欢玩这个游戏。

几年后，德尔加多再次招募实验参与者开展另一项实验。实验

第1章　激发动力 ●

内容仍然是玩猜数字游戏，然而，这个实验和几年前的那个存在本质上的不同：在实验的前半部分，实验参与者自己猜数字，之后由计算机帮他们猜。

在实验参与者玩游戏的时候，德尔加多监测了他们大脑纹状体的活动。他发现，在实验参与者自己猜数字时，他们大脑中发光的区域和之前的实验结果相同；但在计算机替他们做决定时，实验参与者的纹状体区域并没有亮起来，似乎他们的大脑对这个游戏失去了兴趣。只在实验参与者自己猜数字的时候，他们"大脑中的尾状核才会活跃起来"，德尔加多和他的同事后来在文章中写道，"预测、选择活动和纹状体，尤其是腹侧纹状体的活动有关，这一区域负责情感和动机的产生"。

实验之后，德尔加多请实验参与者分享参与实验的感觉，他们表示很喜欢自己猜数字的游戏，也很在意游戏的结果；但当计算机替他们做选择时，游戏则变成了一项任务，枯燥无趣，他们只想赶快结束。

不过，这个结果并没有完全解决德尔加多的疑惑。在实验中，无论是实验参与者自己做选择，还是计算机替他们做选择，游戏结果都是一样的，实验参与者在感觉上也应该没有什么不同。换句话说，在这两种模式下，实验参与者应该产生相同的神经学反应。但是，"选择权"还是改变了这个游戏，让它成为一种挑战，而不再是一个无聊的游戏。实验参与者喜欢玩，就是因为他们相信游戏的结果是他们可以掌控的。

掌控力激发动力

近几十年来，随着经济发展方向的转变，较之承诺终身雇用的大型企业，越来越多的人更倾向于自由职业和阶段性工作。由此可见，在职业生涯中，动力变得越来越重要。1980 年，美国有超过90% 的劳动力受雇于他人，而如今美国有超过 1/3 的劳动力是自由职业者、承包人或者临时工。在新的经济形势下，取得成功的大都是那些通晓如何自主分配时间和精力的人，他们知道如何设定目标、区分任务的轻重缓急和选择推进的项目。研究显示，懂得自我激励的人比同辈人的收入更高，幸福感更强，对自己的家庭、工作和生活的满意度也更高。

自助类书籍和领导力手册往往把自我激励描述为人性的一个稳定特征，或者是我们在下意识地计算付出和回报时的神经反应。但是，科学家说，人的动力要比这复杂得多。动力更像一种技能，类似于读书、写字，可以通过学习和磨炼获得。科学家发现，如果方法得当，人们的自我激励能力会不断得到加强。研究者表示，关键在于，要意识到产生动力的前提是你相信自己可以控制自己的行为和外界环境。要想激励自己，你必须先让自己拥有掌控力。

2010 年，哥伦比亚大学的心理学家小组在《认知科学趋势》期刊上发表的一篇文章里写道："对掌控力的需求是一种生理需求。"如果一个人相信自己能够掌控局面，他就会更加努力，对自己提出更高的要求。一般来讲，这种人的自信心更强，能够更快地从挫折中走出来，相信自己是命运的主宰者，寿命往往比同辈人更长。控制这一本能对大脑的发育十分重要，比如，婴儿在学会自己吃饭后，就会拒绝大人给他喂饭，尽管后一种方式能让他更快吃到食物。

做决定是一种证明自己拥有掌控力的方法。"每个选择，不管多么微不足道，都能强化我们的掌控力和自我效能感。"哥伦比亚大学的研究者写道。哪怕所做的决定不会带来任何好处，人们也渴望拥有选择的自由。德尔加多在 2011 年《心理科学》期刊上发表的一篇文章里提到："在有权选择和无权选择之间，动物和人类都倾向于前者，哪怕得不到任何额外的好处。"

受上述观点的启发，一种关于动力的理论产生了：拥有选择的机会能够给人们带来自治权和自决权，这是动力产生的第一步。在实验中，如果实验对象可以自己做决定，而不是受制于命令，他们将更愿意完成有难度的任务。这就是有线电视公司在为你提供服务之前要问你那么多问题的原因之一。如果你被问想要电子账单还是详细清单，想要购买整套节目还是白金会员节目，是订购家庭票房电视网（HBO）还是娱乐时间电视网的节目，你就更有可能每个月都订购付费节目。只要能够获得掌控力，我们就更愿意与之合作。

"假设你的车被堵在高速公路上，这时你发现了一个出口，即使绕路，你也想从这个出口出去。"德尔加多说，"当我们有能力掌控局面时，大脑会变得兴奋。就像你在高速公路上绕远，但仍然感觉不错，因为一切皆在你的掌控之中。"

对于想要激发自己或者他人动力的人来说，这种理论很有帮助，它为我们提供了把想法转化成行动的简易方法：做出让你拥有掌控力的选择，无论是什么选择。如果你正在处理一堆枯燥无趣的邮件，那么你可以从邮箱里先选择一封邮件并回复。如果你正在完成一项任务，那么你可以先写出结论，或者从制作图表开始，又或者从你感兴趣的任何部分开始。如果你需要和一个不怎么讨人喜欢的员工见面，那么你可以主动选择见面的地点。还有，在拨通销售热线之前，先想好你要问的第一个问题。

我们用做选择的方式证明自己能够控制局面，动力由此产生。重要的并不是我们具体做出了什么样的选择，而是拥有掌控权。正是这种自决权推动我们前进，这也是参与德尔加多实验的人在认为自己拥有掌控权的前提下，愿意反复玩那个游戏的原因。

当然，这并不意味着动力总是那么容易产生，有时候只拥有选择权是不够的。要想真的激励自己，我们要做的事还有很多。

加入海军陆战队

埃里克·金塔尼利亚在填完表格后，正式成为美国海军陆战队的一员。征兵人员和他握手，并看着他的眼睛说，"你的选择是正确的"。

"这是我独立决定的唯一一件事，长官。"金塔尼利亚答道。说这句话的时候，他努力让自己显得勇敢和自信，但他的声音其实是颤抖的，手心也全是汗。握完手，他和那位长官都在各自的裤子上擦了擦手。

当时，金塔尼利亚已经 23 岁。5 年前，他从位于芝加哥以南的一个小镇的高中毕业，那里距离芝加哥约一个小时的车程。他想过读大学，但不知道学什么专业，也不知道毕业后能做什么。说实话，他对很多事都不确定。后来，他在当地上了一所社区大学，拿到了通识教育准学士学位。他想凭借这个文凭在商场的手机店里找一份工作。"我也记不清了，大概投了 10 份简历，"他说，"但都石沉大海。"

后来，金塔尼利亚在一家业余爱好用品店做兼职，偶尔为生病或休假的专职司机代班开冷冻车，晚上玩《魔兽世界》打发时间。不过，这样的生活并不是他想要的，他想要过更好的生活。他决定向他从高中时就开始约会的女孩求婚，他成功了，并且办了一场精彩的婚礼。不过，他仍然在做原来的工作。后来，他的妻子怀孕了，他又试着给几家手机店投了简历，还获得了一次面试机会。面试前一晚，他和妻子模拟了一下面试情景。

"亲爱的，"妻子对他说，"你必须给他们一个录用你的理由，你要告诉他们你为什么要做这份工作。"

面试当天，手机店经理问他为什么想售卖T-Mobile（德国电信的子公司）的手机，他一下子怔住了，说"我不知道"。这是实话，他确实不知道。

几个星期后，金塔尼利亚在一次聚会上见到了一个老同学。那个同学刚刚结束了海军陆战队的基础训练，精神饱满，体重也减轻了约9千克，练就了一身结实的肌肉，表现出前所未有的自信，他在聚会上谈笑风生，深受女孩们的喜爱。第二天早上，金塔尼利亚对妻子说，或许他可以考虑去海军陆战队参军。他的妻子和母亲都不赞同，但除此之外他想不出自己还能做什么。一天晚上，他坐在餐桌旁，在一张纸的中间画了一条竖线，左边写上"海军陆战队"，右边打算写上他能够想到的其他选择，但结果他只写了一行字："在业余爱好用品店获得晋升。"

5个月后的一天夜里，他来到圣迭戈海军陆战队新兵训练营，与80个年轻人挤在一个房间里，剃头、验血型、穿上迷彩服，新的生活从此开始。

海军陆战队在过去的235年里一直致力于打造完美的部队，金塔尼利亚参加的2010年新兵训练营为期13周，是一次比较新的尝试。在大多数时候，海军陆战队的训练目标都是将一群鲁莽无知的年轻人塑造成训练有素的士兵。但是，在金塔尼利亚入伍的15年前，53岁的查尔斯·C.克鲁拉克将军晋升为司令——海军陆战队的最高长官，他认为基础训练需要改一改了。"我们见到了太多软弱的报名者，"他对我说，"这里的许多年轻人不仅需要纪律的约束，更要有精神上的蜕变。他们从未当过运动员，从未拥有一份真正的工作，从未做成任何一件事，他们的字典里甚至根本没有'雄心壮志'这个词，他们的人生只有服从。"

这是个问题，因为海军陆战队越来越需要能够独立做出决策的士兵。作为海军陆战队士兵，他们可以自豪地说自己不同于普通士兵和水手。"我们永远是最先到达、最后离开的队伍，"克鲁拉克说，"我们需要的是主动性极强的人。"在当今世界，这意味着这个队伍的成员无论男女，都能够在索马里和巴格达那样的地方作战。在那里，规则和策略随时会发生改变，海军陆战队队员需要实时地独立做出决策，选择最佳的行动方案。

"我拜访了一些心理学家和精神病学家，想知道如何才能更好地教会这些新兵独立思考。"克鲁拉克说，"我们招募的新兵素质不错，但是他们缺乏目标和动力，只想做最少的事。这就像和一堆'湿袜子'在一起工作，要知道，海军陆战队可不能成为'湿袜子'。"

克鲁拉克回顾了有关如何教会士兵自我激励的研究。多年前，海军陆战队的研究表明，最成功的海军陆战队士兵都有强烈的"内控制点"，即相信自己的选择能够影响自己的命运。

控制点（locus of control）是 20 世纪 50 年代以来心理学领域的一项重要课题。研究者发现，具有内控制点的人通常会把成功或者失败归因于自身，而不是自身以外的因素。一个有着强烈内控制点的学生认为优异的成绩是自己努力的结果，而不是因为自己天资聪颖。一个有着内控制点的商人会把生意失败归咎为自己不够努力，而不是运气不好。

"内控制点和学业成就、更强的自我激励和社会成熟度、更少的压力和抑郁，以及更长的寿命有关。"一个心理学团队 2012 年在《管理中的问题与展望》期刊上写道。有内控制点的人往往收入更高，朋友更多，婚姻关系更长久，事业更成功，生活满意度也更高。

相反，有外控制点的人认为自己的生活主要受外部因素的影响。"这与压力大有关，通常认为自己无法应对所处的环境。"该心理学团队写道。

研究表明，通过训练和反馈，一个人的控制点是可以改变的。例如，研究人员在 1998 年开展了一项实验，让 128 个五年级学生做一系列有难度的测试。之后，研究人员告诉每个学生他（她）的成绩很好。其中，有一半学生被告知："可以看出来，你肯定下了很大功夫。"这样的说法激发了他们的内控制点，因为付出多大努力是我们可以自行决定的事情。研究人员夸奖学生很努力，能让他们更加坚信他们对自己和周围的环境有足够的掌控力。

另一半学生则被告知："你很聪明，这些问题回答得不错。"研究人员夸奖学生聪明，激发了他们的外控制点，因为大多数五年级学生都知道聪明与否不是他们自己能够掌控的。一般来说，小孩子都知道智力是天生的，所以夸奖孩子聪明会让他们更加坚信成功或失败不是由他们自己决定的。

接着，研究人员又让所有学生做了另外 3 道难度不同的题目。

在第二轮实验中，被夸奖聪明的学生（他们首先考虑的是一些外部因素）把精力更多地放在简单的题目上。尽管被称为聪明的学生，但他们缺乏前进的动力。后来，这些学生说这个实验很没意思。

相反，被夸奖努力的学生（他们受到了鼓励，把该实验看作一种自主的体验）愿意主动解决难题。他们坚持的时间更长，获得的分数也更高。后来，这些学生说他们很享受解题的过程。

斯坦福大学心理学家卡罗尔·德韦克为这项研究提供了帮助。"内控制点是一种可以习得的技能。"她对我说,"大多数人在很小的时候就掌握了它,但是有一些人的自决权因其成长环境或者个人经历而受到抑制,他们不知道自己能够在何种程度上掌控自己的人生。"

"这时,训练的作用就凸显出来了,因为当认为处于自己可以控制的情境中时,人们的内控制点就会被唤醒,然后开始习惯性地认为自己能够掌控自己的人生。越是这么想,越能真正地掌控自己的人生。"

对克鲁拉克而言,此类研究似乎成了打开如何让新兵学会自我激励这把锁的钥匙。他希望通过重新设计基础训练,促使新兵主动做出选择,让他们能够自发地产生这种冲动。"现在,我们把这种教育称作'行动优先',"克鲁拉克对我说,"新兵只要有控制某些局面的体验,就会明白这种感觉有多好。"

"我们从不对任何士兵说你就是天生的领导者,因为'天生的'意味着自己无法掌控。"克鲁拉克说,"相反,我们告诉他们领导力是可以后天习得的,是努力的结果。我们强迫新兵体验掌控的快感与紧迫感。他们一旦对这种感觉上瘾,就无法自拔。"

对于金塔尼利亚而言,这种训练从他一进军营就开始了。先是漫长的急行军,无休止的仰卧起坐、俯卧撑与步枪操练。教官常常对他大喊大叫。(克鲁拉克对我说:"我们的训练已经成形。")而且,在训练的过程中,金塔尼利亚还要针对一系列情况强迫自己做出决断和掌控。

例如,在训练的第四周,金塔尼利亚所在的班接到任务去打扫食堂。但是,他们不知道清洁工具在哪里,也不知道自动洗碗机怎么用。大家刚吃完午饭,他们不知道该把剩饭收起来还是倒掉。只要有人向教官寻求建议，教官就会一顿训斥。于是，这个班的新兵开始试着自己做决定。他们把土豆沙拉倒掉，把剩下的汉堡放进冰箱。洗碗机里的洗洁精放多了，结果泡沫漾出来，流到地板上。加上清理泡沫的时间，他们总共花了 3.5 小时完成打扫食堂的工作。他们误将仍可食用的食物扔掉，不小心关闭了冰激凌冷冻机，还把 20 多把叉子放错了。不过，在他们完成任务后，教官走到班里个子最小、最害羞的金塔尼利亚身旁说，他已经注意到，在决定把番茄酱放在哪里的时候，金塔尼利亚如何坚持了自己的想法。其实，摆放番茄酱的位置一目了然，食堂里有一个大架子，上面只放着装有番茄酱的瓶子，但这个害羞的士兵还是因为受到表扬而露出了笑容。

"我以不同的理由表扬了大家，所有的赞美都出其不意。"丹尼斯·乔伊中士说道。这位令人生畏的教官带我参观了新兵训练营。他说："在这里，你永远不会因为做了简单的事情而受到表扬。如果你是运动员，我不会夸你跑得快。只有小个子的人跑得快才会得到肯定，只有害羞的人担当起领导者的重任才会得到认可。如果新兵完成了艰难的任务，我们就会给予赞扬。这样一来，他们将会充满自信。"

● ● ●

经过克鲁拉克的改造，在新兵训练营的最后阶段，为期 3 天的"炼狱"考验成为基础训练的核心。金塔尼利亚对"炼狱"充满了畏惧，他和同寝室的新兵在晚上小声交谈着，其中掺杂了不少谣言以及不靠谱的猜测。比如，有人说在上一年的"炼狱"中，一个新兵失去了胳膊。一个星期二的早晨，"炼狱"开始了，金塔尼利亚和他们班的士兵凌晨 2 点被叫醒，准备进行长途行军、匍匐前进和 80 多千米的障碍训练。在长达 54 个小时的训练里，每个人只能吃两顿饭，负重约 14 千克。要是能有几个小时的睡眠时间，士兵们就很满足了，受伤也在意料之中，任何退缩或是落后太多的人都会被淘汰。

在"炼狱"考验中，新兵还需要完成一项名为"蒂默曼中士之塘"的任务。"敌人已经用化学药品污染了这片区域，"一位教官一边大吼，一边指着一个足球场大小的坑，"你们必须穿上全套装备、戴上防毒面具从里面走过去，如果摔倒就不合格，必须重新开始。在坑里停留时间超过 60 分钟也不合格，必须重新开始。没有队长的口头指令不得擅自行动，听到指令才能行动，否则不合格，必须重新开始。"

金塔尼利亚所在班的士兵围成一圈，准备使用他们在基础训练中学过的技能。

"我们的目标是什么？"一名新兵问。

"成功走过这个大坑。"其中一人答道。

另一个新兵指着带有绳子的木板问："我们怎么使用这些木板？"

有人说："我们可以一块接一块地把它们连在一起。"这时，队长发布指令，围成一圈的士兵立刻解散，一起在坑边检验这个提议是否可行。他们站在一块木板上向前走，同时拖着剩下的木板，但是，所有人都失去了平衡。于是，士兵们又围成一圈，一个人问："绳子该怎么用？"

另一个人说："用来提拉木板。"他建议把木板放在左右两侧，所有人排成一排，左右脚分别踩在两侧的木板上，用绳子提拉着木板向前走，就像站在雪橇上。

所有人戴着防毒面具站在木板上，队长在最前面喊"左"，士兵们就一起抬左脚并把左侧木板向前拖动一点儿；队长喊"右"，

他们就一起抬右脚并拖动右侧木板向前走。然而，10 分钟后，问题出现了，有的人抬起木板的速度过快，还有的人步子迈得太大，再加上所有人都戴着防毒面具，根本听不清队长的指令。他们已经走了一段路，来不及回头。可是，如果以这个速度前进，可能要花好几个小时才能穿过大坑。士兵们开始大叫着互相示意停下脚步。

　　队长下令停下来，隔着防毒面具对排在他身后的士兵吼道："看我的肩膀。"队长先耸左肩，再耸右肩，这样一来，站在他后面的士兵就能够根据队长耸肩的节奏和他保持步调一致。但这个方法的唯一问题在于，它违反了一项基本规则，即没有队长的口头指令不得擅自行动。可是，戴着防毒面具，士兵们真的什么都听不见。队长不得已只能一边耸肩，一边摆动手臂，同时大吼着发出指令。起初没有人能跟上，队长只好大声唱起一首在急行军时学过的歌曲。站在队长后面的士兵隐约能够听见他唱的是什么歌，就跟着队长一起唱，第三个人也跟着唱起来。最后，所有的人都边唱边耸肩和摆臂。28 分钟后，他们越过了大坑。

"从技术上讲，我们可以要求他们重来，因为他们没有听到队长的口头指令就贸然行动。"一位教官后来对我说，"但是，这项训练的关键在于，我们知道新兵们戴上面具后什么都听不见，要想越过大坑，唯一的办法就是想出某种变通方案。我们想让他们意识到，不能只知道服从命令，还要学会掌控局面和独立解决问题。"

时间又过去了 24 个小时，在经历了各种各样的挑战后，金塔尼利亚和其他新兵进入了"炼狱"考验的最后阶段。他们将要攀爬一个又长又陡的山坡，这被称为"死神"考验。"在攀登的过程中，不能互相帮助。"克鲁拉克说，"我过去见过这样的场景，新兵从山坡上滚下去，没有同伴的帮助，落在后面。"

当时，金塔尼利亚已经连续行军两天，睡眠时间不足 4 个小时，面无表情，手上布满了提水桶穿越障碍物时留下的水疱和伤口。"有些人在山坡上吐了，"他告诉我，"还有的人胳膊上绑着绷带。"当爬坡时，新兵们已经疲惫到了极点，走路跟跟跄跄，行动就像慢动作回放，几乎是原地踏步。于是，士兵们决定手挽手前进，以免有人从斜坡上滑下去。

"你为什么来这儿？"金塔尼利亚的同伴气喘吁吁地问他，这是他们在行军过程中习得的问答方式。他们的教官说过，人在最脆弱的时候，应该相互以"为什么"来提问。

金塔尼利亚回答："成为海军陆战队的一员，给家人更好的生活。"

一周前，他的妻子生下了女儿佐伊。他得到许可，可以和妻子通话 5 分钟。在进入新兵训练营近两个月的时间里，这是他唯一一次与外界联络。他如果最后能通过"炼狱"考验，就可以和家人见面了。

金塔尼利亚的教官对他说过，如果他把一项艰巨的任务和他在意的选择联系起来，这个任务就会变得简单一些，这就是他们要以"为什么"提问彼此的原因。把任务转化成有意义的决定，动力就会随之产生。

太阳刚下山，这些新兵登上了山顶，蹒跚着走到一片插着旗杆的空地上，站在那儿。没错，他们成功了，"炼狱"考验结束了。一位教官走过来，把带有鹰、地球和锚的海军陆战队徽章一一交到士兵们的手上——他们成了真正的海军陆战队队员。

"或许你们以为新兵训练营里只有怒吼和搏斗，"金塔尼利亚对我说，"事实上不是这样的，它能让你学会如何做到自认为无法完成的事情，这确实是一种精神上的蜕变。"

在基础训练中，物质回报是很少的，海军陆战队也一样。新兵们的起薪是每年 17 616 美元，却有着很高的职业满意度。美国每年约有 4 万名新兵接受基础训练，目前已改变了几百万人的生活——他们也曾像金塔尼利亚一样，缺少方向感和动力，做不了自己生活的主人。自从克鲁拉克改革了新兵训练营，海军陆战队新兵的录取率和他们的表现都提高了 20% 以上。调查显示，在基础训练期间，新兵的平均内控制点水平显著提升。德尔加多的实验让我们开始理解动力，海军陆战队则教会我们如何让自主性不强的人产生动力，并进一步佐证了以下观点：如果给人们机会体验掌控力，让他们试着独立做出决定，他们就能产生意志力；只要养成独立做出决定的习惯，他们自然就会产生动力。

此外，想更好地激励自己，我们还要懂得，自己所做的选择不仅是掌控力的表现，更是对自己的价值和目标的肯定，这就是新兵以"为什么"相互提问的原因——这体现了如何把小任务和大志向联系在一起。

20 世纪 90 年代开展了一系列有关养老院的研究，上述观点的重要性从中可见一斑。研究者想要弄清楚为什么有些老年人在养老院变得容光焕发，而有些老年人的体质和脑力却迅速衰退。研究者指出，两者之间的一个重要区别是，容光焕发的老人能够对养老院里严格的时间表、固定的食谱，以及各种死板的规定做出反抗。

一些研究者将这些老人称为"反叛者"，因为他们的很多决定都是对现状的反抗之举。例如，在圣菲的一家养老院里，有一群老人喜欢在吃饭时相互交换食物，倾向于按自己的意愿吃饭，而不是顺从地吃工作人员盛给自己的饭菜。一位老人对研究者说，他"宁愿吃自己选择的哪怕差一点儿的饭菜，也不愿意吃工作人员发给他的美味蛋糕"。

在小石城的一家养老院里，一些老人违反规定，私自布置卧室，改变家具的摆放位置。衣柜本来紧贴着墙壁，老人们却找来撬棍把衣柜挪开。为此，管理员还召集他们开了一次会，对他们说没有必要自己改造房间，如果需要帮助，会有工作人员为他们提供服务。这些老人却表示，他们不需要任何帮助，也不需要任何许可，他们会继续做自己喜欢的事。

从整体上看，这些小小的反抗之举实在微不足道，但是，这显示了他们内心强大的力量，证明他们仍然能够掌控自己的生活。这些"反叛者"平均每天走的路是养老院里其他老人的两倍，吃的饭也比其他老人多大约 1/3。他们还能更好地遵从医嘱，按时吃药，去健身房运动，与家人、朋友保持联系。这些老人刚到养老院时，和同龄人一样，有着各种各样的健康问题，但是在住进养老院之后，他们变得更健康，幸福感和积极性更强，也更爱动脑筋了。

"要么做出决定，证明自己仍能掌控人生，要么抱着等待死亡的心态，两者的区别就在于此。"明尼苏达大学老年病学家罗莎莉·凯恩说，"吃不吃蛋糕并不重要，但如果你拒绝吃别人给你的蛋糕，那就意味着你可以掌控局面。"这些"反叛者"之所以容光焕发，是因为他们知道如何获得掌控力。就像在"炼狱"考验中一样，金塔尼利亚和他的同伴学着自己做出决定，穿越了大坑，也是凭借这种掌控力。

换句话说，最能够让人产生动力的方法有两个：一是确信局面在自己的掌控中；二是给自己的行动赋予更大的意义。选择去海军陆战队可以成为一种对女儿表达爱的方式，选择在养老院发起"抗争"可以让人容光焕发。当我们养成一种心理习惯——把任务转化成有意义的选择，确信自己能够掌控人生时，内控制点就会产生。

2010 年，金塔尼利亚完成了新兵训练营的任务，在海军陆战队服役 3 年后退伍。他感到自己终于做好了迎接真正生活的准备，他找到了新工作。但令他失望的是，同事之间缺乏友情，几乎没有前进的方向。于是，2015 年，他再次入伍。"我想念那种鼓舞人心的感觉，它让我相信自己无所不能；我也想念那些人，他们激励我成为更好的自己。"

再现活力

薇奥拉·菲利普是曾经的汽车配件大亨罗伯特的妻子，也是一个善于自我激励的人。薇奥拉患有先天性白化病，体内无法分泌酪氨酸酶——一种合成黑色素的关键酶，因此她的皮肤、头发和眼睛都缺乏黑色素，视力很差，近乎失明。在阅读时，她要离书很近并且借助放大镜才能看见。"即使这样，这个世界上也绝对不会有第二个像她这么坚毅的人。"她的女儿罗克珊告诉我,"她什么都能做到。"

小时候,薇奥拉虽然只是眼睛而不是大脑有问题,但她所在的学校还是想让她去"特殊班级"。她拒绝离开她的好朋友所在的班级,最终管理人员妥协了。中学毕业后,她考上路易斯安那州立大学,并向学校提出申请,希望校方能安排人为她朗读教材,学校同意了。大二那年,她遇到了罗伯特。罗伯特不久后辍学,为当地的一家福特经销商提供洗车和添加润滑油的服务,他还劝说薇奥拉退学,但她委婉地拒绝了。薇奥拉最终拿到了学位,并在大学毕业4个月后,于1950年12月与罗伯特结婚。

他们生了6个孩子,罗伯特经营着他的汽车配件王国,薇奥拉则负责照顾家庭。一家人有个例行的晨会,用表格列出每个孩子当天需要完成的任务;每周五晚上会做例行检查,每个人还要为自己制定下一周的目标。"爸爸妈妈就像同一个豆荚里的两颗豌豆,两个人都干劲儿十足。"罗克珊说,"妈妈没有因为身体残疾而松懈,我想这也是爸爸出现问题后她的日子如此难过的原因。"

罗伯特突然变冷漠后,薇奥拉集中精力照顾他,还请了护士帮罗伯特锻炼身体。此外,薇奥拉与他的弟弟共同成立一个委员会,负责管理和出售罗伯特的所有公司。没过多久,薇奥拉发现自己无事可做了。罗伯特——这个和她一起生活了很多年的男人,曾经极其讲究,充满活力,会在去杂货店的路上停下来和遇到的每个人聊天的人,现在每天只是呆坐在电视机对面的椅子上,一动不动。薇奥拉为此感到很痛苦,"他不和我说话",她在法庭上说。当时,他们因为罗伯特神经损伤所产生的保险赔付问题向法院提起了诉讼。"我不管做什么似乎都不能引起他的注意,我每天像保姆一样照顾他的饮食起居,我猜你们也会称我为保姆。"

有好几年她顾影自怜，后来，由自怜变成愤怒，再由愤怒变成忙碌。如果罗伯特仍然没有改变自己的动力，她就会强迫他振作起来，重新融入周围的环境。薇奥拉开始不停地向罗伯特提问。当做午饭时，她会要求他做出各种选择，比如要三明治还是汤？要生菜还是西红柿？要火腿还是火鸡？要蛋黄酱吗？要冰水还是果汁？其实，一开始她这样做并没有什么目的，只是因为心烦，想让他开口说话。

没想到，几个月后罗伯特似乎不再那么沉默了。他偶尔会和薇奥拉开玩笑，或者给她讲讲电视上正在播放的节目。有一天，薇奥拉强迫他做了很多决定，比如想吃什么、想在哪张桌子上吃饭、想听什么音乐。就在那天晚上，罗伯特开始说话了，还提到了他们刚结婚时发生的一件趣事：当时下着暴雨，而他们被反锁在门外。他很随意地讲着这件事，当说到他当时还想撬开窗户时，他竟然咯咯地笑了起来。这么多年来，薇奥拉还是第一次听到他笑。不过，几分钟后他恢复原样，对着电视，陷入沉默。

时间一天天地过去了，经过薇奥拉不懈的努力，曾经的那个罗伯特似乎回来了。每当罗伯特展现出哪怕一点儿曾经的样子时，薇奥拉都会祝贺、鼓励和奖励他。罗伯特每年都会去新奥尔良的诊所复查一次，在南美之行结束后的第七个年头，神经学家施特鲁布博士看出了他的变化。"他能够向护士们问好，聊聊孩子的事。"施特鲁布博士说，"他还会主动和我交谈，询问我的兴趣爱好，以及开车回家走哪条路。他也有自己的想法，换作别人，这样的表现不足为奇，但对于罗伯特，这就像突然有人打开灯一样引人注意。"

在研究动力如何在大脑中发挥作用时，神经学家越来越确信，像罗伯特这种失去动力的人并没有失去自我激励的能力，与之相反，他们变得冷漠是因为某种情感障碍。法国研究者哈比卜发现，他研究过的几乎所有患者都存在某种奇怪的情感疏离问题。一位变冷漠的女性对他说，她的父亲过世时，她几乎没有什么反应。一位男性说自己因为情感障碍，再也没有拥抱妻子和孩子的冲动。哈比卜问这些患者，他们的生活发生如此大的变化，是否为此感到难过。他们都给出了否定的答案，也没有其他任何感觉。

神经学家认为，情感麻木就是这些人失去动力的原因。至于哈比卜的患者，则是因为纹状体损伤导致他们无法感受到掌控力带来的喜悦。他们的动力进入"休眠"状态，因为他们忘记了做选择的感觉有多好。另外，还有一种情况：他们从未体验过自主做决定的感觉。因为在成长的过程中，他们没有做选择的机会，或是因为他们进入养老院后忘记了自主做决定的感觉。

上述理论让我们懂得如何增强自己和他人的内控制点。当别人主动做事、自我激励时，当婴儿想自己吃饭时，当孩子表现大胆又固执己见时，当学生在不违背规则的情况下把事情做好时，我们都应该向他们表示祝贺，并做出鼓励和奖励。

当然，说起来容易做起来难。我们一直推崇自我激励，终有一天我们会发现，年幼的孩子不想穿鞋，年老的父母撬动了衣柜，少年开始漠视规则……但是，人的内控制点却在这一过程中强大起来，大脑也在这一过程中体验并记住了掌控力带来的那种美好感受。如果我们不去尝试自主做决定，不给自己的叛逆行为以情感鼓励，我们的自我激励能力就会消退。

另外，我们需要证明自己的选择是有意义的。当着手完成一项新任务或是面对一项自己不喜欢的任务时，我们应该问自己"为什么"：为什么要求自己爬上这座山？为什么强迫自己不看电视？为什么回复这封邮件或者满足某位同事看似无关紧要的请求如此重要？

当我们开始问为什么时，那些不起眼的任务就会成为组合在一起且更有意义的项目、目标和价值。我们能够感受到小任务给我们带来的巨大情感回报，因为它意味着我们做出了有意义的选择，以及我们真正地掌控了自己的人生。当我们意识到回复邮件或者帮助同事虽然看起来可能没有那么重要，但它们是我们主动选择去做和想要完成的事时，动力就产生了。换句话说，我们之所以选择去做某些事，是因为我们相信它们能够产生更大的价值。而且，比起当下的任务，它们能给我们带来更大的情感回报。动力正是源自这种主动的选择。

2010 年，薇奥拉与丈夫的南美之行结束后的第 22 个年头，她被确诊患有卵巢癌，两年后，她离开了这个世界。在她与病魔斗争的每一天，罗伯特都陪伴在她身边，早上扶她下床，晚上提醒她吃药；为了帮薇奥拉减轻痛苦，罗伯特会问她各种问题；在她十分虚弱的时候，他会喂她吃饭。薇奥拉去世后，罗伯特在她的空床边坐了好多天。孩子们担心他再次陷入沉默，便建议他去一次新奥尔良的诊所，或许那位神经内科医生能够帮助他避免萎靡不振的情况。

罗伯特回答说他不需要看医生，他待在家里不出门并不是因为再次陷入冷漠，他只是需要一些时间回顾他和薇奥拉 62 年的婚姻。薇奥拉帮助他构建了他的人生，接着一切似乎回到了原点，然后她帮助他重新开始他的人生。罗伯特对孩子们说，他想以这种方式表达自己对薇奥拉的敬意。一周后，他走出家门，吃了早午饭，然后照顾他的孙辈。两年后，也就是 2014 年，罗伯特去世了。讣告中写道："他充满活力，直至离世。"

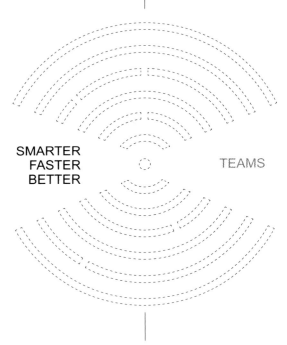

SMARTER
FASTER
BETTER

TEAMS

第 2 章　团队合作

是什么促成了谷歌和《周六夜现场》的成功?

研究小组与案例竞赛团队

25 岁的朱莉娅·罗佐夫斯基对自己的未来满是迷茫，她想寻求改变，却不清楚自己今后的发展方向。她毕业于塔夫茨大学，拥有数学和经济学双学位，曾在一家咨询公司工作，后来发现那份工作并不理想。之后，她在哈佛大学为两个教授做研究员，虽然这份工作很有趣，但不是长久之计。

要么进入一家大企业工作，要么成为一名学者，要么加入高科技初创公司，她不知道该如何选择。于是，她另辟蹊径申请去商学院继续深造。2010 年，她被耶鲁大学管理学院录取。

她来到耶鲁大学所在的纽黑文市，入学后，她迫切地想融入新的圈子。作为新生，按惯例她被分到一个研究小组。她说，这是她求学过程中的一个重要环节。小组成员有可能成为好朋友，一起学习、讨论问题，互相帮助，成为自己希望成为的人。

研究小组是大多数工商管理硕士（MBA）课程的传统形式，是培养学生团队合作能力的一种手段。在耶鲁大学，"同一研究小组的成员课表相同，他们需要合作完成每一项小组作业"。学院网站上写道："通过细致的安排，研究小组的成员呈现出专业和文化背景方面的多样性。"在每天的午餐时间或晚饭后，朱莉娅和小组的另外 4 名成员都会一起讨论作业，分析数据，为接下来的考试做准备，以及分享课堂笔记。说实话，她所在小组成员的多样性并不强，有两个人（包括她自己）曾是管理顾问，还有一个人在初创公司工作过。他们都很聪明，有强烈的求知欲，而且性格外向。她希望这些共同点能够让他们相处得更融洽。"很多人都说，他们在管理学院里最好的朋友都是在研究小组中认识的，"朱莉娅说，"但对我来说，并非如此。"

研究小组从一开始就给她带来了压力，每天都是这样。"我从来没有放松过，"她对我说，"我需要证明自己。"这种动机让她感到紧张，每个人都想证明自己才是领导者的不二人选，每次老师布置小组作业，成员之间都会出现微妙的领导者之争。"有人通过提高音量或者辩论来展示自己的权威性。"朱莉娅说。分工时，有人会主动给别人安排任务，其他成员则会对这种安排表示不满；或者有人宣称自己负责某部分工作，然后每个人都急切地抢夺自己想要的那部分工作。"也许是因为缺乏自信，我总是小心翼翼，生怕犯什么错误。"朱莉娅说，"成员之间互相挑剔，但他们又都装作开玩笑的样子。所以，我们团队的氛围既消极又激进。"

"我一直都想和他们交朋友。"她说，"但是，这个团队缺乏凝聚力，令人失望。"

于是，朱莉娅开始寻找加入其他小组的机会，也试着通过其他方式拉近自己和同学之间的距离。她从一位同学的口中得知，有一群学生正在组建团队参加"案例竞赛"，即管理学院的学生针对实际业务问题提出有创意的解决方案。团队首先拿到研究案例，用几周的时间撰写商业计划，然后提交给企业高层和教授，由他们选出优胜者。这些竞赛均由企业赞助，并提供现金奖励，有时还会提供工作机会。于是，朱莉娅决定报名参加。

耶鲁大学组织了十几个案例竞赛团队。与研究小组不同的是，在朱莉娅加入的这个新团队中，成员有着各不相同的背景：一名退伍军官，一位智库研究员，一位非营利性卫生教育机构的主管，一位难民计划的负责人。尽管如此，他们一见如故。每当有新的研究案例时，团队成员就会在图书馆里集合，迅速进入工作状态：他们花几个小时进行"头脑风暴"，然后分配研究任务和写作任务。这样一来，他们需要不断地当面交流。"我们做得最成功的案例之一是关于耶鲁大学的，"朱莉娅说，"以前，学校有很多学生经营的小吃店，但后来学校统一接管了食品销售。于是，由管理学院赞助，举办一次关于改革小吃店的案例竞赛。"

"我们每天晚上见一次面，持续了一周。我的想法是在小吃店里设置小憩舱，也有人建议把小吃店改造成游戏厅，还有人提议把它改造成交换服装的场所……我们提出了许多疯狂的想法。"从来没有人否定别人的想法，包括朱莉娅的小憩舱提议。作为课堂作业的一部分，朱莉娅的研究小组也进行过多次"头脑风暴"，"但如果我提出一个类似于小憩舱的建议，马上就会有人反对，并给出15个理由证明那是一个愚蠢的想法。不错，这是一个愚蠢的想法，但是案例研究团队的人很欣赏它，我们总能欣赏彼此'愚蠢的想法'。我们甚至花了一个小时研究小憩舱的赚钱之道，比如通过卖耳塞等配件赚钱"。

朱莉娅的案例竞赛团队提出的最终方案是，把小吃店改造成小型健身房，提供一些健身课程和运动器械。他们又花了几周研究定价模式，并联系设备生产商。他们最终赢得了比赛，那个小型健身房至今仍存在于耶鲁大学校园内。同年，朱莉娅的案例竞赛团队又花了一个月，研究如何把环保型连锁便利店拓展到北卡罗来纳州。

"我们分析了 20 多个计划，"她说，"但大多数计划都不切合实际。"这个团队去往俄勒冈州的波特兰市推广他们的最终方案——主打健康食品，放缓发展速度，并获得了全美第一的好成绩。

朱莉娅所在的研究小组的成员接二连三地退出，以至在第二学期这个小组就解散了；而案例竞赛团队却不断地有新成员加入，逐渐发展壮大，包括朱莉娅在内的 5 个核心成员一直活跃其中。如今，她和他们成了最亲密的朋友，他们会参加彼此的婚礼，旅行时顺便见上一面；在工作方面，他们会听取彼此的建议，分享就业信息。

让朱莉娅不解的是，两个团队的氛围怎么会如此不同。研究小组给人带来压力，成员总在争夺领导者的地位，相互拆台；案例竞赛团队让人感到兴奋，每个成员都充满热情，又善解人意。两个团队的成员几乎都是相同类型的人，他们聪明、友善。所以，朱莉娅实在想不通为何研究小组的氛围如此剑拔弩张，而案例竞赛团队的气氛却如此轻松惬意。

"我不明白两者为何如此不同，"朱莉娅对我说，"其实没有必要那么激进。"

● ● ●

毕业后，朱莉娅加入了谷歌公司的人力资本分析团队。该团队主要负责从各个方面研究员工的行为，这意味着她的工作就是通过数据分析和研究人们行为方式上的差异。

谷歌连续 6 年被《财富》杂志评为"最佳雇主"之一。公司高管认为，尽管谷歌有超过 5.3 万名员工，公司还是愿意不计成本地研究员工的幸福感与效率之间的关系。人力资本分析团队隶属于人力资源部，研究过几百个变量，包括员工对上级以及同事是否满意，是否感到工作过度，是否感到无法胜任工作，付出的劳动和收入是否对等，能否真正平衡工作和生活等。该部门协助公司决定员工的录用和解聘，哪些员工应该得到晋升，哪些员工升职过快，人力资本分析师也会给出相应的意见。早在朱莉娅加入之前，谷歌人力资本分析师就提出，只要面试一位求职者4次，就能确定是否录用他/她，其准确率为86%。在人力资源部的推动下，谷歌公司的带薪产假从12周增加到18周，因为计算机模型显示，延长产假能够将新妈妈的辞职率降低50%。从根本上讲，谷歌人力资源部的目标是让公司员工的生活更美好，工作效率更高。人力资本分析师相信，在足够的数据支持下，几乎所有员工行为上的问题都能得到解决。

近年来，谷歌人力资本分析师开展的规模最大的一个项目叫作"氧气计划"[1]，主要研究为什么有的管理者比其他人更高效。最终，他们总结出8项关键的管理技能。"氧气计划非常成功，"人力资本分析团队的经理阿希尔·杜贝说，"它揭示了优秀的管理者有何过人之处，以及怎样才能帮助员工进行自我提升。"事实上，大概在朱莉娅刚入职时，谷歌就在氧气计划的基础上启动了另一个大项目——"亚里士多德项目"。

杜贝和他的同事在调查中发现，公司的许多员工反复提到团队的重要性。"谷歌的员工会这样说，'经理是个了不起的人，但我们的团队从不合拍'，或者'经理虽然没有那么出色，但我们的团队

---

[1] 氧气计划发现优秀的管理者具备以下特征：（1）能够给予员工很好的指导；（2）能够授权给员工，不会事事亲力亲为；（3）关注并关心员工取得的成就和幸福感；（4）以业绩为导向；（5）听取和分享信息；（6）能够为员工的职业发展提供帮助；（7）拥有洞察力和清晰的策略；（8）具备关键技能。

很强大'。"杜贝说，"这一发现让人眼前一亮，因为氧气计划重点研究领导力，并不涉及团队如何运转，或是由哪些不同类型或背景的人组成的团队更高效。"杜贝和他的同事想研究如何构建最佳团队，朱莉娅也参与了这一研究项目。

他们先浏览了相关文献，发现前人的研究结论可以分为两种：一种是如果一个团队的成员有着相似的外向或内向性格，这个团队就能产生最大合力；另一种是成员间性格的平衡非常重要。有的研究认为，团队成员最好拥有相似的爱好和品位，有的则坚信团队成员应具备多样性。一些研究表明，团队需要乐于合作的成员；也有研究表明，成员间保持健康的竞争关系更利于团队的成功。换句话说，此类研究俯拾即是。

亚里士多德项目小组花了150个小时让员工描述他们心目中高效团队的特质。"我们了解到，团队是否高效，在某种程度上应该由旁观者说了算。"杜贝说，"一个团队也许表面上运转良好，但每个成员可能都觉得痛苦。"最终，他们确定了衡量团队工作效率的标准，既包括该团队是否达成销售目标等外部因素，也包括高效团队的成员感受等内部因素。在此基础上，亚里士多德项目小组开始了详细的调查，包括团队成员每隔多长时间开展一次工作以外的社交，如何分配任务等。他们用复杂的图表展示哪些团队成员存在角色重叠，哪些团队超额完成工作任务等。另外，他们还研究了团队需要多久才能产生凝聚力，以及性别均衡是否会对团队效率产生影响。

然而，不管他们如何分析数据，任何样本或指标都不足以证明团队的构成与团队成功之间具有相关性。"我们研究了公司的180个团队，"杜贝说，"并获得了许多数据，但这些不能证明由不同性格、能力或背景的人组成的团队更高效。由哪些人组成一个团队似乎并不重要。"

在谷歌的高效团队中，有些成员在生活中是一起健身的朋友，有些则是出了办公室就再无交集的普通同事；有的团队希望有一位能力强的经理，有的团队希望人员构成稳定平衡。最令人不解的是，有时候两个团队的人员结构几乎完全相同，成员之间有某些相似的特征，但是二者的工作效率截然不同。"对我们来说，在谷歌内部寻找样本很容易，"杜贝说，"但我们并没有找到具有代表性的样本。"

于是，亚里士多德项目小组改变了思路，把注意力转向对"团队规范"的研究。"任何团队经过一段时间的发展，都会形成一种集体认可的行为规范。"一个心理学团队在《体育社会学杂志》上写道。所谓规范，指一个团队遵循的传统、行为标准和不成文的规定。一个团队形成某种默契，认为达成一致比争论不休更有意义，这是一种团队规范。一个团队鼓励成员有不同见解，摒弃群体思维，这是另一种团队规范。有些团队成员也许会从个人角度出发（与领导产生摩擦，或者更喜欢单打独斗），但团队规范通常不会迁就这种偏好，更鼓励服从团队。

于是，亚里士多德项目从团队规范的角度再一次分析数据。他们发现，有的团队允许成员打断别人的发言，有的团队则坚持轮流发言；有的团队会为成员庆祝生日，开会前闲聊几分钟，有的团队则直奔主题。在有的团队中，外向的人遵守团队规范，在开会时保持严肃；而在有的团队中，内向的人在开会时高谈阔论，就像变了一个人。

数据表明，团队规范和团队效率具有相关性。例如，一位工程师说，他的团队领导者"是个坦率的人，为我们创造了一个可以冒险的安全空间……她会主动向我们了解工作的进展，想办法帮助和支持我们"。这位工程师所在的团队是谷歌最高效的团队之一。

另一位工程师则说，他们团队的"领导者控制情绪的能力很差，一点儿小事就手忙脚乱，什么事都想他一个人做主。我开车时很讨厌他坐在副驾驶的位置上，因为他总是和我抢方向盘，很容易撞车"。这位工程师所在团队的工作效率很低。

不过，员工们分享最多的是在不同团队工作的感受。"这给了我很大的启发，也许和我在耶鲁大学的经历有关，"朱莉娅说道，"当时，我加入了不同的团队，有的让我感到筋疲力尽，有的则给我带来巨大的力量。"

有力的证据表明，团队规范对成员的情感体验有至关重要的影响。来自耶鲁大学、哈佛大学、加州大学伯克利分校、俄勒冈大学等心理学家的研究表明，团队规范决定我们体验到的是安全还是威胁，是筋疲力尽还是兴趣盎然，是活力四射还是灰心丧气。比如，朱莉娅在耶鲁大学参加的研究小组之所以让她筋疲力尽，是因为这个团队的规范（争夺领导权，批判别人的观点，力证自己的能力）令她一直处于戒备状态。与之相反，案例竞赛团队的规范（肯定别人的观点，避免批评，鼓励他人体验领导者的角色，允许胆怯）让每个成员都感到放松和友好，这样的团队效率更高。

亚里士多德项目小组得出结论：是团队规范造就了谷歌的优秀团队。"数据最终告诉我们，"杜贝说，"我们应该关注的不是团队的人员构成，而是团队的运转是否顺利。"

到底什么样的团队规范最重要？谷歌通过研究发现了十几项貌似重要的团队规范，然而，有时候一个高效团队的规范和另一个高效团队的规范大相径庭。要想提高团队的工作效率，应该让每个人都畅所欲言，还是由强势的领导者来终结漫谈式的讨论？应该公开表达不同的意见，还是低调处理分歧？到底哪些规范最重要？

心理安全

1991 年，正在读博士一年级的埃米·埃德蒙森开始走访医院各个科室的病房，试图证明优秀的团队和成功的治疗之间存在正相关，但研究数据表明，她的假设是错误的。

埃德蒙森当时正在哈佛大学学习组织行为学。在拟定论文选题时，一位教授请她协助开展一项有关医疗过失的研究。她同意了，并开始走访医院的各个病房，与护士们交谈，翻阅波士顿两家医院的医疗过失报告。在一间心脏病病房里，她发现一位护士不小心给患者静脉注射了利多卡因（一种麻醉剂），而不是肝素（一种血液稀释剂）。在一间骨科病房里，护士给患者服用了苯丙胺而非阿司匹林。"每天发生的医疗过失数量令人震惊，"埃德蒙森对我说，"这并不是因为医护人员能力不足，而是因为医院的工作很复杂。对每一位患者的救治通常会涉及整个团队——20 多名护士、医生和技术人员，这意味着发生医疗过失的可能性很大。"

埃德蒙森发现，有些科室的过失率比其他科室要大。例如，骨科病房平均每 3 周就会出现一次过失，心脏病病房几乎每隔一天就会出现一次过失。埃德蒙森还发现，不同科室的文化氛围也有很大的差异，在心脏病病房，护士们大多喜欢聊天，比较随性，她们在走廊传播小道消息，还在墙上挂自己孩子的照片。而骨科病房的氛围则安静得多，护士长穿的不是护士服而是西装，公共区域不允许摆放个人物品和其他杂物。埃德蒙森认为，可以通过研究不同团队的文化，寻找它和医疗过失率之间的相关性。

她和一位同事共同设计了一项有关不同科室团队凝聚力的调查。她请护士们描述她们的团队领导者多长时间设定一次清晰的目标；团队成员可以公开争论，还是避免冲突。此外，她还测评了不同团队成员的职业满意度、幸福感和工作动力。她聘请了一位助理研究员在这些科室进行为期两个月的观察。

埃德蒙森对我说："我想当然地认为，团队意识最强的科室的过失率肯定最低。"然而，把数据制成表格后，她发现结果恰恰相反，团队意识最强的科室出现的过失更多。她又检查了一次数据，结果仍然如此。为什么团队意识强反而过失率更高呢？

埃德蒙森感到很困惑，她决定请护士们回答一系列问题，观察她们的反应，并与该团队的过失率进行对比，试图通过这种方式寻找答案。其中一个问题是针对个人工作中的过失所需承担的风险，调查对象需要回答"是"或"不是"："如果你在工作中出现了过失，这将归咎于你自己。"通过对比该问题的回答情况和该团队的过失率，她发现了事情的真相：并不是强大的团队的过失率更高，而是在这样的团队中，护士更勇于承认自己的过失。这一数据表明，团队规范（是否会因过失而受到惩罚）会对成员敢不敢承认过失产生影响。

有些领导者"营造了一种开放性的环境，护士们可以从容地谈论过失，这很有可能对过失率产生影响"，埃德蒙森1996年在《应用行为科学杂志》上发表的一篇文章中写道。然而，让她意想不到的是，复杂的情况看起来如此相似：不能简单地理解成强大的团队都鼓励公开表达，而弱小的团队都不赞成这样做。事实上，有些强大的团队鼓励护士们承认错误，而有些强大的团队甚至让护士不敢说话。之所以存在这样的差别，并不是团队凝聚力的问题，而是团队文化不同。例如，某病房的护士团队很强大，管理护士的是"一位事必躬亲的护士长，鼓励护士提问，说出自己的担忧……在一次采访中，这位护士长表示'在某种程度上，过失很有可能出现'，所以营造一种'无惩戒环境'对有效减少过失至关重要"，埃德蒙森写道。一位护士对埃德蒙森的一位助理研究员说："这里有一条不成文的规定：互相帮助，互相检查。护士们更愿意主动承认错误，因为护士长会帮助她们改正。"

再如，另一个病房的护士团队也很强大，然而，其中一位护士说，当她向护士长承认自己在采血时弄痛了患者时，"她感觉自己好像在受审"。另一位护士说："如果我出现失误，护士长就会对我大发雷霆。"即便如此，数据也显示该团队有很强的凝聚力。一位护士对助理研究员说，令她们团队"引以为傲的是其职业素养和工作效率"。该病房的护士长身着西装，在批评护士时会关起房门，比较懂得体谅他人。这个团队凝聚力很强，团队成员都很欣赏护士长的职业精神，也为自己所在的团队感到骄傲。在埃德蒙森看来，她们似乎真的喜欢和尊重彼此，但她们也承认这个团队的文化有时让她们很难承认自己的过失。

一个团队的过失率并非取决于这个团队的业务能力，而取决于其团队规范。

埃德蒙森在写论文期间调查了一些科技公司及其员工，向他们了解团队中有哪些不成文的规范影响了他们的行为方式。埃德蒙森告诉我："他们中有人说，'这是我见过的最好的团队之一，在这里我不需要伪装自己'，或者说'在这个团队里，和别人分享疯狂的想法没有什么可难为情的'。"也就是说，这些团队的规范是释放热情和相互支持，团队中每个成员都认为自己有权利发表意见，也可以冒险。另外，"还有一些人说，'在我的团队里，所有人拧成一股绳，兢兢业业地工作，我每次外出，都要事先和主管商量'，或者说'大家在同一个团队中工作，荣辱与共，所以如果没有十足的把握，我不会轻易提出意见'"。也就是说，在这些团队中，摆在首位的规范是员工对团队的忠诚，但这一规范也会让人们失去提出建议或抓住机会的动力。

热情和忠诚都是值得推崇的团队规范。护士长可能并不清楚自己会对其他团队成员的行为产生这么大的影响，但这种影响确实存在。热情的团队规范能够提高团队的效率，忠诚的团队规范则与之相反。"护士长绝对不会故意设立导致工作效率降低的规范，"埃德蒙森说道，"但是，她们有时候只是做出了看似合理的选择，比如劝诫人们在想法还不成熟时先不要说出来，最终却削弱了团队的合作能力。"

随着研究的深入，埃德蒙森发现了高效团队遵循的一系列规范。例如，在最优秀的团队里，领导者鼓励团队成员发言；团队成员可以把自己脆弱的一面暴露在别人面前；人们可以自由地提出建议，不用担心受到惩罚；避免做出苛刻的评判。随着埃德蒙森列出的优秀团队规范的增多，她逐渐注意到这些规范有一个共性：为团队成员带来归属感，并鼓励他们抓住机会。

"我们称之为'心理安全'。"她说。心理安全是一种"团队成员共有的信念，即在这个团队里可以大胆地冒险"。这意味着"团队成员不会因提出自己的观点而感到尴尬，受到排斥或惩罚"，埃德蒙森于 1999 年在文章中写道。"这是一种以人与人之间的相互信任、相互尊重为特征的团队氛围，在这里，人们因为表现出真实的自己而感到坦然。"

朱莉娅和她的同事在研究团队规范时读到了埃德蒙森的文章。他们认为，心理安全这一概念概括了谷歌高效团队的全部特质。谷歌在调查中发现，最有效的团队规范，比如允许犯错、尊重不同的意见、敢于质疑他人的选择、相信质疑你的人并非想贬低你，能让员工在工作中获得心理安全。"我们很清楚，心理安全这一概念揭示了哪些是最重要的团队规范。"朱莉娅说，"但是我们不知道怎样在公司里推广这些。在这里，人人都很忙碌，我们需要给予他们明确的指导，让员工既能学会如何获得心理安全，又能坚持辩论和提出不同的见解，这对谷歌的发展至关重要。"那么，如何让人们在团队中既能获得心理安全，又敢于提出不同的看法呢？

"一直以来，这都是一道无解的谜题。"埃德蒙森对我说，"我们知道，让团队成员敞开心扉很重要，在发现问题时敢于直言也很重要，但这又会造成团队内部的分歧。我们不清楚为什么有些团队成员在展开激烈的争论之后仍能愉快合作，而有些团队成员在发生冲突后再也无法共事。"

成功的《周六夜现场》团队

在著名电视节目《周六夜现场》第一天的试镜活动中，演员们一个接一个地表演，几个小时过去了，仍然没有要结束的迹象。舞台上，两个女演员扮演的美国中西部家庭主妇正在为即将来临的气象灾害做准备（"能把餐桌中央的那个摆饰借给我吗？"），一位歌手表演了原创歌曲《我是狗》（暗讽女权运动赞歌《我是女人》）。

午餐时间登台的是一个穿着旱冰鞋的滑稽演员和当时名不见经传的歌手"肉块"密特·劳弗。尚未登台的人除了演员摩根·弗里曼和喜剧演员拉里·戴维,还有 4 个魔术师和 5 个小丑。评委们已经看得筋疲力尽,仿佛波士顿和华盛顿特区的所有轻歌舞剧和喜剧演员都来了。

这正是这档节目的"掌门人"——时年 30 岁的洛恩·迈克尔斯想要的效果。他在过去的 9 个月里一路走访,从班戈到圣迭戈,观看了几百场喜剧俱乐部的表演,拜访了众多电视、广播节目的编剧和每一种杂志中幽默版块的主笔。洛恩·迈克尔斯后来说,他的目标就是见到"北美每一个有趣的人"。

截至第二天中午,试镜活动仍在继续。这时,突然有个人冲进来,跳到台上,引起了在座的节目制片人的注意。这位留着胡须的试镜者身着套装,拿着一把折叠雨伞,夹着一个公文包。"我已经等了 3 个小时,不想再等了!"他大喊道,"我就快赶不上飞机了!"他一边说,一边快步穿过舞台。"就这样吧!你们也见过我了!再见!"说完,他便气冲冲地走了。

"见鬼,这是怎么回事?"一个制片人问道。

"哦,那是丹·艾克罗伊德。"迈克尔斯答道。他们是在多伦多认识的,那时艾克罗伊德是迈克尔斯教授的即兴表演班的学生。"他可能就是我们要找的人。"迈克尔斯说。

在之后的试镜活动中,相同的情况一再出现:迈克尔斯并没有从参加试镜活动的几百人中选择演员,他录用的都是他以前就认识或者朋友推荐的喜剧演员。迈克尔斯在加拿大结识了艾克罗伊德,艾克罗伊德很崇拜他在芝加哥认识的一位名叫约翰·贝鲁西的演员,但贝鲁西一开始说他不会参加电视节目,因为他觉得电视是一种愚蠢的媒介，不过他推荐了自己的同行，《国家讽刺秀》的演员格尔达·赖德娜（他们通过音乐剧《福音》相识，格尔达·赖德娜最终也加入了《周六夜现场》）。《国家讽刺秀》隶属于《国家讽刺文社》杂志，这本杂志由作家迈克尔·奥多诺霍创办，他和另一位喜剧作家安妮·比茨共同生活。

上述人员构成了《周六夜现场》第一季的演员阵容。该节目的音乐总监霍华德·肖和迈克尔斯一起参加过夏令营。演员统筹尼尔·利维是迈克尔斯的表兄弟。迈克尔斯在好莱坞排队买《巨蟒与圣杯》的电影票时遇到了该节目的编剧之一切维·切斯。该节目的另一位编剧汤姆·席勒的父亲是一位好莱坞编剧，早年曾把迈克尔斯纳入麾下。迈克尔斯与席勒结识，是因为他们曾一起去约书亚树国家公园吃迷幻蘑菇。

《周六夜现场》最初的演员和编剧大都来自加拿大或美国的芝加哥和洛杉矶。1975 年，他们来到纽约。"那时的曼哈顿还没有娱乐业，"《周六夜现场》的编剧玛丽莲·苏珊·米勒（她在洛杉矶参加莉莉·汤姆林的一档特别节目时认识了迈克尔斯）说，"我们感觉好像被洛恩扔到了火星上"。

这个节目团队的大多数成员刚到纽约时，在当地没有任何人脉，许多人甚至把他们看作反资本主义或反战争的激进分子（至少他们喜欢吸食那些激进分子常用的消遣性毒品）。而现在，他们西装革履地出入洛克菲勒中心——《周六夜现场》演播厅所在地。"我们就像 20 岁出头的年轻人，没有钱，对于如何制作节目也一无所知，便把所有的时间都用来研究如何把团队里的人逗笑。"席勒对我说，"每顿饭我们都一起吃，每天晚上都去同一个酒吧。我们甚至害怕如果分开行动，我们就会有人走失，再也回不来了。"

后来,《周六夜现场》成了美国电视史上最受欢迎也最长寿的节目之一,简直就是一个神话。"在《周六夜现场》播出早期,"记者马尔科姆·格拉德威尔 2002 年撰文写道,"团队里的每个人都相互认识,而且有交集。这一点很好地解释了团队成员之间的独特感情。"相关书籍讲述了许多关于他们的故事:约翰·贝鲁西半夜到其他演员的公寓里煮意大利面,由于操作不当,不小心点着了客房;编剧把别人的家具固定在天花板上,给他人的办公室打骚扰电话,冒充电视台新闻部的人预订 30 个比萨,然后乔装成保安溜到新闻部偷走比萨;甚至还有流程图显示《周六夜现场》节目组里谁和谁一起睡过觉。

《周六夜现场》被视为强大团队的范例,大学课本用它来举例说明当一个团队具备了某些条件和强大的凝聚力时所能取得的成就。

有人认为,《周六夜现场》团队之所以取得如此大的成功,是因为这个团队的共有型文化取代了个体需要。他们有共同的经历("上高中时,我们都是不受欢迎的学生。"安娜·比茨对我说),共同的社交圈("洛恩是一位教主,"作家布鲁斯·麦考尔说,"只要你是虔诚的信徒,就能融入这个团队"),以及超越自我的团体需求("我不是说这样不好,但我们的演播室就像在圭亚那的第 17 层楼上的一个战俘营。"艾伦·兹韦贝尔说)。

不过,当你和《周六夜现场》的早期团队交流时,你会发现这个理论比上面描述的要复杂得多。的确,团队里的编剧和演员大多数时间都待在一起,有强烈的团队意识。但这并不是因为他们有共同的背景或者非常喜欢彼此,更不是因为迫不得已。事实上,《周六夜现场》团队在释放巨大能量的同时,也产生了数不胜数的矛盾。"我们经历过数不清的竞争和内讧,"比茨说,"那时的我们太年轻，谁都不懂得控制自己的情绪，争吵不断。"

一天晚上，比茨在房间里和编剧们开玩笑说，幸好希特勒杀死了600万犹太人，否则他们根本不可能在纽约租到房子。"玛丽莲·米勒为此整整两个星期没有和我讲话，"她说，"玛丽莲对有关希特勒的笑话异常敏感，我想她当时一定恨死我了。我们甚至可以持续怒视对方几个小时。"团队里还充斥着嫉妒和敌对情绪，有迈克尔斯的感情之战，也有演出机会的竞争。"如果播出你的小品，就意味着另一个人的小品会被'砍掉'。"比茨说，"如果你成功了，就意味着另一个人会失败。"

即使是最亲密的朋友，比如兹韦贝尔和格尔达·赖德娜，也会有矛盾。"格尔达和我一起创造了一个名叫罗珊娜·罗珊娜达娜的角色，周五，我在办公室通宵写剧本，写了八九页。"兹韦贝尔说，"结果，第二天上午10点左右，格尔达神清气爽地走进来，拿着一支红笔在我的稿纸上勾勾画画，活脱脱一个刻板女教师的形象，简直让我抓狂。我只能重新写剧本，等我完成后她故技重演。节目直播期间，我们互不理睬。我曾经连续3个星期没有为她写小品剧本，还故意把最好的角色留给其他演员。"

此外，《周六夜现场》的团队成员也不那么享受待在一起的时间。该节目唯一一位黑人演员加勒特·莫里斯感觉自己就像一个弃儿，他打算赚够钱后就离开这个团队；简·库丁每次直播结束后就马上回家，和丈夫待在一起。而且，团队内部拉帮结派，如果某一帮派发生内讧，马上又会形成新的同盟。"每个人都频繁地游走在不同的帮派之间，"第二季加入节目团队的编剧布鲁斯·麦考尔说，"这是一个相当令人压抑的地方。"

在某种程度上，《周六夜现场》团队所取得的成功令人惊奇。

我们发现，迈克尔斯在组建团队时刻意选择风格迥异的人：兹韦贝尔擅长使用夜总会式的幽默语言；迈克尔·奥多诺霍选择的大都是肯尼迪遇刺事件等题材，作品中充斥着黑暗、尖锐的讽刺（有一次，秘书悲痛地告诉他"猫王"埃尔维斯去世的消息，他说"演艺事业更上一层楼了"）；汤姆·席勒擅长执导文艺片。每个人在意见不统一时都会变成苛刻的评论家。有一次，奥多诺霍一边阅读加勒特花了几个星期创作的剧本，一边说"好样的，加勒特"，说完却把它扔进了垃圾桶。

"喜剧作家总是带着很大的怒气，"席勒说，"我们互相不留情面。如果你认为什么很有趣，但别人并不这么想，这会让你十分难受。"

那么，《周六夜现场》的主创团队经历了如此多的冲突、内讧，为何还能成为一个有影响力的高效团队？这并不是因为他们花了大量的时间待在一起，也不是因为这个团队把集体需求放在个体需求之上。

真正的原因在于，所有成员在一起工作时有足够的心理安全感，这为他们创作新的喜剧作品提供了土壤。这个团队的氛围让各位编剧和演员敢于冒险，坦诚相待，虽然他们也会互相否定、贬低与竞争。

"你一定听说过'团队里不存在自我'这句话吧？"迈克尔斯对我说，"我的目标恰恰相反，我就是想在团队中看到各种各样的'自我'。我希望大家在这个团队中互相尊重，同时保留他们的自我。"

心理安全便是这样产生的。

● ● ●

试想以下两个团队都邀请你加入。

A团队由8位男性成员和2位女性成员组成，他们都是聪明绝顶的成功人士。你会看到一段他们一起工作的视频，团队成员轮流发言，出口成章，态度友好又谦恭。当出现问题时，一位成员（很明显是相关领域的专家）详细地解释，其他人认真倾听，没有人打断他的发言。当有人偏离主题时，其他人会善意地提醒他回归主题。这个团队的工作效率很高，会议总能按时结束。

B团队与之相反。成员男女比例均衡，有些人是成功的企业高管，有些是在业务方面尚未取得明显成绩的中层领导。你会在视频中看到，开会时该团队成员你一言我一语地进行着激烈的讨论。有的侃侃而谈，有的言简意赅。他们会频繁打断别人的发言，以至很难弄清楚他们到底在讨论什么。如果有人突然改变话题或者直接忽略正在讨论的话题，其他人也会跟着一起跑题。会议结束时，你发现他们每个人都无所事事地坐在那里闲聊。

你愿意加入哪个团队呢？

假设你在做出选择之前得知两个团队在成立之初，每个成员都要进行一项名为"看眼睛读懂内心"的测试。每个人都需要看36张人眼照片，并从给定的4个词中选择一个最能形容照片中人物情绪的词。①

工作人员告诉你这是一个同理心测试。A团队成员的平均正确率是49%，B团队是58%。

看到这里，你是不是改变主意了？

2008年，一批来自卡内基梅隆大学和麻省理工学院的心理学家开始研究哪些团队更优秀。"通过走访大量涉及研究、管理及其他活动的团队（包括'面对面'或者'远程'合作的团队），心理学

---

① 正确答案按从左至右、从上到下的顺序分别是：沮丧、坚定、怀疑、谨慎。

家们发现，与他们最初的研究对象相比，更重要的是研究哪些因素决定了团队表现。"研究人员于 2010 年在《科学》杂志上写道，"20世纪，心理学家在智商定义和系统测量个体智商等方面取得了巨大进展。我们借鉴了他们的研究成果，使用测量个体智商的统计方法系统地测量团队智商。"

恐惧	沮丧	坚定	愉快

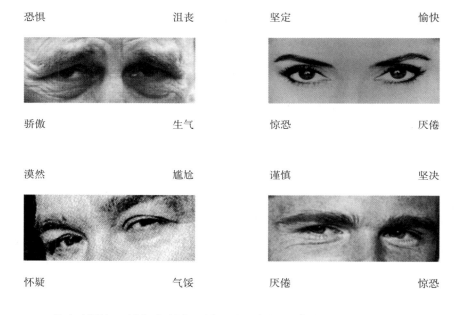

骄傲	生气	惊恐	厌倦
漠然	尴尬	谨慎	坚决
怀疑	气馁	厌倦	惊恐

　　换句话说，研究人员想了解团队中是否存在一种区别于团队成员个体智商的群体智商。

　　为此，研究人员招募了 699 名志愿者，组成 152 个团队，然后分配给每个团队一系列任务，需要团队成员展开不同形式的合作。大多数团队会先花 10 分钟进行"头脑风暴"，讨论一块砖有多少种用途，每提出一个独特的想法可获得 1 分。接着，研究人员要求他们以一家人的身份进行购物，每个团队共用一辆购物车。团队成员会得到一张购物清单，以及一张商品在各个商店的价格地图。获得高分的唯一途径是，每个人都放弃一件自己要买的物品，以满足团队的需求。再接下来，研究人员要求团队成员处理一起违纪事件：一个大学生篮球队员涉嫌贿赂教师。团队里有的成员代表教职工的利益，有的成员代表体育系的利益。哪一方能够争取到最有利于自己的裁决，就能获得加分。

所有任务都要求团队全员参与，每项任务都要求团队成员以不同的形式合作完成。研究人员在实验过程中看到了团队所产生的各种力量。有的团队提出了十几种砖的独特用途，做出让每个人都满意的裁决，轻松地完成了购物任务。有的团队则没有想出砖有什么特别的用途，裁决结果让部分成员感到被孤立；只买了冰激凌和果脆圈，因为没有人愿意做出妥协。有趣的是，把其中一项任务完成得很出色的团队，其他任务也能完成得很好。相反，把一项任务搞砸了的团队，其他任务也完成不了。

或许有人认为，那些"优秀团队"之所以成功，是因为团队成员更聪明——团队智商取决于团队成员的个体智商。但是，研究人员事先测量过这些志愿者的智商，发现个体智商和团队表现之间没有相关性。让10个聪明人组成一个团队，并不意味着这个团队能够巧妙地解决问题，其表现甚至不及那些由智商一般的人组成的团队——虽然个体智商一般，但团队智商很高。

或许还有人认为，优秀团队拥有更果断的领导者，但研究表明，这一看法也是错误的。

研究人员最终得出结论，决定一个团队优秀与否的因素并不是成员本身的能力，而是他们对待彼此的方式。换句话说，在最成功的团队里，规范让每个成员都能和他人融洽相处。

"我们找到了充足的证据证明，团队智商会影响一个团队在各种任务中的表现。"研究人员在《科学》杂志上写道，"这种群体智商是整个团队的特质，而不是团队中个体的特质。"让团队而不是团队成员更加聪明，是整个团队所遵循的规范。良好的规范能够增加由中等智商成员组成的团队的群体智商，而不良规范则可能把由聪明人组成的团队拉下水。

但是，研究人员观看了一些优秀团队的视频，注意到优秀团队的规范也不尽相同。"令人惊奇的是，他们合作的方式竟然如此不同。"安妮塔·伍利说，"有的团队由很多聪明人组成，他们平均分配工作；有的团队虽然由资质平庸的人组成，但他们充分利用每个人的优势；有的团队拥有一位强有力的领导者；有的团队很民主，每个人都有机会扮演领导者的角色。"

然而，有两种行为是所有优秀团队的共性。

第一，每个成员的发言机会均等，研究人员将这种现象称为"平等地分配发言时间"。例如，在某些团队执行任务期间，每个人都有发表意见的机会；在其他团队，随着不同任务的进行，讨论越来越少，但如果以"天"为单位来计算，每个人的发言时间几乎相同。

"只要每个人都有发言的机会，这个团队就能合作得很好。"伍利说，"但是，如果只有一个人或者某几个人有机会发言，这个团队的群体智商就会下降。发言时间的均等并不要求精确到分钟，但是总体来说，不能失衡。"

第二，优秀团队的成员"社交敏感性普遍较高"，擅长通过其他团队成员说话的语气、自我评价以及面部表情来了解他们的感受。

测量社交敏感性最简单的方法之一，就是向一个人展示不同的人眼照片，让他描述照片里的人在想什么或者感受如何，和前面的同理心测试一样。这个测试用于"检验实验参与者能够在多大程度上感受到别人的想法，并'进入'他们的心理状态"。"看眼睛读懂内心"测试的发明者、剑桥大学的西蒙·巴伦-科恩在文章中写道。男性猜对照片中人物情绪的概率平均只有 52%，而女性是 61%。

在伍利的实验中，那些优秀团队的成员的测试成绩高于平均水平。他们似乎知道他人在什么情况下会感觉沮丧或者被冷落，他们总在关注他人的想法。而且，优秀团队中的女性成员较多。

现在回到选择加入哪个团队的问题上，如果让你选择，你愿意加入严肃认真、职业纪律强的A团队，还是自由随意的B团队？你应该选择B团队。A团队的成员聪明、高效，作为个体，他们都是成功者，但在团队中，他们仍然倾向于单打独斗，很难看出这个团队的群体智商，成员没有平等的发言机会，对其他成员的情绪和需求也不太敏感。

相反，B团队更加随性，成员喜欢闲聊，说着说着就跑题了——他们不会按照议程推进会议。每个人都有机会发言，能感觉到自己说话时别人在倾听，能理解别人的肢体语言和面部表情，并试图预测他人的反应。B团队或许没有那么多优秀的成员，但整个团队的力量比任何个体的力量都要大。

●　●　●

如果你问《周六夜现场》早期团队的成员这个节目为什么这么成功，他们一定会提到洛恩·迈克尔斯，他的卓越领导才能把所有成员凝聚在一起。他让每个成员感觉到自己在发表意见时有人在倾听，以自我为中心的演员和编剧也学会关注他人。他眼光独到，善于发现人才，40多年来，这一点几乎无人能敌。

还有人说迈克尔斯冷漠、傲慢、猜忌心重，他一旦决定解雇谁，就不会再给这个人机会了。你或许不想和他成为朋友，但作为这档节目的"掌门人"，他打造的《周六夜现场》的确非同凡响：史上最长寿的电视节目，播出40多季，每季20集左右，才华横溢的喜剧演员愿意放低姿态，在一周时间内紧锣密鼓地共同为节目直播做准备。

迈克尔斯兼任这档节目的监制，他自己也说过，《周六夜现场》之所以如此成功，是因为他努力地让工作人员形成一个完整的团队，其中的秘诀是给每个人表达的机会，并寻找会倾听的人。

"洛恩有意让每个人都有表现的机会，"编剧玛丽莲·米勒对我说，"他会说：'我们这周有没有这些女孩的演出？''还有谁没有登台演出？'"

"他拥有心灵力量，能够吸引每个人。"艾伦·兹韦贝尔说，"我发自内心地认为这是《周六夜现场》能够如此长寿的原因。每个剧本的前面都会写上相关工作人员的姓名缩写，迈克尔斯常说，这些名字越多他就越开心。"

迈克尔斯对自己的社交敏感性颇为骄傲，以此作为炫耀的资本，他还期待演员和编剧效仿他。在《周六夜现场》开播早期，当看到疲惫不堪的编剧在办公室哭泣时，他会走过去安慰几句。他经常在演员排练和对台词时，悄悄地把演员拉到一边，询问他们的个人生活状况。有一次，编剧迈克尔·奥多诺霍对一个无比粗俗的作品感到十分满意，迈克尔斯便要求演员在18场不同的彩排中表演这个作品，即使大家都知道这样的作品不可能通过网络审查。

"记得有一次，我走到迈克尔斯身边对他说：'我想写这样一个剧本：几个女孩在她们的第一次睡衣派对上谈论性爱。'他说：'写吧。'他就这么决定了，什么问题都没问我。接着，他拿出一张排期表，把这部剧安排在下次的节目中直播。"1976 年 5 月 8 日，这部作品首次出现在荧屏上，并成为《周六夜现场》最著名的作品之一。"我简直欣喜若狂。"米勒说，"在人际交往方面，他好像有超能力，知道如何让他人感觉到自己是全世界最重要的人。"

《周六夜现场》早期的很多演员和编剧的性情都比较古怪，他们坦率地承认，即使是现在，他们也争强好胜，爱传闲话，有时还刻薄得要命。但在一起工作时，他们却很在意对方的感受。迈克尔·奥多诺霍虽然曾把加勒特·莫里斯的剧本扔进垃圾桶，不过他后来特意跟莫里斯解释说他是开玩笑的。还有一次，莫里斯向他推荐一个关于儿童的悲伤故事，奥多诺霍想到了"逝去的小火车"这个点子。（"我知道我能行！我知道我能行！心脏病犯了！心脏病犯了！哎，天哪，好难受！"）此外，《周六夜现场》团队尽量避免挑起争端。（"那次我拿希特勒开玩笑，玛丽莲很长一段时间都不和我讲话。"比茨对我说，"但这正是我们避免引发争端的方式，她不理我，是不想把这件事闹大。"）尽管这个团队的人总是互相批评，但他们也能很好地把握分寸，避免过激的言辞。尽管经常意见相左，总有唇枪舌剑和明争暗斗，但在对台词时，每个人都有发表意见的机会，他们就是以这种奇特的方式保护彼此的。"我们彼此欣赏，至少表面上如此。"该节目 20 世纪七八十年代的编剧、扮演过吉多·萨杜奇神父的唐·诺韦洛说，"我们的确彼此信任，这听起来很不可思议。"

从心理安全层面讲，团队成员不必成为朋友，但他们有必要培养自己的社交敏感性，懂得如何倾听别人的想法，同时也能让别人理解自己的想法。"建设团队心理安全的最佳策略就是由团队领导者亲自示范。"哈佛大学商学院教授埃米·埃德蒙森对我说,"如果领导者努力地让每个团队成员感受到有人在意他的想法,或者用'我可能会漏掉些什么,请大家提醒我'这句话作为会议的开场白,或者说'吉姆,你一直没有说话,这个问题你怎么看?',这看似细枝末节,但能对团队产生巨大的影响。"

在埃德蒙森关于医院的研究中,心理安全程度高的团队的领导者都善于倾听,具有较强的社交敏感性,他们善于表达自己的情感,鼓励团队成员发言,不随意打断别人的话。如果有人感到忧虑或者沮丧,他们就会示意其他成员可以进行干预。他们试着揣摩别人会有怎样的反应,并努力地接受和适应。这些团队用这种方式鼓励成员各抒己见,同时真诚地对待彼此,虽然偶有争执。心理安全就是这样产生的:给每个人平等的话语权,培养团队成员的社交敏感性。

迈克尔斯曾说,带头遵循团队规范是他最重要的职责。"团队里的每个人都是独一无二的,要充分释放他们的才华,就必须让每个人知道我对待他的方式也是不一样的。"迈克尔斯对我说。

"《周六夜现场》把不同的写作和表演风格聚集在一起进行磨合和碰撞,"他说,"我的工作就是保护好每个人独特的见解,让他们一起共事。我希望他们在加入这个团队之后,依然能保持自己的特别之处,同时努力地彼此磨合,提高社交敏感性。只有这样,我们才能顺利地做好每周一期的新节目,而不至于一收工,每个人都有杀死其他人的冲动。"

团队中的每个人

谷歌的亚里士多德项目小组展开调查、访谈,统计回复信息并分析，截至 2015 年夏天，已经有两年时间了。他们仔细地分析了数以万计的数据，编写了几十个趋势分析的软件程序。最终，他们得出结论，并准备向全公司的员工公布。

他们在位于山景城的谷歌总部召开会议，现场有几千名员工，更多的人则通过视频观看。谷歌人力资源运营部负责人拉斯洛·博克走上台，首先感谢每个人的到来。随后他说："这项研究传递给各位最重要的信息就是，从很多方面来看，团队怎样合作要比团队由哪些人组成重要得多。"

上台前，博克与我交谈过。"我们脑海里存在一个谬论，"他说，"认为我们需要的是'超级明星'，但我们的研究结论恰恰相反。比如，某个团队成员都是普通人，但只要你教会他们正确的交流方式，他们就能够完成'超级明星'都无法完成的任务。还有其他谬论，比如销售团队的合作方式应该和工程团队不同；最优秀的团队意见永远一致；高效团队需要做大量工作，才能保持对工作的热情；团队成员应该在同一地点办公；等等。"

"我们现在将这些谬论一一击破。研究数据表明，优秀团队的成功具有普遍性。团队合作的关键在于，让每个成员都拥有发言权，而是否参与投票或者做决定其实并不重要，工作量的多少或者是否在一起办公也不会对团队表现产生影响，团队成员是否拥有发言权和社交敏感性才是最重要的。"

博克在台上播放了一组幻灯片。"以下 5 项团队规范是最关键的。"他对观众说。

团队成员认为他们的工作是重要的。

团队成员感觉他们的工作对自己是有意义的。

　　团队有明确的目标和分工。

　　团队成员知道他们可以彼此信赖。

　　最重要的是，团队要有心理安全。

　　博克说，要想建立心理安全，团队领导者需要在行为方面做出表率。他们可以遵循谷歌管理人员的行为准则：领导者不该打断团队成员的发言，否则会产生不良影响；领导者应在别人发言之后进行总结，以示尊重；领导者应该承认自己的不足；只要还有人没发言就不能散会；领导者应鼓励心情低落的成员表达他们的困惑，并鼓励其他成员做出客观的回应；领导者应把团队的内部矛盾摆到桌面上讨论，以化解矛盾。

　　这个行为准则列举了几十种技巧，可以归纳为以下两点：在一个成功的团队中，每个成员都可以大胆地说出自己的想法；每个成员都真正在乎别人的感受。

　　"有许多细节值得团队领导者注意。"阿希尔·杜贝告诉我，"比如，开会时，领导者是应该等别人把话说完再提问，还是打断别人的发言说'我有个问题'？当有人感到沮丧时，领导者应该怎样处理？这些事情虽然微妙，但能产生巨大的影响。每个团队都是独一无二的，鼓励工程师和销售人员坚持自己的观点，这在谷歌是再正常不过的事了。但是，团队需要遵循正确的规范，让争论更有意义，否则团队永远不会强大。"

　　亚里士多德项目小组花了3个月向各个部门介绍他们的研究成果，并对团队领导者进行培训。谷歌高管发布了用于评估团队成员心理安全的工具，以及帮助团队领导者和成员增加心理安全的准则，它适用于所有团队。

　　"我是做定量分析的，要想让我信服一件事，必须有数据支持才行。"谷歌分析工程部门的负责人萨格尼克·南迪（他领导全公司最大的团队之一）说，"所以，当我看到这些数据时，我以前的认识被彻底颠覆了。做工程师的人都喜欢调试软件，只需微调就能让软件的运行效率提高 10%，但我们从未考虑对人际互动进行'调试'。我们把优秀的人组成一个团队，期待他们取得成功。有时的确如此，有时却事与愿违，而大多数时候我们都不知道为什么会这样。亚里士多德项目小组推动我们开始做'调试'人的工作，这项研究彻底改变了我组织会议的方式。现在，我开始有意识地关注自己是否认真倾听别人的想法，是否打断别人的话，是否鼓励每个人发言。"

　　这个项目对亚里士多德小组本身也产生了很大影响。"几个月前，我在开会时犯了个错误。"朱莉娅·罗佐夫斯基对我说，"虽然不是什么大错，但令人尴尬。会后，我通过邮件向团队解释哪里出了问题，问题出现的原因，以及弥补过失的方法。我收到一位同事的回复，内容只有一个字：唉。

"它给我的感觉就像有人在我的肚子上打了一拳，因为出错已经让我感到很沮丧了，而这封邮件简直就是落井下石。好在我们做了大量补救工作，于是我回复他：'一大早就叹气，还有什么比这更能摧毁心理安全！'接着，他回复我：'我只是想测试一下你的抗压能力。'虽然他的做法并不合适，但他知道我需要听到那样的反馈，我们通过一次 30 秒的互动就化解了一场冲突。

"我们致力于研究团队的工作效率，而我们本身也是一个团队。这一点相当有趣，我们会用在研究过程中收获的一切来检验自己的团队。我意识到，只要每个人都能够说出自己的想法，并能认真地倾听别人的想法，我们就能感受到团队的强大力量。"

近 20 年来，美国职场越来越倾向于以团队为核心。现在，普通职员可能属于销售团队、部门经理团队、策划未来产品特别小组或者负责筹办假日聚会的团队。企业高管所在团队可能分别负责员工薪酬、职业发展、招聘和解聘、人力资源管理以及成本控制。这些团队的成员也许每天都见面，也许在世界各地通过邮件、远程办公进行合作。团队很重要，现如今，在公司、企业集团、政府机构和学校，团队都是最基础的自主管理组织。

在任何一个团队，决定其成败的不成文规范都是相同的。在不同的环境中，具体的团队规范可能不尽相同，就像投资银行家协调工作的方式和骨科护士分配任务的方式不一样，但有一点是相同的：如果这两个团队都运转得很好，其成员都会拥有心理安全。它们之所以能够成功，是因为团队成员彼此信任，能够开诚布公地讨论问题，不用担心受到惩罚，成员拥有平等的话语权，关注彼此的情绪和需求。

　　一般来讲，团队心理安全建设要从团队领导者开始。所以，如果你领导一个团队（无论是在职场、运动队、教会还是家里），你需要仔细思考你的每个行为所传达的信息。你应该鼓励每个人都发表自己的意见，还是奖励声音最洪亮的那个人？你是否带头倾听他人的想法？你应该密切关注别人的想法和感受，还是凡事以你的意见为准？

　　对于破坏心理安全的行为，人们总能找到好的借口。通常来说，如果想人为地终止讨论，迅速做出决定，那么让最了解情况的人发言，而要求其他人保持沉默，这恐怕是更有效的做法。大量研究表明，获取心理安全可能会暂时降低团队效率，但从长远来看，心理安全会带来更高的团队效率。

　　如果说获得更强的掌控力能让人产生动力，那么当多个个体组成一个团队时，我们必须牢记，心理安全必不可少。获得掌控力需要的不仅是自决权，你还需要做一个"反叛者"，除非你是团队领导者。

　　在团队中，我们有时需要赋予别人掌控力。归根结底，团队规范应该是：团队成员愿意赋予彼此一定的掌控力。但是，这一规范发挥作用的前提是，团队成员要信任彼此并有心理安全感。

　　作为团队领导者，赋予别人掌控力是必要的。谷歌的一些团队领导者在开会时，会在发言者的名字后面打钩，直到每个人的发言次数大致相同才会结束会议。而且，作为团队领导者，要让成员获得掌控力，需要认真地倾听、复述别人的话，对他们的想法有所回应。当成员感到很沮丧或恐慌时，团队领导者要有反应，而不是当作什么都没发生。只有团队领导者尊重别人的判断，把别人的担忧放在心上并予以关注，赋予别人掌控力，心理安全才会产生。

　　"我最喜欢的莫过于看到演员们在舞台上淋漓尽致地表演，编剧们在监视器旁击掌庆祝，台侧的工作人员跟着观众一起开怀大笑，与此同时，另一个团队正在研究下次演出时如何让这些角色更加有趣。"洛恩·迈克尔斯对我说。

　　"看到整个团队都能从同一个事物中获得灵感，我意识到一切都很好。"他说，"这时，所有团队成员互相加油鼓劲，每个人都觉得自己像个大明星。"

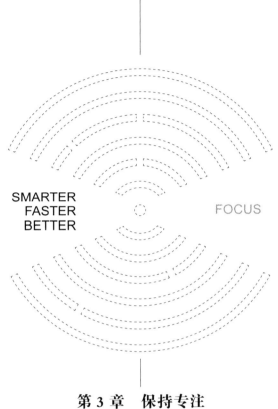

SMARTER
FASTER
BETTER

FOCUS

第 3 章　保持专注

认知隧道、反应性思维和心智模型的力量

陷入认知隧道

失事客机法航447的残骸被找到后，人们发现，遇难者明显没有意识到灾难的降临，有迹象表明，即使在飞机坠毁的那一刻，乘客也没有慌乱地系上安全带或者收起小桌板，甚至连氧气面罩都没有自动脱落。一艘探寻残骸的潜艇在大西洋海底发现，该失事客机的一整排座位还直挺挺地立着，好像等待着再次起飞。

该失事客机的黑匣子大约两年后才被找到，人们都期待着事故原因就此浮出水面，然而，令人失望的是，黑匣子并没有提供什么相关线索：飞机上所有的计算机都没有出现故障，也不存在机械故障和电气系统故障。调查者直至听到驾驶舱的飞行录音才明白，这架空客飞机（当时世界上最大、最先进的飞机，自动防错系统的典范）之所以坠入大西洋，并不是因为机械缺陷，而是因为飞行员注意力不集中。

● ● ●

2009年5月31日，夜空朗朗，载有228名乘客的法航447客机从里约热内卢飞往巴黎。客舱里，有去度蜜月的新婚夫妇、一位华盛顿国家歌剧院的前指挥、一位倡导军备控制的著名活动家，还有一个前往寄宿学校的11岁男孩。其中一位飞行员的妻子在飞机上，夫妇二人计划在里约热内卢的科帕卡瓦纳海滩玩 3 天。当时，这位飞行员的妻子坐在客舱后部，他则和另外两位同事在驾驶舱里忙碌着。

当飞机爬升时，他们能够听到航空管制无线电的交流声，这是每次飞机起飞都会出现的声音。飞机离开跑道 4 分钟后，坐在驾驶舱右侧的副驾驶开启了自动驾驶系统。在接下来的 10.5 个小时里，如果一切顺利，飞机会自动飞行。

20 多年前，从里约热内卢驾机飞往巴黎可以算是一项繁重的飞行任务。在 20 世纪 90 年代之前，自动驾驶技术还未得到普遍应用，飞行员需要计算几十种变量，包括空速、耗油量、方向和最佳巡航高度，还要监测恶劣天气的干扰、航空管制的指令和飞机在空中的位置。如此艰巨的飞行任务往往需要飞行员轮流驾驶，他们都很清楚缺乏警惕性的风险。1987 年，底特律的一位飞行员起飞时手忙脚乱，忘记放下襟翼，导致飞机刚一起飞就坠毁了，154 人因此遇难。在这个事故发生的 15 年前，一架飞机在飞至迈阿密附近时，飞行员的注意力放在错误的起落架指示灯上，而没有注意到飞机正在逐渐下降，导致飞机坠落到佛罗里达大沼泽地里，101 人因此遇难。在自动驾驶系统发明以前，每年死于空难的人数都超过 1 000，这绝对不是耸人听闻，空难的原因大多是飞行员的注意力过于分散或者其他人为因素。

然而，从里约热内卢飞往巴黎的这架飞机十分先进，可以极大地减少需要由飞行员做出的决定，从而避免上述错误。空客 A330 飞机的特别之处在于，在出现问题时计算机可以自动进行干预，找出解决方案，并通过屏幕告知飞行员，飞行员在对计算机给出的提示信息做出判断时，注意力会更加集中。理想情况下，每次飞行飞行员只需要在飞机起飞和降落时驾驶 8 分钟，其余时间均可依赖自动驾驶系统。这从根本上改变了飞行技术，实现了从主动性到反应性的转变。这样一来，驾驶飞机变得更简单，事故率不断下降，航空公司的经济效益猛增——因为每个航班的载客量增多了，但机组人员减少了。曾经，跨越大洋的飞行需要 6 名飞行员，而在法航447 时代，由于自动化技术的应用，任何飞行任务都只需要两名飞行员。

起飞 4 个小时后，飞机在飞越巴西和塞内加尔的途中穿过赤道。大多数乘客都睡着了，此时远处出现了热带风暴云层。两位飞行员谈论着窗外闪动的静电，即所谓的"圣艾尔摩之火"。"我想看看外面的情况，把灯光调暗，可以吗？"飞行员皮埃尔–塞德里克·博南（他的妻子也在飞机上）说。"好的。"机长回应道。另一名飞行员正在驾驶舱后面的小隔间里打瞌睡，机长叫醒了他，让这两名副驾驶一起控制飞机，这样他就可以睡一会儿了。在自动驾驶模式下，飞机在 9 700 多米的高空平稳地飞行。

20 分钟后，因为遇到乱流，飞机发生了轻微的颠簸。博南通过对讲机告诉空乘："最好请乘客系好安全带。"随着驾驶舱周围的空气冷却，机体上凸起的 3 个金属气缸（通过测量空气流进管道的冲击力来判断空速的皮托管）被冰晶堵塞。近 100 年来，这个问题饱受飞行员诟病，但同时他们也适应了皮托管结冰的问题。大多数飞行员都知道，如果空速大幅下降，十有八九是因为冰晶堵住了皮托管。法航 447 客机也遇到了这个问题，皮托管被冻住了，驾驶舱里的计算机失去了有关空速的信息。此时，根据程序设定，自动驾驶系统将被关闭。

警报声突然响起。

"我来驾驶。"博南平静地说。

"好的。"另一名飞行员答道。

此时，如果飞行员什么都不做，飞机会继续安全地飞行，皮托管内的冰也会自然融化。然而，或许是突如其来的警报声让他从睡梦中惊醒，想要弥补自动驾驶系统的缺陷，博南向后拉了一下操纵杆，这一举动导致机头上仰，飞机向上爬升，在一分钟内上升了900 多米。

由于机头轻微上仰，飞机的空气动力发生了改变。在这一高度，空气较为稀薄，飞机爬升干扰了机翼附近空气的平稳流动，从而使飞机的"升力"（一种物理力，飞机升上天空是因为机翼上面的压力小于机翼下面的压力）开始减弱。在极端情况下，这会造成空气动力失速，尽管飞机引擎竭力使机头向上，但还是控制不住飞机向下坠落。失速在刚发生时很容易得到解决，只要降低机头，让空气在机翼上方平缓流动就可以阻止其发生。但是，如果这时机头仍然向上，失速就会变得越发严重，致使飞机垂直下落，就像石头落进井里。

正当法航 447 客机在稀薄的空气中上升时，驾驶舱里突然响起警报声："失速！失速！失速！失速！"这表明机头已经过高。

"怎么回事？"副驾驶问道。

"这好像不……呃……不太好！"博南说。此时皮托管仍然结冰，所以显示屏无法显示空速。

"注意你的飞行速度。"副驾驶说。

"好的，好的，飞机正在下降。"博南回应。

"提示音说我们正在上升，"副驾驶说，"你需要让飞机下降。"

"好。"博南说。

但博南并没有让飞机下降。这时他即使让飞机水平地飞行，他们也能逃过一劫。可他继续向后拉操纵杆，这导致机头越发上仰。

● ● ●

如今，自动化技术已经渗透我们生活的各个方面。比如，现在大多数人的汽车上都有计算机装置，汽车在遇到雨雪或冰冻路况时，能够自动刹车，减少传动功率。计算机好像已经"预料"到我们在遇到突发情况时可能会反应过度，而这一点我们自己并没有察觉到。在办公室，客户能够通过计算机通信系统与我们取得联系。当我们不在计算机旁时，电子邮件可以自动发送，银行存款能够实时规避因汇率波动而产生的损失，智能手机可以帮助我们表达想法。事实上，即便没有技术帮助，人类也能依赖认知的自动化系统即"启发法"，同时处理多种任务。这就是为什么我们能够一边给客户发邮件，一边和爱人聊天，一边照顾孩子。心智的"自动化"能够帮助我们选择应该关注或者忽略的东西，而且这些几乎都在我们的潜意识中发生。

自动化技术使工厂的生产更加安全，办公室的工作更加高效，交通事故的发生率更低，经济发展更加稳定。从某种程度上讲，在过去的 50 年里，不论是个人工作效率还是各行业生产率的提高，都比过去两个世纪加起来还要多，这主要归功于自动化技术。

然而，随着自动化技术的普及，人类注意力衰退的风险也越来越大。耶鲁大学、加州大学洛杉矶分校、哈佛大学、加州大学伯克利分校、美国国家航空航天局（NASA）和美国国立卫生研究院等机构的研究表明，人们在自动化和注意力之间切换时，很可能会产生问题。而且，极其危险的是，由于自动化系统已经渗透飞机、汽车以及其他各个领域，每个失误都有可能带来灾难性的后果。在这个自动化时代，懂得如何掌控自己的注意力比以往任何时候都更重要。

以飞行员博南的心理状态为例，在驾驶法航 447 客机时，他同意了副驾驶让飞机下降的提议，却继续向后拉杆导致飞机上升。至于他为什么这样做，我们不得而知。或许他希望能够穿过当时的热带风暴云层，或许这是他听到警报声后的应激反应。我们永远也不会知道他为什么在听到"失速"警告后没有把操纵杆切换到空挡。然而，很明显的是，博南当时陷入了一种被称为"认知隧道"的精神障碍。当自动化系统突然关闭时，我们被迫启动自己的注意力，大脑从放松状态进入惊慌状态，就有可能产生这种障碍。

"你可以把注意力想象成一个聚光灯，其光束既能扩散又能集中。"犹他大学认知心理学家戴维·斯特雷耶说。注意力由我们的意识控制，在大多数情况下，我们可以选择集中注意力，也可以选择放松。如果我们允许自动化系统，比如计算机或自动驾驶系统，代替我们的注意力，大脑就会把"聚光灯"调暗。在某种程度上，这是大脑积蓄能量的一种方式。这种放松方式能给我们带来巨大的优势：帮助我们在潜意识状态下控制压力水平，把更多的精力投入"头脑风暴"，而不必一直关注周遭的环境；帮助我们做好准备，处理更复杂的认知任务。我们的大脑能够自动寻找放松的机会。

"然而，'嘭'！当突发情况发生时（例如当你收到一封意料之外的邮件，或者有人在会议中问你一个重要的问题时），你大脑中的'聚光灯'不得不突然打开，此刻它不清楚应该照射哪个方向。"斯特雷耶说，"不管你面前有什么，大脑都会本能地迫使'聚光灯'把光束尽可能多地投在最明显的刺激物上，即便那不是最好的选择，这就是认知隧道产生的过程。"

认知隧道会导致人们过度关注眼前的事物或者手头的任务，比如，有人目不转睛地盯着智能手机，听不见孩子的哭泣，也看不见人行道上从其面前走过的行人；有的司机看到前方的红灯会突然急刹车。我们可以学习如何更好地在放松和集中注意力之间切换，但这样的技能除了需要练习，还需要主动参与。然而，我们一旦进入认知隧道，就会失去掌控注意力的能力，反而会被最简单、最明显的刺激物吸引，这时我们的行为往往很愚蠢。

● ● ●

随着皮托管结冰，警报声响起，博南进入了一个认知隧道。他的注意力在过去的 4 个小时里一直处于放松状态，而闪烁的灯光和突然响起的警报声迫使他的注意力开始搜索一个关注点，最明显的刺激物便是他正前方的显示器。

空客 A330 的驾驶舱是一个极简主义的杰作，只有几个显示屏和数量适中的仪表、操纵杆，以避免分散飞行员的注意力。位于每个飞行员视线正前方的主显示器是最重要的显示屏之一。屏幕水平方向的中心位置上有一条宽线，代表天空和地面的分界线。浮在这条线上方的小图标表示飞机，如果飞机在行驶过程中偏向一边，图标就会失去平衡，飞行员据此了解到机翼没有和地面平行。

博南听到警报声后，赶紧查看仪表盘，他的目光集中在主显示器上，发现屏幕上的飞机图标轻微偏向右侧。一般来讲，这不算什么大问题。在飞行过程中，轻微的偏向能很容易被调整过来。而此刻，自动驾驶系统突然关闭，博南不得不重新集中注意力，而他大脑中的"聚光灯"照向了那个失衡的图标。数据表明，博南把全部精力放在恢复机翼的平衡上。或许是因为他把所有的注意力都集中

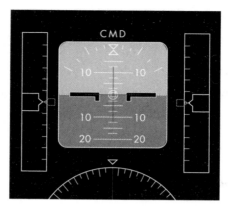

主显示器

于此，所以没有意识到自己仍然在向后拉杆，导致机头不断上仰。

接着，坐在博南左边的副驾驶戴维·罗伯特进入了另一个认知隧道。戴维·罗伯特在这次飞行任务中的身份是"监控飞行员"，他的职责是监控博南，在出现突发状况时进行干预。在最糟糕的情况下，罗伯特也可以操控飞机。然而，当听到此起彼伏的警报声时，他做出了在当时的情况下最有可能的反应：把注意力全部集中在最明显的刺激物上。计算机提供的数据更新和指令均显示在他旁边的显示屏上，罗伯特直接忽略了博南的操作，两眼盯着屏幕上滚动的信息，大声地念出计算机的指令。"让飞机下降。"罗伯特说。

罗伯特一直盯着屏幕，根本没有看到博南正在向后拉杆，也没有注意到仪表盘显示正在驾驶的飞行员抬高了机头，尽管他刚刚同意让飞机下降。没有迹象表明罗伯特查看了仪表，他只是抓狂地浏览计算机自动生成的提示信息。即使提示信息真的有所帮助，但博南当时正全神贯注于主显示器上的飞机图标，根本不可能把罗伯特的话听进去。

飞机上升到 10 688 米，眼看就要逼近飞行的最高限度。此刻，机头已经向上倾斜了12度。

罗伯特终于把视线从他旁边的显示屏上移开，他指着仪表盘对博南说："这上面显示，飞机正在爬升。"罗伯特大吼："下降！"

"好的。"博南说。

博南向前推杆，使机头略微下降。结果，两位飞行员承受的重力下降了1/3，产生了短暂的失重感。"慢一些！"罗伯特厉声说道。也许是因为接连不断的警报声、失重感和同事的批评，博南变得不知所措，转而迅速地向后拉杆。机头不再下降，飞机仍然处于向上倾斜6度的状态。这时，警报声又在驾驶舱里大声响起，几秒钟后，飞机开始摇晃，出现了所谓的"抖振"，这是此前飞机遇到严重的空气动力失速，扰动气流穿过机翼的结果。

"我们……正在爬升，是吗？"博南说。

在接下来的10秒内，谁都没有说话。飞行已经超过最高限度，11 430米，飞机必须下降。此时，如果博南把机头降低，空难就不会发生。

两位飞行员仍然盯着各自眼前的屏幕。这时堵塞在皮托管内的冰晶已经融化，计算机重新开始接收精确的空速信息。从这一刻起，飞机上所有的传感器都恢复工作状态，计算机开始给出指令，告知飞行员应对失速的方法。仪表盘上显示了所有能够帮助他们解决问题的信息，但此刻他们却不知道应该看哪里。就算系统提供了有用的信息，博南和罗伯特也不知该如何获取。

突然，被称为"蟋蟀"的失速警报再次响起，选用如此尖锐刺耳的声音就是为了让飞行员提高警惕。

"该死的！"罗伯特大喊道，他已经呼叫了机长，"机长在哪儿……现在最好不要做横向操作。"他对博南说。

"好的，"博南说，"现在处于TO/GA模式，对吧？"

空难调查小组后来得出结论，在这一刻，法航447客机上228人的命运就已经注定了。"TO/GA"是"起飞/复飞"的首字母缩略词，该模式是飞行员在终止着陆或者复飞时采用的操作模式。飞行员在抬高机头时，TO/GA模式能够使飞机的推力达到最大。与TO/GA相关的一系列操作，所有飞行员都训练过几百次，目的是为某些紧急情况做准备。在较低的飞行高度上，这个模式能带来很大的帮助。在接近地面的地方空气稠密，增加推力、抬高机头能够使飞机上升并获得更快的加速，飞行员可以安全地终止着陆操作。

然而，在11 500多米的高空，空气十分稀薄，TO/GA模式根本不起作用。飞机在那样的高度无法获得额外的推力，抬高机头只会加剧失速，唯一正确的选择就是降低机头。此时，惊恐万分的博南又犯了第二个错误——一个类似于认知隧道的失误：他试图把大脑中的"聚光灯"投射在熟悉的事物上。也就是说，他的第一反应是实施曾经反复训练过的操作——一系列与突发情况相关的操作，他进入了心理学家所说的"反应性思维"状态。

反应性思维决定了我们如何分配自己的注意力，在很多时候，这种思维是一笔巨大的财富。例如，运动员通过反复练习某些动作，形成反应性思维，这样一来，他在比赛中就可以先于对手完成动作。我们形成习惯的过程也是反应性思维形成的过程，这就是为什么待办事项和日历提醒总能派上用场：我们不需要决定接下来做什么，可以利用我们的反应性思维自动跟进每一件事。从某种程度上讲，反应性思维把能够产生动力的选择权和掌控力"外包"出去了。

然而，反应性思维还有另一面，它把习惯变成了无意识的反应，让我们失去了自己的判断。一旦动力被"外包"出去，我们就只能简单地做出反应。2009 年，心理学家斯特雷耶开展了一项有关驾驶员行为变化的研究：在汽车上安装了定速巡航和自动刹车系统后，人是否可以减少对路况的关注。

"这些技术的目的是让驾驶更加安全，在大多数情况下，的确是这样。"斯特雷耶说，"但这也让人们越来越容易形成反应性思维，以致当你遇到突发情况，例如当车发生侧滑或者必须紧急刹车时，你也会用你习惯的方式应对——猛踩刹车踏板或者猛打方向盘。换句话说，你是在下意识的情况下做出了反应，一旦你的应对方式是错误的，危险就会发生。"

● ● ●

驾驶舱里，"蟋蟀"的尖锐警报声和其他警报声响个不停，两位飞行员一言不发。副驾驶罗伯特或许正沉浸在自己的什么想法里，根本没有理会博南的问题——"现在处于 TO/GA 模式，对吧？"，而是尝试再次呼叫当时还在隔间里睡觉的机长。如果博南能够考虑眼下最要紧的问题——飞机处于稀薄的空气中，失速警报一直在响，飞机不能再爬升了，他就能立刻意识到应该降低机头。然而，他做出了那个训练过几百次的动作：向后拉杆。博南猛踩油门，让机头抬高了 18 度，这个角度大得吓人。飞机继续上升，达到最高点后，开始下降，机头仍然保持抬起状态，引擎推力达到最大。驾驶舱开始摇晃，抖振越来越明显，飞机快速下降。

"怎么回事？"罗伯特问道，"你到底知不知道这是怎么回事？"

"飞机失去控制了！"博南大喊，"我完全控制不了！"

机舱里的乘客可能并没有意识到灾难即将到来，因为他们听不到任何警报声，抖振与一般的乱流给他们的感觉无异，两位副驾驶也没有广播通知乘客正在发生什么事。

机长终于进入了驾驶舱。

"你们到底做了些什么？"他问道。

"我不知道。"罗伯特说。

"飞机失去控制了！"博南大吼。

"失去控制了，我们也不知道怎么办，"罗伯特说，"所有办法都试过了。"

法航 447 航班正在以每分钟 3 048 米的速度下降。机长站在两位副驾驶的身后，或许因为眼前所见让他不知所措，他只说了一句粗话，然后是长达 41 秒的沉默。

"有个问题，"博南说，"屏幕怎么不显示信息了？"他的声音里充满了恐惧，但事实并非如此。他眼前的这些屏幕——仪表盘的显示屏——正在显示准确的信息，而且清晰可见，博南只是因为太过恐慌而无法看到它们。

"我认为我们的速度太快了。"博南说。事实上，飞机当时的速度过于缓慢。"你觉得呢？"博南一边说一边把手伸向机翼减速操纵杆，飞机的速度又降低了。

"不要！"他的同事大吼道，"先不要减速！"

"好的。"博南说。

"我们应该怎么办？"罗伯特问机长，"你说呢？"

"我不知道，"机长说，"飞机在下落。"

在接下来的 35 秒内，飞行员们大吼着不断地问问题，其间飞机又下降了 2 700 多米。

"我是在下降吗？"博南问道，其实他只要看一眼面前的仪表盘就知道了。

"你是在下降、下降、下降！"罗伯特说。

"我有段时间已经将操纵杆拉到底了。"博南说。

"不，不！"机长大吼道。此时，飞机距离大西洋的高度不到3 048米。"不要爬升！"

"让我控制！"罗伯特说，"让我控制！你让开！"

"好吧，"博南说，他终于松开了操纵杆，"你来控制，我们仍然处于TO/GA模式，对吧？"

罗伯特接过操纵杆，这时飞机又下降了1 800多米，离海面更近了。

"天哪，你抬高了机头。"机长说。

"有吗？"罗伯特问。

"是的。"机长说。

"我们需要这样做，"博南说，"我们的高度是1 200多米！"

到目前为止，帮助飞机获得足够速度的唯一方法就是降低机头，向下俯冲，让更多空气在机翼上方流动。但是，飞机和海面之间的距离实在太近，已经没有回旋的余地了。驾驶舱里的近地警告声嘟嘟地响个不停："下降过快！上升！"

"你抬高了机头。"机长对副驾驶说。

"快！"博南说，"上升！上升！上升！"

驾驶舱一度陷入沉默。

"这不是真的。"博南说。此刻，透过驾驶舱的窗户已经可以看到大海。如果飞行员把头伸出窗外，他们甚至可以看见浪花。

"这到底是怎么了？"博南问道。

两秒后，飞机坠入大西洋。

构建心智模型

20 世纪 80 年代末，美国克莱恩咨询公司的一批心理学家开始研究为什么有的人能够在混乱无序的环境中保持冷静和专注，而有的人则手足无措。这家公司的主要业务是帮助企业分析，为什么有的员工能够在精神和时间的双重压力下做出正确的选择，而有的员工却惊慌失措。更重要的是，弄清楚是否可以训练人们把注意力放在更重要的事物上。

克莱恩咨询公司开始访问在极端环境下工作的人，如消防员、军队指挥官和急救人员。然而，结果令人失望。消防员通过观察燃烧的楼梯，判断它能否承受他们的体重；他们知道一栋建筑的哪些部分需要格外小心，怎样做才能符合警示标志的要求，但他们无法解释是如何做到这些的。军人能够告诉你，战场上哪些地方最有可能隐藏着敌人，如何找到敌人埋伏的蛛丝马迹。但是，让他们解释如何做出这些判断时，他们却将其归因于自己的直觉。

于是，这个研究团队开始访问从事其他工作的人。一位名叫贝丝·克兰德尔的研究人员走访了离她的住处很近的代顿市新生儿重症监护中心（NICU）。新生儿重症监护中心和所有重症监护室一样，是一个杂乱又沉闷的地方，永远伴随着机器工作的声响和警示音。那里有很多婴儿都处在恢复期，他们有可能是早产儿或者在出生时轻微受伤，但并未患严重的疾病；也有一些婴儿的情况不太好，需要持续监护。然而，对于在那里工作的护士来说，判断哪些婴儿有问题确实不是一件容易的事。看似健康的早产儿可能会突发疾病，患病的婴儿也有可能毫无征兆地痊愈，所以护士需要不停地选择她们的关注点：是啼哭的婴儿还是一声不吭的婴儿？是最新的实验结果还是焦急地呼喊护士的新生儿父母？其间，各种医疗设备，心脏监护器、自动温度计、血压监测仪和脉搏血氧计不断地给出数据，任何指标发生变化都会响起警报声。这些技术上的创新为患者提供了很多安全保障，也提高了新生儿重症监护中心的工作效率，较之前更少的护士可以照管更多的婴儿。但是，创新也让那里的工作变得更为复杂。克兰德尔想要弄清楚护士如何决定照看婴儿的先后顺序，为什么有的护士能做到关注最重要的事情。

克兰德尔采访了在紧急情况下镇定自若的护士和手忙脚乱的护士。最有趣的是，有些护士似乎很善于发现存在问题的婴儿，她们能够通过绝大多数人都会忽视的现象判断婴儿的病情是恶化了还是康复了。通常，她们做出判断的依据很微妙，因而事后很难回想起当时是什么引起了她们的注意。"似乎她们能够注意到别人看不到的东西，"克兰德尔对我说，"她们的思维方式与别人不同。"

克兰德尔首先采访了一位能力很强的护士，她的名字叫达琳，达琳讲述了几年前发生的一件事。当时，她路过一个早产保温箱，瞥了一眼躺在里面的婴儿，连接在婴儿身上的所有仪器都显示她的各项生命体征正常。负责照看这个婴儿的是另外一位护士，她对待婴儿很精心，但并没有发现这个婴儿有什么异常。然而，达琳感觉有什么地方不对劲儿。她发现婴儿皮肤上有轻微的斑痕，皮肤也没有呈现出婴儿该有的粉红色，而且婴儿的腹部有一些膨胀。从其足跟部抽血后，创可贴上呈现出深红色血迹，而不是一个小红点。

以上这些并不是什么罕见或者严重的问题。负责照看她的护士说这个婴儿胃口不错，睡得香甜，心跳也较为有力。但是，这些微不足道的小问题同时出现在这个婴儿身上，引起了达琳的注意。她打开早产保温箱，给这个婴儿做检查。这个婴儿当时并没有睡着，意识清醒。达琳碰了碰她，她的脸只是轻微动了一下，并没有哭。虽然在检查过程中没有发现其他异常，但达琳就是觉得这个婴儿有什么地方不对劲儿。

达琳找到主治医师，建议他们给婴儿进行抗生素静脉注射。他们所依据的完全是达琳的直觉，不过，医生听从了她的建议，给这个婴儿开了药，还做了一系列检查。检查结果显示，这个孩子处于脓毒症早期，是由感染引起的可能致命的全身炎症反应综合征。这种病症的病情发展十分迅速，如果他们再多等一会儿，这个新生儿就有可能死去。经过医治，她痊愈了。

"令我困惑的是，达琳和负责照看婴儿的护士看到了同样的'警示信号'，获得了同样的信息，但只有达琳发现了问题。"克兰德尔说，"对于另一位护士而言，婴儿皮肤上的斑痕和创可贴上的深红色血迹只是普通的数据点，不足以引起重视；而达琳能把所有的线索关联在一起，发现问题。"克兰德尔请达琳解释，她如何意识到这个婴儿生病了，达琳说那是一种直觉。在克兰德尔的再三追问下，达琳终于给出了更详细的解释。达琳说，她的脑海中有一张健康婴儿的"图像"，而她无意中看到的那个婴儿不是她脑海中健康婴儿应有的样子。因此，达琳脑中的"聚光灯"照到了婴儿的皮肤、足跟部的血迹以及膨胀的腹部上，这些细节引起了她的关注。相反，另一位护士的脑中没有那幅"图像"，她的"聚光灯"照在最显而易见的细节上：婴儿进食正常，心跳有力，没有哭泣。显然，那些最容易获取的信息分散了这位护士的注意力。

像达琳这种特别擅长掌控自己注意力的人往往具有某些共性，

其中一点就是他们习惯于在头脑中把自己期待看到的情景描绘成"图像"。他们更喜欢用讲故事的方式回答问题，而不只是简单地应答。他们脑海中的画面通常是未来交谈的场景，和大多数人相比，他们想象的生活更加具象。

心理学家将这种习惯性的预测方式称为"构建心智模型"，了解人们如何构建心智模型是认知心理学的一个重要课题。在某种程度上，所有人都会依赖心智模型。每个人都会给自己讲述关于世界如何运转的故事，无论我们是否意识到这一点。

但是，有些人构建的心智模型更加实际，对于设想的谈话以及要做的事，他们能够想象出更多的细节，从而更好地决定应该关注什么或者忽略什么。达琳这类人的特别之处在于，他们习惯于随时给自己讲故事，总是处于预测状态。他们对未来有自己的设想，一旦生活和他们的预测发生冲突，他们的注意力就会被吸引过来，这也是达琳能够注意到婴儿生病的原因。她习惯于想象正常的婴儿看起来应该是什么样子，所以当她偶然看到这个婴儿创可贴上的血迹、膨胀的腹部以及皮肤上的斑痕都不符合她头脑中正常婴儿的样子时，她脑中的"聚光灯"就一下子照到了这个婴儿身上。

如果头脑中的"聚光灯"瞬间被点亮，我们就会出现认知隧道和反应性思维。但是，如果我们习惯性地给自己讲故事，创造大脑中的图像，"聚光灯"就不会彻底熄灭。这样一来，当它被迫开启时，我们也不至于被它的强光晃得睁不开眼。

● ● ●

调查者在对法航 447 客机驾驶舱的录音进行分析的过程中发现了强有力的证据，表明这架飞机上所有的飞行员都没有构建强大的心智模型。

当第一次失速警报响起时，罗伯特问道："这是怎么回事？"

"没有准确的速度指示……我们……正在爬升，是吗？"博南回答道。

飞行员一直在互相提问，眼看着事态越发严重。这是因为他们没有构建起心智模型，无法处理新出现的信息。面对的信息越多，他们就越困惑，这也是博南陷入认知隧道的原因。在飞行过程中，他没有给自己"讲故事"，所以，当意外发生时，他不知道应该关注哪些细节。"我认为我们的速度太快了，"事实上，这时的飞行速度已经减慢，飞机开始下降，但他依然问，"你觉得呢？"

博南终于建立起一个心智模型——"我们现在处于TO/GA模式，对吧？"但他忽视了与这个模型不相符的所有事实。"我在爬升，那好，我现在下降。"他说完这句话的两分钟后，飞机坠毁，而博南似乎并没有意识到自己说的话是矛盾的。"好的，我们处于TO/GA模式，"他接着说，"飞机怎么还是在垂直下落？"

"这不是真的。"他说。几秒钟后，飞机坠入大西洋。"这到底是怎么了？"是博南说的最后一句话，这意味着就算到了最后关头，他也在寻求有效的心智模型。

当然，并不是只有法航447客机的飞行员遇到了这个问题。不管你是在办公室还是在高速公路上，不管你是用智能手机处理工作，还是坐在沙发上处理很多任务，这个问题随时都会发生。"这种混乱的局面百分之百是由我们自己造成的。"美国国家航空航天局的心理学家斯蒂芬·卡斯纳说，他研究过几十个像法航447客机这样的空难案例。"一边是有创造力、灵活的应变能力、善于解决问题的人类，一边是几乎不会说话但善于完成监控等机械性重复任务的计算机。我们让沉默的计算机驾驶飞机，让能够写小说、进行科学推理、会驾驶飞机的人类坐在计算机对面，像盆栽一样看着眼前的指示灯闪烁。学会控制自己的注意力本来就不容易，这样一来就变得更加困难了。"

· · ·

距贝丝·克兰德尔采访新生儿重症监护中心的护士们已过去了10年，麻省理工学院的两位经济学家和一位社会学家决定研究高效人士是如何构建心智模型的。为了开展这项研究，他们说服一家中等规模的猎头公司提供其损益表、员工预约记录以及公司高管近10个月里发出的12.5万封电子邮件。

在分析这些数据的过程中，他们首先注意到这家公司最高效的员工，也就是这里的"超级明星"，有一些共同特征。首先，他们在工作时每次最多同时处理5项任务，这是一个合理且不超额的工作量。而有的员工同时处理10~12项任务，和投入时间更谨慎的"超级明星"相比，这些员工创造的利润率较低。

研究人员指出，"超级明星"对于任务的选择更加挑剔，因为他们总在寻找与之前已经完成的工作比较接近的任务。传统观点认为，反复做相同类型的工作，效率就能提高。重复使我们更加快速、高效，因为我们在处理新任务时不需要学习新技能。但是，随着研究的深入，研究人员发现了与传统观点截然相反的现象："超级明星"并没有选择能够利用他们现有技能的任务，相反，他们参与的项目都需要与新同事合作，还需要习得新技能。这就是他们每次最多同时处理5项任务的原因：了解新同事和学习新技能占用了很多工作时间。

这些"超级明星"的第二个共同点是，他们大多倾向于选择尚处于早期阶段的项目。这令人不可思议，因为加入这样的项目要承担很大的风险。新想法不够成熟，不管多么明智或者妥善地执行，也经常会夭折，最安全的做法就是加入一个正在顺利进行的项目。

然而，处于起步阶段的项目往往包含大量信息。如果加入这样的项目，"超级明星"就会收到别人抄送给他们的邮件，邮件内容大多是他们之前没有接触过的。他们借此能够了解哪些初级管理人员更聪明，更能够接受年轻员工的想法，比其他管理者更早地接触新兴市场和数字化经济。另外，这些"超级明星"由于在项目启动时就加入其中，所以他们日后有权宣称自己是某项创新的发明者，而不是在项目成功之后挑起创始人之争。

最后，"超级明星"还有一个共同点：充满智慧，也很健谈。他们都喜欢说出一套理论，涉及方方面面，例如为什么有些业务进展顺利，而有些举步维艰；为什么有些客户很高兴，而有些客户感到不满；为什么不同的管理风格能够影响不同的员工……他们在某种程度上痴迷于向自己及身边的同事解释这个世界是如何运转的。

"超级明星"总在讲述他们的见闻，换句话说，他们更倾向于构建心智模型。他们往往能够在会上表达自己的想法，或者请同事帮他们想象接下来的沟通如何展开，或者构思一场推广活动如何进行。他们能够策划新产品的概念，制定销售策略。他们能够讲述过去的奇闻逸事，也能天马行空地谈论扩展计划。可以说，他们几乎随时都在构建心智模型。

"对于自己刚刚看到的，很多人都能给出一个又一个解释。"麻省理工学院的一位学者马歇尔·范阿斯蒂尼说，"他们会在你面前重建对话，并逐条分析。然后，他们会鼓励你挑战他们的想法。他们总是试图了解如何把信息组合在一起。"

麻省理工学院的研究人员通过计算得知，"超级明星"在项目启动时收到的包含大量信息的抄送邮件以及据此建立的心智模型，帮助他们平均每年多获得 1 万美元的奖金。"超级明星"最多同时参与 5 个项目，但他们的业绩超过其他同事，因为他们的思维方式更有效。

研究人员通过一系列其他研究，也得出了类似的结论：懂得如何分配自己的注意力，习惯性地构建有力的心智模型的人往往能获得更高的收入和取得更好的成绩。而且，实验结果表明，任何人都能够学会习惯性地构建心智模型的方法。通过培养"讲故事"的习惯，我们能够更好地控制自己的注意力。"讲故事"的时间可以很短：在开车上班的路上想象即将召开的会议如何开场；如果老板让你发言，你会提出什么观点；你的同事会提出怎样的异议。当然，"讲故事"的时间也可以很长：护士在经过新生儿重症监护中心的时候，在自己脑海中描绘健康的新生儿应该有的样子。

如果想对工作细节更加敏感，你应该培养这样一种习惯：想象你坐到办公桌旁，应该看到什么和做什么，越具体越好。这样，你就能够注意到现实生活与你的想象之间的细微差别。如果想更好地做孩子的倾听者，那么你可以对自己讲述他们昨天晚餐时对你讲的话。如实地描述你的生活，在大脑深处对你的那些经历进行编辑。如果想提高专注力，避免分心，那么你需要花点儿时间设想你即将做的事情，细节越多越好。当头脑中有了完整的脚本后，你很容易就会知道接下来将发生什么。

很多企业认为这样的技巧在任何情况下都很重要，比如当你应聘某个职位，或者决定雇用谁的时候，会"讲故事"的应聘者是每个公司都想要的。"我们倾向于寻找会用讲故事的方式来介绍个人经历的人。"视频游戏巨头美国艺电公司的副总裁安迪·比林斯对我说，"有的人能够把一个个的点联系在一起，从而深刻地理解世界如何运转，这是所有人都想拥有的能力。"

完美的迫降

法航 447 客机坠毁一年后，一架澳洲航空的飞机在一个早晨从新加坡起飞，在晴朗的天空中开启了飞往悉尼的 8 小时旅程。

这架澳洲航空的飞机装载着与失事的法航 447 客机相同的自动驾驶系统，但飞行员大不相同。机长理查德·尚皮翁·德·克雷斯皮尼在澳洲航空 32 号航班起飞之前，还在用他构建的心智模型对机组人员进行训练。

"我希望在问题发生的那一刻，我们能够知道首先要做的事情。"他在乘车从费尔蒙酒店到新加坡樟宜机场的路上对副驾驶员们说。"假设飞机引擎出现故障，你应该先看哪儿？"飞行员们轮流给出答案。每次出发前，德·克雷斯皮尼都会和飞行员进行类似的交流，副驾驶员们对此心知肚明。他测试的内容包括：紧急情况下应该看哪些显示屏；警报响起时，应该进行什么操作，眼睛看左侧还是紧紧盯着正前方。"事实上，一架现代飞机上的 25 万个传感器和计算机有时都无法区分垃圾信息和有效信息。"德·克雷斯皮尼对我说，他是一个直率的澳大利亚人，是"鳄鱼邓迪"和"巴顿将军"的混合体。"这也是飞机上要有飞行员的原因，飞行员的职责就是防患于未然，而不是坐视问题发生。"

上述情景模拟训练结束后，德·克雷斯皮尼给副驾驶员们制定了规则："你们中的任何一个人如果不认同我的决定，或者认为我漏掉了什么，都要让我知道。"

"马克，"他对其中一位副驾驶员说，"如果你注意到所有人都在向下看，那么我希望你能向上看。如果所有人都向上看，那么你要向下看。在此次飞行中，我们每个人都有可能犯错误，每个人也都有责任帮助别人发现这些错误。"

440名乘客准备登机，飞行员也进入驾驶舱。这一天，德·克雷斯皮尼将接受每年一次的飞行技术审查，澳洲航空的所有飞行员都要接受这项审查。因此，那天驾驶舱里多了两名飞行员，他们是公司里最有经验的评审。这次审查并不是简单地例行公事，如果德·克雷斯皮尼出现失误，他的飞行生涯有可能因此终止。

飞行员各就各位，其中一个评审员坐在驾驶舱中心附近的位置上，在规范的操作程序中，第二副驾驶通常坐在这里。德·克雷斯皮尼皱起眉头，他想让评审员坐在一边，而不是坐在这里，因为他的头脑中有一幅描绘驾驶舱内人员位置的图像。

德·克雷斯皮尼问这位评审员："你打算坐在哪里？"

"就在这里，你和马特之间。"评审员说。

"不行，"德·克雷斯皮尼说，"这样会妨碍我的机组人员工作。"

这时，驾驶舱里一片寂静，这样的对话显然不应该出现在机长和评审员之间。

"理查德，如果我坐在马克的位置上，就看不到你了，"评审员说，"那审查怎么进行呢？"

"那是你的问题，"德·克雷斯皮尼说，"我想让我的机组人员坐在一起，我想让马克坐在你现在的座位上。"

"理查德，你有点儿不可理喻。"另一个评审员说。

"我要指挥整个飞行任务，我希望机组人员操作得当。"德·克雷斯皮尼说。

"这样吧，理查德。"那位评审员说，"如果可以，我承诺在紧急情况下，由我来承担第二副驾驶的工作。"

德·克雷斯皮尼停顿了一会儿，他想让机组人员明白，他们可以质疑他的决定，而且他在密切关注他们的反应，对他们的想法十分在意。正如谷歌和《周六夜现场》团队的成员可以相互批评而不必担心受到惩罚一样，德·克雷斯皮尼想让他的机组人员知道他支持他们勇敢地提出异议。

"太好了。"德·克雷斯皮尼对那位评审员说。("那个评审员说他可以承担第二副驾驶的工作，这正合我意。"德·克雷斯皮尼后来对我说。)在驾驶舱内，德·克雷斯皮尼开始操纵控制杆，飞机驶离空桥。

飞机在跑道上不断加速，随后升上天空。飞机上升到 600 多米后，德·克雷斯皮尼启动了自动驾驶系统。天空晴朗无云，飞行条件堪称完美。

在约 2 260 米的高空，德·克雷斯皮尼正准备让第一副驾驶关闭"系好安全带"的信号灯，突然听到爆炸声。他想，这可能是高压气流在引擎附近流动造成的，但接下来又听到了更大的爆炸声，随后的声响就像几千个弹珠砸向飞机表面。

红色警示灯开始在德·克雷斯皮尼面前的仪表盘上闪烁，警报声响彻整个驾驶舱。后来，事故调查者得出结论：飞机左侧一个引擎内部的石油燃烧引发的火灾导致巨大的涡轮盘脱离了传动轴，碎成 3 片，飞射出去，破坏了飞机引擎。爆炸产生的两个较大的碎片在飞机左翼上留下很多洞，其中一个洞大到足够通过一个人。几百个小碎片则像集束炸弹一样刺穿了电线、油管、油箱以及液压泵，机翼下方好像被机枪扫射过一样。

长条状的金属在空中抽打着机翼，导致左翼弯曲。飞机开始摇晃，德·克雷斯皮尼立即接手控制飞机，减慢飞行速度，这是突发情况下常规的应对措施。但是，他按下按钮发现没有反应，警示灯开始在他面前的显示屏上闪个不停。2号引擎已经起火，3号引擎被损毁，1号和4号引擎的数据没有显示，燃油泵失效，液压、气压、电气系统几乎停止运行，燃油不断地从左翼泄漏，形成一个扇面。这种故障在现代航空史上被视为最严重的空中机械故障之一。

德·克雷斯皮尼通过无线电联系新加坡空中交通管制中心，"澳洲航空32号航班，2号引擎失效，"他说，"航向150度，高度保持2 256米。我们将与你保持联络，5分钟后再通报情况。"

此时距离第一次爆炸不到10秒，德·克雷斯皮尼切断左翼电力，启动了防火方案。驾驶舱内警报声一直在响，飞行员都没有讲话。

客舱内，惊恐万分的乘客纷纷挤到窗边。由于尾翼上安装了摄像头，飞行情况会在乘客座位前面的屏幕上显示出来，不幸的是，乘客在那一刻都看到了损坏的机翼。

驾驶舱里的飞行员开始对计算机提示做出回应，相互用最简单有效的语言进行交流。德·克雷斯皮尼通过显示器了解到，飞机上的22个主要系统中有21个受损甚至彻底瘫痪，运行中的引擎状况也在迅速恶化，掌控飞机方向的左翼液压系统逐渐失灵。几分钟后，飞机只能承受轻微的推力改变以及航向调整。没人知道，飞机在空中到底还能停留多久。

一位副驾驶员把视线从操纵杆上移开，抬起头说："我觉得我们应该掉头。"掉头是为了返回机场迫降，这样做很危险，但这是唯一的办法。

德·克雷斯皮尼报告机场控制塔飞机要折返，接着，他开始一点点地改变飞机航向。"请求爬升到 3 048 米。"他通过无线电对空中交通管制中心说。

"不！"他的同事们大吼道。

他们随即说出了自己的担忧：向上爬升可能会加重引擎负担，改变飞行高度还会加速燃油泄漏，他们希望能够在目前的高度平稳飞行。

德·克雷斯皮尼是一名飞行时间超过 1.5 万个小时的飞行员，曾在几十种飞行模拟器上模拟过类似的灾难场景，还在头脑中预演过几百次这样的情况，应对方法早已烂熟于心，其中就包括让飞机爬升这种情况，这可以给飞行员更多的选择。当时，他的直觉反应就是让飞机爬升。但是，每个心智模型都有缺陷，机组人员的工作就是发现问题。

"澳洲航空 32 号航班，"德·克雷斯皮尼通过无线电说，"取消爬升到 3 048 米的请求，继续保持 2 256 米的飞行高度。"

● ● ●

在接下来的 20 分钟内，此起彼伏的警报声和突发情况让驾驶舱里的飞行员应接不暇。计算机屏幕上显示出针对每个问题的解决步骤，但是问题接踵而至，这些指令给飞行员造成了很大的负担，谁都不确定应该先处理哪个问题，更不知道应该把注意力放在哪里。德·克雷斯皮尼感觉自己被卷入了认知隧道，计算机提示飞行员把两个机翼的燃油做些调整，从而平衡飞机的重量。一位副驾驶员正准备按照屏幕提示进行操作时，"停！"德·克雷斯皮尼喊道，"我们应该把燃油从没有受损的右翼向漏油的左翼调整吗？"10年前，一架飞机差点儿在多伦多坠毁，原因就是机组人员无意中把燃油转移到了漏油的引擎里。这次，澳洲航空32号航班的飞行员决定忽略这条计算机指令。

德·克雷斯皮尼瘫坐在自己的座位上，他试着还原整个场景，思考着越来越少的选择，根据逐渐明晰的事故原因，在大脑中构建出飞机图像。在这场危机中，德·克雷斯皮尼和其他飞行员一直在构建这架飞机的心智模型。然而，他们的目光所及之处充斥着新的警报、瘫痪的系统以及闪烁的指示灯。德·克雷斯皮尼深吸了一口气，松开操纵杆，把手放到腿上。

"我们的目标得明确一些，"他对机组人员说，"我们不能调整燃油，也不能弃油。配平油箱的燃油在尾翼，调整油箱没有意义。"

"所以，不要管那些泵和其他8个油箱和燃油表。别再把心思放在故障上了，看看飞机上还有什么能正常运行吧！"

这时，一位副驾驶员罗列出可以正常运行的设备：8个液压泵中有两个可用；飞机左翼没有电量，但右翼还剩一些电量；机轮未受损。副驾驶员们认为，在最后一刻到来之前，德·克雷斯皮尼至少可以实施一次制动。

德·克雷斯皮尼很早以前驾驶过赛斯纳飞行公司生产的飞机，这种单引擎且几乎没有计算机装备的飞机深受飞行爱好者的欢迎。当然，它和空中客机相比简直就是玩具。不过，所有飞机从其核心结构来看，都有着相同的部件：燃料系统、飞行控制设备、制动、起落架。德·克雷斯皮尼暗自思忖：如果我把这架飞机想象成赛斯纳飞机会怎样？那样的话，我该怎么做？

"那一刻真的是一个转折点,"负责研究澳洲航空 32 号航班事故的美国国家航空航天局的心理学家芭芭拉·布里安对我说,"德·克雷斯皮尼开始启动他的心智模型。他把心智模型应用到实际情境中,而不是简单地对计算机指令做出反应,他已经改变了自己的思维模式。当时,他正在思考应该把注意力集中在哪里,而不再依靠指令。"

"在大多数时间里,我们根本意识不到信息超载的发生,这是十分危险的。"布里安说,"因而,许多优秀的飞行员都会在飞行前重复多次'如果……会怎样'的练习。当意外来临时,他们就可以使用自己构建的心智模型。"

不幸的是,这一思维模式的转变("如果我把这架飞机想象成赛斯纳飞机会怎样?")并没有在法航 447 客机的驾驶舱里出现,几位法航的飞行员都没有找到一个可以用来解释当时状况的心智模型。与此相反,随着一个个突发状况的出现,德·克雷斯皮尼头脑中关于空客飞机的心智模型逐渐瓦解,这时,他决定更换一个心智模型,于是他把这架飞机想成赛斯纳飞机,从而判断出应该把注意力放在哪里,以及应该忽略哪些信息。

德·克雷斯皮尼请一位副驾驶员计算飞机降落需要多长的跑道,与此同时,他在头脑中构思一架超大型赛斯纳飞机降落的场景。"这种方式能够帮助我简化问题,"德·克雷斯皮尼对我说,"我的头脑中有一幅包含基本要素的图像,涵盖了飞机降落的全部信息。"

那位副驾驶员说,如果德·克雷斯皮尼的决定正确,飞机降落需要 3 900 米的跑道。新加坡樟宜机场的跑道最长为 4 000 米,如果飞机滑行的距离超过 4 000 米,机轮就会触碰到草地和沙丘,后果不堪设想。

"准备降落。"德·克雷斯皮尼说。

飞机开始降落。距离地面约 600 米时，德·克雷斯皮尼把视线从仪表盘上移开，看向跑道。距离地面约 300 米时，驾驶舱内响起刺耳的警报声，此刻飞机有失速的危险。德·克雷斯皮尼来回扫视跑道和速度表，头脑中出现的是赛斯纳飞机的机翼。他小心地调整油门，稍微提速后，警报声停止。然后，他根据头脑中的图像把机头抬高了一点儿。

"确保消防人员做好准备。"一位副驾驶员向控制塔发出无线电信息。

"确认。应急服务人员已就位。"控制塔做出回应。

飞机降落的速度是 4.3 米/秒，经证实，飞机起落架能够承受的最大速度为 3.7 米/秒。然而，他们当时已经别无选择。

"15 米，"计算机提示声响起，"12 米。"德·克雷斯皮尼轻轻向后拉杆，计算机继续提示，"9 米……6 米"。突然，刺耳的警报声响起："失速！失速！失速！"而此刻，德·克雷斯皮尼头脑中的赛斯纳飞机继续向着跑道降落，他选择忽略耳边响起的警报声。当飞机的后机轮接触地面后，德·克雷斯皮尼向前推杆，使前机轮触地。制动必须一次完成，因此德·克雷斯皮尼把刹车板一踩到底。在跑道上，飞机先是快速地滑行了 1 000 米，快到 2 000 米的时候，德·克雷斯皮尼感觉飞机在减速，但通过挡风玻璃他可以看到离他们越来越近的跑道尽头，视野中的草地和沙丘也变得越来越大。飞机在接近跑道尽头时，能够听到金属碰撞的吱嘎声，跑道上留下了很长的刹车痕。最后，飞机的滑行速度越来越慢，震颤着在距离跑道尽头只有 100 米的地方停了下来。

后来，调查者称，澳洲航空 32 号航班是有史以来空客 A380 安全迫降的飞机中受损最严重的。很多飞行员都尝试在飞行模拟器中再现德·克雷斯皮尼的做法，但一次都没有成功。

在澳洲航空 32 号航班成功落地的那一刻，乘务长打开了飞机广播系统。

"女士们，先生们，"他说，"欢迎来到新加坡，当地时间 11 月 4 日星期四，上午 11 点 55 分。我相信，这是我们最完美的一次降落，我想你们也会同意这一点。"德·克雷斯皮尼成功了！如今，澳洲航空 32 号航班事故已成为航空学和心理学教科书中的典型案例，用于诠释如何在突发状况下保持专注力。此外，它也是论证心智模型能帮助我们在最极端情况下掌控局面的重要证据之一。

心智模型之所以能够帮助我们，是因为它为不断向我们涌来的信息搭设了脚手架。它帮助我们确定关注的对象，让我们能够主动做出决定，而不只是被动做出反应。法航 447 客机的飞行员没有构建强大的心智模型，当灾难来临时，他们手足无措。相反，德·克雷斯皮尼和几位副驾驶员习惯于给自己"讲故事"，即使在登上飞机的前一刻也是如此，这就是为什么他们能够在事故发生时冷静地应对。

我们或许没有意识到，我们的日常生活类似于飞机驾驶舱内的情景。不过，请你想一想你每天面临的压力。开会时，如果你的上司突然让你发表意见，你的大脑就会猛然从消极的倾听模式转换为积极的思考模式，一不小心还会陷入认知隧道，说出一些事后追悔莫及的话；如果你勉为其难地同时应付很多会议和任务，其间还收到了一封重要的邮件，反应性思维就会导致你不假思索地回复，而没有认真考虑该如何措辞。

那么，有什么解决方案吗？如果你想要更好地掌控自己的注意力，把它放在真正重要的事情上，而不是被源源不断的邮件、会议以及各种各样的事频繁地干扰，了解应该关注什么和忽略什么，那么你应该养成给自己"讲故事"的习惯，随时在脑海里描述当前所发生的事。这样一来，当你的老板突然向你发问，或者你收到急需回复的消息，而你只有几分钟的时间思考时，你大脑中的"聚光灯"就能照向正确的方向。

要想成为真正高效的人，我们必须懂得掌控自己的注意力；必须构建心智模型，从而获得主动权。在开车上班的路上，要求自己想象一整天的工作情况。在开会或者用餐的时候，向自己描述你见到的事物及其意义。主动寻找听众，向别人讲述，甚至挑战他们。而且，要让自己习惯于预测接下来会发生什么。如果你是一位家长，请想一想孩子们在晚餐时会说些什么。这样你就能注意到孩子漏说了什么，或者说错了什么，从而给予他们帮助。

"你不能把思考的工作完全交给计算机，"德·克雷斯皮尼对我说，"什么都不能依赖，计算机会失灵，检查表会失效，但人类不会出现这种情况。我们必须主动做决定，包括决定什么是我们应该注意的。关键在于，你要多思考，只要坚持思考，你就成功了一半。"

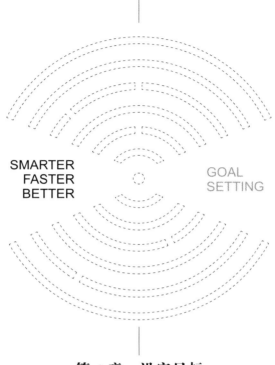

SMARTER
FASTER
BETTER

GOAL
SETTING

第 4 章　设定目标

明确的目标、SMART 目标和延展目标

频繁警报的焦虑

1972年10月，以色列最优秀的将军之一，44岁的伊莱·泽拉得到晋升，负责管理军事情报局，这一机构为国家领导人提供有关敌人是否准备发动进攻的情报。

泽拉开始担任此职是在1967年六天战争后的第五年。在那场战争中，以色列先发制人，发动了令人震惊的袭击，占领了西奈半岛、戈兰高地以及其他属于埃及、叙利亚和约旦的领土，这场战争凸显了以色列的军事优势，其控制下的领土面积扩张了一倍多，还在战争中羞辱了对手。然而，在以色列民众的心中，深深的焦虑感开始蔓延，他们认为，那些国家一定会复仇。

民众的忧虑不无道理。在六天战争结束后，埃及和叙利亚的将军多次扬言要收复失地，阿拉伯国家领导人也曾言辞激烈地发誓要打垮犹太人建立的国家。在这种情况下，以色列立法机关要求军方定期报告敌方发动进攻的可能性，以稳定民心。

然而，军事情报局提供的情报总是自相矛盾，而且没有定论。各种观点层出不穷，对于局势危急程度的预测不一。情报分析人员发来的备忘录前后不一致，每周都会出现突如其来的变化。有时候，立法机关接到预警信息并进入戒备状态，却什么都没有发生；决策机关在紧急会议上被告知危险有可能会出现，但谁也不能给出一个确切的说法；部队接到命令，要求做好防御准备，随后这一命令又被无故撤销。

因此，以色列的政治家和民众几近崩溃。在以色列国防军中，80%的地面部队是由预备役人员组成的，无数民众被笼罩在随时奉命离开家园奔赴前线的阴云中。人们想知道是不是真的会爆发新一轮战争，如果是，他们能否得到预警。

伊莱·泽拉被任命为军事情报局负责人，他的工作包括处理以上不确定的情况。泽拉曾是一名伞兵，老成干练，又有政治头脑，在以色列军队中晋升很快，还给六天战争的名将摩西·达扬做了几年助理。泽拉接管军事情报局后，他对以色列议会说，他的职责并不复杂，就是为决策机关提供"尽可能清晰和准确的预测"。泽拉的主要目标是，只有在真正存在战争风险时才发出警报。

为了达到这个目标，泽拉要求情报分析人员按照严格的公式来分析阿拉伯国家的军事动机。他负责建立的一些参数评价标准在情报分析人员中很流行，成为他们口中的"概念"。泽拉认为，六天战争期间，以色列强大的空军力量、战略优势地位和远程导弹使对手彻底陷入困境，无力反攻。除非它们拥有确保其地面部队免受以色列飞机攻击的足够强大的空军，以及能够轰炸特拉维夫的飞毛腿导弹，否则阿拉伯国家领导人的威胁不足为惧。

泽拉任职6个月后，迎来了一次验证他的观点的机会。1973年春，大批埃及军队开始在苏伊士运河沿岸聚集，那里正是埃及和由以色列控制的西奈半岛的分界线。以色列间谍发出预警：埃及计划5月中旬对以色列发起进攻。

1973年4月18日，时任以色列总理果尔达·梅厄召集高级军事顾问闭门会议，总参谋长和摩萨德（以色列情报和特殊使命局）

的负责人都表示埃及很有可能发动进攻，以色列需要准备好应战。

然而，泽拉的观点恰恰相反。泽拉认为，埃及并没有强大的空军，也没有能够发射到特拉维夫的导弹，所以埃及领导人只是在虚张声势，目的是引起埃及民众的关注。他坚定地说，埃及发动进攻的可能性"非常小"。

梅厄最后还是听取了总参谋长和摩萨德的意见，下令军队进入战备状态。一个月后，以色列军队做好了打防御战的准备。士兵们在苏伊士运河沿岸建造了围墙、前哨站和炮兵掩体，在与叙利亚接壤的戈兰高地上，士兵们进行炮弹装卸操练，按照战斗编队开展坦克演习。以色列花费数百万美元，几千名士兵严阵以待，不允许请假。不过，埃及始终没有发动进攻。以色列政府为他们的反应过度感到十分懊恼，很快就撤销了战争预警。同年7月，时任以色列国防部长的摩西·达扬在接受《时代》周刊采访时表示，10年之内爆发战争的可能性很小。泽拉通过此次事件脱颖而出，用历史学家亚伯拉罕·拉比诺维奇的话来说："在这场危机中，伊莱·泽拉凭借他的声誉和自信心，让他的形象得以提升。"

"顶着舆论压力，在千钧一发之际，冷静地坚持己见：战争爆发的可能性不仅很小，而且'非常小'。"拉比诺维奇写道，"他说（他）自己的任务就是消除国家的高压状态，避免民众听到不必要的战争预警。否则，每两个月就调动一次储备兵力，这对国家经济和军队士气都会造成灾难性的影响。"

到1973年夏天，泽拉已经成为以色列最具影响力的领导人之一。出任新职务以后，他设定了目标：减少民众不必要的焦虑，证明可以通过严格的方法减少没有意义的猜测。泽拉让以色列民众放下了一直悬着的心，让他们不再担心战争随时会爆发。对他来说，担任更高的领导职务似乎是必然的。

只追求明确目标的代价

想象一下，你现在需要填写一份调查问卷，共有 42 道题，你可以根据你认可的程度做出同意或不同意的选择，该问卷包括以下内容：

> 我相信做事有条理是最重要的品质之一。
> 我发现规律的生活习惯使我的生活更加舒适。
> 我喜欢和难以捉摸的人交朋友。
> 我喜欢和与我观点相悖的人交流。
> 我的私人空间总是杂乱无章。
> 我讨厌听那些犹豫不决的人说话。

这是马里兰大学研究团队在 1994 年开发的一项测试，后来成为性格测试的重要内容。这些问题看似在衡量个人的条理性和对待不同观点的态度，但是研究人员发现，这项测试也可以用于检验哪些人更具决策力和自信心——这些特质与成功的人生具有相关性。坚定又专注的人往往工作更努力，工作效率更高，婚姻更长久，交友范围更广，工作收入也更高。

不过，他们设计这个问卷并不是为了衡量个人的条理性，而是为了测试一种被称为"认知闭合需求"的动机，心理学家将其定义为："针对一个问题做出的明确判断——无论什么判断，相对于混乱和不确定而言，任何明确的判断都更好。"大多数参与"认知闭合需求量表"测试的人都表现出秩序和混乱共存的倾向。他们承认秩序是自己所期待的，但也承认自己的书桌很混乱；他们讨厌优柔寡断的人，但不乏这样的朋友。然而，有些人（大约20%的测试者，大多富有成就）的条理性、决策力和预见性高于平均值。他们不喜欢反复无常的人，讨厌模棱两可的状态，还有较高的情感认知闭合需求。

很多时候，认知闭合需求能够产生巨大的力量。具有强烈认知闭合需求的人往往更自律，在同龄人中大多扮演领导者的角色。他们本能地做出判断，并坚持自己的判断，这能有效地阻止不必要的猜测和无休止的争论。最优秀的国际象棋玩家通常具有很强的认知闭合需求，这有助于他们在压力下集中注意力解决问题，而不是沉浸在过去的错误里。我们都有不同程度的认知闭合需求，因为一个人的条理性是成功最基本的前提条件，而且，做出决定能够让人获得成就感，意味着事情有所进展。

但是，强烈的认知闭合需求也会带来危险。如果人们渴望通过做决定带来情感上的满足，或者通过高效做事带来内心的平静，他们就很有可能草率地做出决定，对于不太明智的选择也不会重新考虑。"认知闭合需求给决策过程带来了某种倾向性。"一些研究学者于2003年在《政治心理学》上写道。强烈的认知闭合需求会使人变得狭隘和专横，更倾向于与人发生冲突而非合作。认知闭合需求程度较高的人"可能会表现出明显的认知上的急躁或者冲动，他们会在没有十足把握的情况下做出判断，思维刻板，不愿意接受与自己不同的观点"，认知闭合需求量表的设计者阿里·克鲁格兰斯基和唐娜·韦伯斯特在1996年写道。

换句话说，决策力本身没有问题，但它会引发其他问题。如果人们急于做决定，仅仅是为了获得完成一项任务的感觉，那么他们很有可能出现失误。

研究人员认为，认知闭合需求有多个组成部分，其中包括"抓住"目标的需要，以及设定目标后把注意力集中在这个目标上的冲动。有决策力的人一旦发现可以接受的选择，就会本能地抓住这个选择。这样的冲动很有意义，它能够使我们真正投入任务，而不是无休止地讨论问题，或者事后把自己贬损得一无是处。

然而，如果认知闭合需求过于强烈，我们就会无所顾忌地将注意力集中在我们的目标上，渴望获得高效的感觉，甚至不惜以牺牲常识为代价。"认知闭合需求强烈的人会否定、重新解释或者排斥与他们观点不一致的信息。"研究人员在《政治心理学》上写道。如果沉迷于高效的感觉，我们就会对那些有必要再三思考的细节视而不见。

认知闭合需求得到满足的感觉很不错。不过，有时候我们明明知道自己犯了错，却不愿意放弃这种感觉。

● ● ●

1973 年 10 月 1 日，泽拉预测战争爆发风险"非常小"的 6 个月后，距离犹太历中最神圣的日子——赎罪日还有 5 天，年轻的以色列情报员本雅明·西曼托夫给特拉维夫的指挥官们送来情报：西奈半岛有消息称，大批埃及护卫队人员将在夜间到达。为了方便物资运送，埃及军队正在他们之前在边境布下的雷区进行排雷作业。在埃及边境，他们还储备了大量船只和造桥所需的材料，这是前线士兵见过的最大规模的物资储备。

泽拉在一周前收到大量类似的情报，但他并没有放在心上。秉持一贯的观点，他告诉助手们：埃及仍然没有能够击败以色列的飞机和导弹。而且，泽拉正在关注其他事情，尤其是他通过军事情报局推行的文化转型。在进行战略分析时，泽拉会对他们无休止的争论表示不满。此后，泽拉宣布，对情报员的评估应主要依据其提出建议的明确程度。泽拉和他的首席助理都"缺乏组织长时间的自由讨论的耐心，认为那是在'胡扯'"，历史学家乌里巴尔·约瑟夫和亚伯拉罕·拉比诺维奇写道。泽拉会羞辱没做好准备就来开会的情报员。他说过，"那些预测在1973年春天会爆发战争的情报员不会得到提拔"。虽然内部讨论得到了某种程度上的默许，"但是预测一旦形成，所有人都必须忠于它，谁也不许对外说出与之不同的预测"。

泽拉要求军事情报局的人必须以身作则，他们的职责是给出结论，而不是进行无休止的讨论。泽拉的一个下属对埃及部队最新行动的情报非常关注，请求组织一部分预备役军人帮忙分析当前的形势，这位下属因此接到了泽拉的电话。"约埃尔，你听好，"泽拉对这位负责写备忘录的下属说，"军事情报局的任务是维护国家的安宁，而不是让民众抓狂。"约埃尔的请求遭到了拒绝。

1973年10月2日至3日，埃及军队的人数越来越多。接着，有报告称叙利亚边境也蠢蠢欲动。以色列总理对此很重视，又一次召开会议。然而，以泽拉为首的军事情报局再次表示不必担忧：埃及和叙利亚的空军力量薄弱，也没有能够发射到特拉维夫的导弹。6个月前不赞同泽拉看法的军队将领，这一次也听从了他的意见。"短期内没有爆发战争的危险。"一位将军对总理说。会议前，梅厄"忧心忡忡"，她在回忆录里这样写道。但是，这个预测让她的心情平复许多，也给了这个国家急需的慰藉。

在本雅明·西曼托夫发来情报的72小时后，以色列情报分析人员得知苏联顾问及其家属突然乘飞机离开了叙利亚和埃及。窃听到的通话记录表明，他们接到了立即前往机场的命令，从航拍照片中可以看到很多坦克、火炮和防空炮聚集在苏伊士运河以及戈兰高地的叙利亚管辖范围内。

10月5日星期五上午，也就是本雅明·西曼托夫发来情报的4天后，包括泽拉在内的一众高级军事指挥官聚集在以色列国防部长摩西·达扬的办公室里。这位六天战争的英雄备感沮丧，埃及已经在苏伊士运河沿岸布置了1 100门大炮，以色列的空中侦察机也发现了大量的埃及军队。"你们对阿拉伯人的行动不够重视。"达扬说，以色列国防军参谋长也认可他的说法。当天早些时候，达扬已经下令军队进入最高戒备状态。事实上，从1967年以来，这成为一种常态。

但是，泽拉这样解释敌军的行动：埃及正在做防御准备，以防以色列发动进攻。埃及没有新型战斗机，当然，也没有飞毛腿导弹；阿拉伯国家领导人知道袭击以色列等同于自杀。"我不认为埃及或者叙利亚会对我们发动进攻。"泽拉说。

后来，他们又来到总理办公室，梅厄要求他们提供最新的情报。参谋长意识到在犹太历最神圣的日子调动预备役军人会引发众怒，他说："我仍然认为他们不会发起进攻，但并没有可靠的消息。"

接着，泽拉发言了。他认为，关于埃及和叙利亚会发动进攻的种种言论简直是无稽之谈，他还给苏联顾问的撤离找到一个看似符合逻辑的理由。他说"苏联也许认为阿拉伯人会对我们发起进攻，那是因为苏联还没有搞清楚状况"，不过以色列人要比苏联人更了解它的"邻居"。当天晚些时候，以色列的军事将领们在向总理内阁汇报情况时，泽拉再次表示，他相信发生战争的"可能性很小"。

泽拉说，敌军现在的行动是在做防御准备或是军事演习，阿拉伯国家领导人不会失去理智。

泽拉"抓住"这个答案（埃及和叙利亚知道自己打不过以色列，所以不会发动进攻）不放，把所有注意力都"集中"在这个答案上，不愿重新思考这个问题，而他的目标（果断地做出决定）已经达成。

次日清晨，以色列人迎来了赎罪日。

天亮之前，摩萨德领导人在电话里告诉他的同事，据可靠消息，埃及准备在当天傍晚发起进攻。同时，达扬、以色列总理和参谋长也收到了这一消息，他们第一时间冲进办公室。此时太阳刚刚升起，他们意识到战争迫在眉睫。

赎罪日的祈祷已经开始，以色列的街道很冷清，民众都待在家中或者犹太教堂内。上午10点过后，即埃及和叙利亚军队在以色列边境聚集的6天后，以色列军队终于下令召集预备役军人。教堂内，拉比匆忙地念着军人召集名单。事实上，埃及和叙利亚在过去的几个星期里一直在向进攻地点运送坦克和大炮，但这是第一次公开表明战争可能会发生的信号。此时，以色列边境已有15万名埃及和叙利亚士兵，准备从两个方向展开进攻，另外还有5万名士兵做好随时出击的准备。埃及和叙利亚已经花了几个月部署进攻计划，相关机密文件在几十年后被公开。文件表明，埃及总统当时认为以色列方面应该知道埃及的行动目的，否则对那些在边境集聚的军力和物资还能有什么其他解释？

梅厄中午召集了内阁紧急会议。"她脸色苍白，情绪低落。"当天的《以色列时报》报道称，"她的头发乱蓬蓬的，不像平常那样被整齐地梳到脑后，好像整夜都没有合眼……她首先详细地报告了过去几天的情况：埃及在边境部署军队的行动现在看来是不祥之兆，苏联顾问携家属迅速撤离埃及和叙利亚，航拍照片。尽管有越来越多的证据，军事情报局却仍然坚称没有战争爆发的风险。"梅厄得出结论：埃及很有可能向以色列发动进攻，也许就在接下来的 6个小时内。

"几位部长备感震惊，"《以色列时报》报道称，"他们对阿拉伯国家的行动并不知情，而且多年来他们遵循的惯例是，即使在最糟糕的情况下，军事情报员至少也会提前 48 个小时发出预警，在战争爆发前召集齐预备役士兵。"现在，他们却得知一场需要两线作战的战争即将在 6 个小时内打响，并且只召集了一部分预备役士兵。此外，由于节日的关系，也不清楚军队多久能够抵达前线。

对方发动进攻的时间甚至比梅厄预计的还要早。内阁会议召开的 2 个小时后，埃及对西奈半岛发起了第一轮炮弹袭击；下午 4 点，2.3 万名埃及士兵在第一轮进攻中强渡苏伊士运河。仅一天时间，埃及军队已经深入以色列国土达 2 英里①，打死了 500 名以色列士兵，并迅速向以色列城镇亚美特、阿夫沙洛姆和一处以色列空军基地挺进。与此同时，叙利亚在以色列的另一侧发起进攻，通过飞机和坦克袭击戈兰高地。

次日，埃及和叙利亚军队继续向西奈半岛和戈兰高地挺进，以色列军队奋力抵抗。10 万多敌军进入以色列，以色列用了 3 天时间阻挡住埃及的推进，用了 2 天时间组织对叙利亚的反击。最终，以色列显示出强大的军事实力，叙利亚军队被迫向边境方向撤退，1 500 辆坦克中的 1 000 辆被丢下。几天后，以色列国防军开始炮轰大马士革郊区。

①　1 英里≈1.61 千米。——编者注

埃及总统安瓦尔·萨达特为了得到西奈半岛的更多领土，冒险发动进攻，目的是占领西奈半岛的两处要塞。然而，他的梦想破灭了。埃及军队节节败退，10月15日，也就是埃及发动进攻的第9天，以色列军队渡过苏伊士运河，开始占领埃及领土。一周内，以色列军队包围了驻扎在苏伊士运河河畔的埃及第三军团，切断了他们的所有补给和增援；驻扎在北部的埃及第二军团也几乎被完全包围。埃及战败已成定局，埃及总统请求停火，在美国和苏联的压力下，以色列同意停火。战争在10月末停止，正式结束是在1974年1月18日。以色列击退了入侵的敌军，但也为此付出了巨大的代价。在这场战争中，以色列士兵的伤亡人数达1万多人，约3万名埃及和叙利亚士兵阵亡。

"去年的赎罪日，我们失去的太多了。"一家以色列报纸写道，"国家获救了，这是事实，但我们的信仰遭到践踏，信心受到打击，心脏被深深地刺痛，我们的国家几乎失去了整整一代人。"

"即使在25年之后，赎罪日战争仍然是以色列历史上最大的创伤。"历史学家P. R.库马拉斯瓦米写道。时至今日，战争给以色列人带来的心理创伤依然深刻。

泽拉设定的目标是消除民众的焦虑情绪，以色列政府听从了他的观点。但是，由于以色列领导人想要得到明确的答案，做出果断的决定，避免模棱两可的状态，这一目标差点儿毁灭了整个国家。

通用电气的转变

15年后，在世界的另一端，全球最大的公司之一美国通用电气正在研究各种各样的目标。通用电气的高管还邀请南加利福尼亚大学的一位组织心理学家帮助分析某些工厂倒闭的原因。

20世纪80年代后期，在美国企业中，通用电气创造的价值排名第二，仅次于埃克森石油。通用电气的产品涉及领域广泛，包括灯泡、飞机引擎、冰箱、铁路车辆等，还通过收购美国全国广播公司（NBC），参与制作了《欢乐酒店》、《考斯比一家》和《洛城法网》等多档美国家喻户晓的经典剧目。这家公司有超过22万名员工，比美国很多城市的人口还要多。通用电气高层自豪地表示，通用电气之所以如此成功，其中一个重要原因就是公司能够准确地设定目标。

20世纪40年代，通用电气建立了一套目标设定系统，后来成为全世界学习的典范。20世纪60年代，通用电气要求每名员工都要把自己的年度目标写信告诉经理。"简单地说，"哈佛商学院历史学家在2011年写道，"员工需要写信给其主管，说明自己下一个阶段的目标是什么，如何实现这些目标，达到怎样的标准。这封信（通常经过修改和讨论）被上级认可后，就成为工作契约。"

到20世纪80年代，这个系统已经发展成"设定目标的SMART原则系统"，各个部门及其管理者在每个季度都要进行目标描述。这些目标必须是具体的（specific）、可衡量的（measurable）、可达成的（achievable）、现实的（realistic）和有完成期限的（timeline）。换言之，计划必须切实可行，目标必须能够实现。

如果某个目标的设定不符合SMART原则，部门负责人就要重新提交材料，详细地介绍部门目标，直到通过上级审核。"目标必须现实、具体。"曾任通用电气人力资源部主管的威廉·科纳蒂（于2007年退休）说，"你的上级一定会反复强调：目标的细节体现在哪里？时间安排是什么？如何证明这是一个现实的目标？这个原则

设定目标的SMART原则

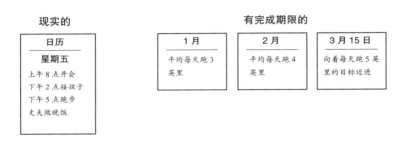

之所以持续有效，是因为一旦设定了目标制定原则，我们就明确了工作应该如何推进。"

SMART原则已经渗透到通用电气的企业文化中。SMART图表可以帮助中层管理者描述每月的目标，SMART工作表可以把个人目标转化成行动计划。而且，有确切的证据表明，根据SMART原则制定的目标一定可以实现。

20世纪70年代，通用电气邀请来自高校的两位心理学家埃德温·洛克和加里·莱瑟姆帮助制定SMART目标的评估标准，他们通过实验检验设定目标的最佳方式。1975年，莱瑟姆做了一项实验，从一家大型企业经验最丰富、工作效率最高的打字员中选出45名参与实验，测试他们的打字速度。他们知道自己是公司里打字速度最快的打字员，但并不清楚自己的速度到底有多快，研究人员计算出这些实验参与者打字的平均速度是每小时95行字。

接着，研究人员根据他们之前的速度给每位打字员设定了具体的目标，比如每小时打 98 行字，同时给打字员提供一个可以计量打字时速的系统。研究人员与每个打字员谈话，确保给他们设定的目标切实可行（在有必要时也可以调整目标），并讨论为了完成目标需要做出哪些改变，最终为每个人制定一个完成目标的时间表。整个谈话过程很短（大概每人 15 分钟），但每位打字员都清楚地知道自己应该做什么，以及如何衡量自己是否达成目标。换句话说，他们每个人都拥有自己的 SMART 目标。

两位研究人员的一些同事对此表示怀疑，他们不相信这一做法会对打字员的工作效率产生影响。他们的理由是，这些打字员都有多年的工作经验，并且很专业，对于这些连续 20 多年每个工作日都打字 8 个小时的人来说，一次 15 分钟的谈话很难改变什么。

然而，研究人员在一周后再次统计打字速度时，竟然发现他们每小时平均能打 103 行字，又过了一周，他们打字的平均速度增加至每小时 112 行，大多数打字员都打破了自己的最高纪录。研究人员担心这些打字员只是想引起他们的注意，于是 3 个月后再次来到这家公司，悄悄地计量这些打字员的打字速度。结果发现，他们的打字速度和 3 个月前一样快，有些人甚至比 3 个月前更快了。

"400 多项实验室和实地研究显示，与简单的目标或者模糊、抽象的目标（比如'做到最好'）相比，具体的高目标更有可能实现。"洛克和莱瑟姆 2006 年在回顾有关目标设定研究的文章中写道。SMART 目标有助于激发人们的潜能，部分原因在于，SMART原则促使人们在目标设定过程中把笼统的愿望转化成具体可行的计划。设定具体目标并证明其具有可行性的过程，也是研究达成目标的具体步骤的过程，如果发现目标不切实际，它还是小幅调整目标的过程。制定时间表，评估目标的完成情况，这对实现目标的过程有一定的约束力，也是抽象目标不具备的优势。

"把你的目标变成SMART目标，你就能感受到'希望达成某个目标'与'研究如何实现这个目标'之间的区别。"莱瑟姆对我说。

通用电气前首席执行官杰克·韦尔奇宣称，他长期以来对SMART原则的坚持，是公司股票市值8年内增长两倍的原因之一。但是，目标具体化也不能确保所有部门都顺利运转。有些部门尽管设定了SMART目标，却从未取得显著成绩。有的部门突然由盈利变为亏损，有的部门看似一直在发展，却突然崩溃。20世纪80年代后期，通用电气管理层对公司的两个部门（一个是位于北卡罗来纳州的核设备制造厂，另一个是位于马萨诸塞州的飞机引擎工厂）尤其关注，它们是曾经的明星部门，但当时只是在勉强维持运转。

起初，公司高管认为，这些部门只要重新设定目标便可渡过难关。于是，工厂负责人按照公司总部的要求提交了一个又一个目标，关于目标的描述也越来越详细。他们设定的目标具体、精确且可行，符合SMART原则的要求。

然而，这两个部门的利润仍在下降。

因此，通用电气的一个内部顾问团参观了位于北卡罗来纳州威尔明顿市的核设备工厂，请员工们介绍自己每周、每月和每个季度的目标。工厂的管理人员称，他的SMART目标是防止反核示威者进入厂房骚扰工作人员，以免削弱工人的士气。他想出一个设置栅栏的计划，他的目标具体、合理（栅栏长55英尺[①]，高9英尺），制定了时间表（计划2月完工），而且可以达成（已有承包商接手这

---

① 1英尺≈0.305米。——编者注

项工程）。

接着，顾问团来到位于马萨诸塞州林恩的飞机引擎工厂。一位行政助理说，她的SMART目标是订购工厂所需的办公用品，她的SMART图表展示出可衡量的（"6月完成"）具体目标（"订购订书器、笔和台历"），它切实可行，而且制定了时间表（"2月1日下单，3月15日前送达"）。

顾问团在工厂了解到的SMART目标都很具体，甚至有些琐碎。员工花了大把时间确保他们的目标满足SMART原则的每个要求，却很少考虑自己设定的目标是否有意义。为了完成防盗这一目标，核设备工厂的警卫人员制订了烦琐的计划。"几乎所有人进出厂房时都要被检查包，这造成时间的巨大浪费。"顾问布赖恩·巴特勒说，"这样做或许能够杜绝盗窃行为，但也降低了工厂的生产效率，因为所有人都会为了准时下班而提前结束工作，等待'检包'。"顾问团发现，工厂高层领导也都沉迷于那些可行但无关紧要的目标，或者只着眼于次要的短期目标，没有长远的计划。

对于公司过度看重SMART目标，顾问团询问了员工的看法。本以为他们会抱怨这种烦琐的管理方式，比如尽管他们有远大的志向，却被SMART目标无休止的要求束缚了手脚。但令人意想不到的是，这里的员工表示很喜欢这一目标设定体系。负责订购办公用品的那位行政助理说，完成目标给她带来了真实的成就感。她有时候会给已经完成的任务写一份SMART备忘录，然后放在"已完成"的文件夹里，这令她感到十分满足。

SMART原则以及其他结构性目标设定方法的研究人员说，这种情况并不是特例。这样的系统虽然有用，有时却事与愿违，唤醒了我们的认知闭合需求。SMART原则"会使人的眼光受限，过分地追求立竿见影的效果", 洛克和莱瑟姆在 1990 年写道。实验表明, 设定 SMART 目标的人倾向于选择最简单的任务, 沉迷于完成项目的快感, 并且一旦设定目标, 就会考虑优先顺序。"你会形成这样一种思维定式: 在每一待办事项旁边打钩远比思考这项任务是否有意义更重要。"莱瑟姆说。

通用电气的高管也不知道如何帮助核设备工厂和飞机引擎工厂走出困境, 于是在 1989 年, 他们向南加利福尼亚大学商学院院长史蒂夫·克尔教授求助。克尔是目标设定方面的心理学专家, 他先采访了核设备工厂的员工。"他们中的很多人情绪低落。"他说,"起初, 他们进入核能领域是想改变世界, 后来三英里岛核事故和切尔诺贝利核事故发生了。自此每天都有人对核能提出抗议, 媒体也把核能妖魔化。"厂区的工人和管理人员告诉克尔, 设定短期目标并逐一实现, 已经成为他们工作中少有的乐趣之一。

克尔认为, 提高核设备工厂生产效率的唯一方法, 就是让人们不再只着眼于短期目标。当时, 通用电气召开了一系列"群策群力"高管会议, 目的是鼓励人们树立更宏大的志向和更长远的目标, 克尔帮助通用电气把这种会议推广到工厂的基层员工中。

"群策群力"会议的规则很简单: 员工可以提出任何他们觉得通用电气应该追求的目标, 不需要 SMART 图表或备忘录。"其理念就是无须受到任何限制。"克尔告诉我。听到建议后, 领导者必须立即表示赞同或反对。"我们想简化审批程序。"克尔说,"我们认为, 如果让人们先树立志向, 再制订下一步计划, 就能鼓励他们产生更远大的想法。"即使某个想法尚未成熟, 领导者也应该表示同意, 因为就算这个方案与正在实施的方案相比没有明显优势, 但凭借其背后的团队力量, 同样会取得成功。只有在一个目标得到认可后，每个人才能开始思考如何使目标符合"可达成的""现实的"等SMART原则。

在马萨诸塞州飞机引擎工厂的一次"群策群力"会议上，一名工人对领导们说，他们把制造磨床防护罩的工作外包，这种做法是错误的，这项工作如果由工厂自己来做，可以减少一半的成本。接着，他拿出一份画在蜡纸上的草图。他展示的方案完全不符合SMART原则，看不出可行性或者可达成性，也不可衡量，但工厂的管理者看了一眼草图后说："我想我们可以试试。"

后来，工厂对草图进行了专业绘制，并按照SMART原则对这一方案进行细化。4个月后，第一个样品安装成功，它的成本为1.6万美元，比外包价格大约低了80%。那一年，员工在"群策群力"会议上提出的想法为工厂节省了20万美元。"每个人都参与到这项让人肾上腺素激增的活动中来。"工厂中的一位团队领导者比尔·迪麦说，"大家想出的这些点子简直太鼓舞人心了，令人难以置信。这些人的潜力被激发出来，他们的所有想法得到了公平对待。"

接着，克尔帮助通用电气在全公司范围内推广"群策群力"会议。截至1994年，每个通用电气员工都参加过至少一次"群策群力"会议。随着通用电气的利润和生产效率的提高，其他企业高管纷纷效仿，开始在他们的公司实施该项目。截至1995年，已经有100多家公司召开了"群策群力"会议。1994年，克尔加盟通用电气，最终成为这家公司的"首席学习官"。

"'群策群力'会议之所以获得如此大的成功，是因为它能够给人足够的空间考虑延展目标，还兼顾了短期目标造成的心理影响。"克尔说，"这很关键，人们会对周围的情况做出反应，如果你一直被告知要着眼于可实现的成果，你就会只考虑容易完成的目标，缺少远大的志向。"

　　然而，"群策群力"会议并不完美。它通常会占用人们一整天的时间，这意味着工厂要放缓生产节奏，以便所有员工都能参加，所以每个部门或每家工厂每年最多只能召开一次或两次这种会议。尽管"群策群力"会议能让每个人都兴奋起来，并且渴望改变，但这种效果持续的时间有限。一周后，每个人都回到原来的岗位上，其思维方式依然如故。

　　克尔及其同事想让员工长久保持雄心壮志，他们还想知道如何才能让人们保持思维的开放性。

延展目标

　　1993 年，任通用电气首席执行官已有 12 年的杰克·韦尔奇到日本东京出差。在参观一家生产医疗检测设备的工厂时，他听到一个有关日本铁路系统的故事。

　　20 世纪 50 年代，深受二战影响的日本正在集中力量发展经济。当时，日本的大部分人口都聚居在东京、大阪及其周边城市，两地之间铺设了 320 英里的铁路，每天有成千上万人往来于两地，还有大量的工业原材料需要通过铁路运输。但是，日本领土多山脉，原有的铁路系统太过老旧，每趟运输长达 20 个小时。因此，1955 年，日本铁道系统负责人给日本最优秀的工程师布置了一项艰巨的任务：制造更加快捷的列车。

　　6 个月后，其中一个团队设计出时速 65 英里的机车，可以说是当时全世界速度最快的客运列车之一。不过，日本铁路系统的负责人认为这还不够好，他希望列车时速能达到 120 英里。

工程师解释说，列车时速达到 120 英里这个想法不现实。在时速 120 英里的情况下，如遇急转弯，离心力会导致列车脱轨。时速 70 英里或 75 英里更加合理。速度再快的话，很有可能出危险。

列车为什么要转弯呢？负责人问道。

工程师回答说，城市之间有数不清的山。

那么，为什么不挖隧道？

如此大规模挖掘隧道的人工成本和二战后重建东京的成本相差无几。

3 个月后，工程师们设计出了时速可达 75 英里的列车引擎，铁路系统负责人对此提出了严厉批评。他说，时速 75 英里的列车根本不可能彻底改变这个国家的经济状况。渐进式的改变只能带来渐进式的经济增长，彻底改变日本交通运输系统的唯一方法，就是重建铁路运输的各个方面。

在接下来的两年里，工程师们展开了实验：他们设计出每个车厢都装有引擎的列车，制造出新齿轮，减小了齿轮啮合的摩擦力。但他们发现，新车厢对日本当时的铁轨来说太重了，于是他们又加固了铁轨，提高了轨道的稳定性。这些举措使列车时速提高了 0.5 英里。就这样，几百项大大小小的创新一点儿一点儿地提高了日本列车的时速。

1964 年，全球首辆子弹头列车"东海道新干线"从东京出发，沿着无缝焊接的铁轨，穿梭在日本山区的隧道之中。第一次通车用时 3 小时 58 分钟，平均时速为 120 英里。为了见证列车到达大阪的那一刻，数百人通宵等候。不久后，子弹头列车进入日本其他城市，为日本经济发展提供了极大的助力。2014 年的一项研究表明，截至 20 世纪 80 年代，子弹头列车对刺激日本经济增长一直发挥着至关重要的作用。20 世纪 90 年代，日本的这项技术催生了法国、德国和澳大利亚的高铁项目，还革新了全世界的工业设计。

杰克·韦尔奇从这个故事中得到启示，回国后他对克尔说，通用电气需要一个类似的视角，从制度上鼓励员工设定大胆的目标。在推进项目时，每个高管和部门除了要设定具体的、可达成的、有完成期限的目标，还应该设定一个延展目标——管理者无法描述（至少在初期）应该如何实现的目标。韦尔奇说，每个人都应该具有"子弹头列车式思维"。

1993 年，韦尔奇在给股东的信中写道："延展目标本应是一个在三四年前就能够使通用电气受益匪浅的概念，从本质上讲，这意味着用梦想来设定商业目标，但不包含达成目标的具体方法。如果你知道怎样做，它就不能被称为延展目标。"

韦尔奇从日本回来 6 个月后，通用电气的每个部门都设定了一个延展目标。例如，飞机引擎工厂宣布他们打算减少 25% 的成品引擎缺陷。事实上，该工厂负责人发现这个目标很容易达成，他们发现的绝大多数缺陷都是外观问题，比如稍有偏差的电缆或者无关紧要的划痕。如果雇用更多的质检人员，他们就能轻而易举地减少产品的外观缺陷。

韦尔奇认为，减少 25% 的缺陷是一个 SMART 目标。

于是，他把该工厂的延展目标设定为减少 70% 的缺陷。

这太荒唐了，该工厂负责人说。制造引擎是一项十分复杂的工作——每个引擎重达 5 吨，有 1 万多个部件，减少 70% 的缺陷根本做不到。

给他们 3 年时间，韦尔奇说。

工厂的管理者因此焦虑不安。接着，他们开始分析过去 12 个月记录在案的每个缺陷，并且很快意识到，仅通过雇用更多的质检人员不足以达成目标。要想减少70%的缺陷，唯一的方法就是让每位员工都成为质检人员，都有责任发现产品的缺陷。不过，仅凭当时大多数工人对引擎的了解，他们还不足以在第一时间发现每个小缺陷。管理者得出结论，唯一的解决办法就是进行大规模培训。

培训9个月后，缺陷率只下降了50%。于是，管理者开始招聘有技术背景的工人，他们知道正常引擎该有的样子，更善于发现缺陷。位于北卡罗来纳州达勒姆市的研制高涵道比涡轮风扇引擎CF6的工厂认为，最佳方法是录用拥有美国联邦航空管理局（FAA）颁发的引擎制造证书的应聘者。不过，这种技术型工人也是其他工厂追逐的人才。为了吸引他们的加入，管理人员表示可以给他们更多的自主权，他们可以自主安排工作时间并按自己的想法组织团队。这需要工厂放弃集中调度权，改由各个团队自行组织和安排好自己的工作。

韦尔奇给飞机引擎工厂设定了延展目标，即缺陷率减少70%。这无疑是一个大胆的目标，实现它的唯一方法就是彻底改变工人培训、聘用和工厂运行的方式。为了实现这些改变，达勒姆工厂的管理者改进了组织流程图，修订了岗位职责，还重新制定了招聘标准，要求员工具有更强的团队合作能力和更灵活的思维。换句话说，韦尔奇的延展目标引起了连锁反应，它以一种令人意想不到的方式改变了引擎制造工厂。截至1999年，引擎的缺陷率降低了75%，而且有记录显示，工厂连续38个月没有发生过一次货物漏发问题，生产成本每年平均降低10%，以上这些成绩是无法通过SMART原则实现的。

大量学术研究都证实了延展目标的影响，并且一致表明，"强迫"人们设定大胆的甚至看起来遥不可及的目标，能够实现创新和效率上的大跳跃。例如，1997年摩托罗拉公司的一项研究发现，在全公司范围内推行延展目标后，工程师开发新产品所用的时间缩短为原来的1/10。3M公司的一项研究表明，延展目标帮助他们发明了思高透明胶带和新雪丽高效暖绒。延展目标彻底改变了美国联合太平洋铁路公司、德州仪器公司，以及华盛顿哥伦比亚特区和洛杉矶的公立学校。一项针对成功减肥或者成为马拉松运动员的人的调查显示，延展目标对他们而言是不可或缺的成功要素。

延展目标"是让人焦虑紧张的事件，促使人跳脱现状，转变思维方式"，研究人员于2011年在《管理学评论》的文章中写道，"延展目标能够提高团队的期望值，让人们把注意力转移到新的发展方向上，也许还能使团队释放出更多潜能，通过实验、创新和广泛搜索或者玩乐开展探索性学习"。

然而，关于延展目标的力量，还有一个重要的提醒。研究表明，一个大胆的延展目标既可能带来创新，也可能引发恐慌，因为设定的目标过高会让人们认为成功是不可能的。激励人们取得卓越成就的目标和挫伤士气的目标之间只有一线之隔，为了使延展目标起到激励作用，还需要将其和SMART原则配合使用。

之所以要同时设定延展目标和SMART目标，是因为冒险本身令人恐惧。面对延展目标，我们往往不知从何处着手。那么，为了避免延展目标仅停留在愿望层面，我们需要通过严谨的思考把看似遥不可及的目标转变成一系列现实的短期目标。知道如何设定SMART目标的人往往习惯于把目标细化成一个个可操作的任务。因此，当遇到看似超出自己能力范围的目标时，他们知道应该做些什么。把延展目标和SMART目标结合在一起，能够帮助我们把不太可能实现的目标变为可能。

例如，在杜克大学进行的一项实验中，研究人员要求大学生运动员沿跑道跑步，发令枪响后在 10 秒内尽可能跑完 200 米。所有参与这项实验的运动员只需看一眼终点所在的位置就会知道，这个目标很荒谬，没有人能够在 10 秒内跑完 200 米。此次实验的结果是，这些运动员在规定的时间内平均跑了 59.6 米。

几天后，这些运动员接到相同的任务，但这一次起点到终点的距离只有 100 米。这个目标仍然很大胆，但在有可能实现的范围内（2009 年，尤塞恩·博尔特在百米比赛中跑出了 9 秒 58 的成绩）。这次实验的结果是，运动员在规定时间内平均跑了 63.1 米。"不同的目标让两次实验的结果产生了很大的区别。"研究人员提到。

运动员在两次实验中的成绩表明，较短的距离目标（虽然仍有挑战性）更适合通过有条不紊的计划和有经验的运动员既有的心智模型来实现。换句话说，设定更短的距离目标相当于把延展目标分解成一个个 SMART 目标。"所有参加实验的运动员都会进行常规训练。"研究者写道。因此，当面临 10 秒跑完百米的挑战时，他们知道如何全力以赴地完成这个任务。他们把这个大目标细化，像对待其他冲刺任务一样对待这个任务。他们起跑的速度很快，争取不落后，并在最后一刻拼尽全力冲刺。但当面对 10 秒跑 200 米的任务时，他们没有实际的方法可借鉴，无法把目标细化成一个个可操作的任务，不能遵循 SMART 原则，他们把它视为一个无法完成的任务。

滑铁卢大学、墨尔本大学等的相关研究也得出相似的结论：延展目标能够激发人们的创新潜能，但前提是要有一个可以把目标分解成具体计划的系统。

这个道理也适用于日常生活，以待办事项为例。"如果你能正确利用待办事项，它的作用就不可小觑。"卡尔顿大学的心理学家蒂莫西·皮切尔对我说，"不过，当人们说'我有时喜欢写下可立即完成的待办事项，这让我感觉很好'时，这其实是使用待办事项的错误方式，因为他们在用待办事项调节自己的情绪，而不是为了提高效率。"

其实，列出太多待办事项的问题在于，写下一系列短期目标，就相当于我们允许自己的大脑去追逐完成任务所带来的满足感，从而激发认知闭合需求的产生，诱使自己不问对错先"抓住"一个目标。结果，我们花了好几个小时回复无关紧要的邮件，而不是写一个重要的、深思熟虑的方案，因为处理收件箱中的未读邮件很容易让我们获得满足感。

从表面上看，解决办法就是列出只包含延展目标的待办事项。但我们都知道，仅把宏图大志写出来并不一定能实现。研究表明，如果眼前只有一些遥不可及的目标，你很有可能会感到沮丧，并最终放弃。

所以，一种正确的解决方法是，列出既包含延展目标也包含SMART目标的待办事项。你可以天马行空地想象你的远大志向，写下看似天方夜谭的目标，比如开一家公司或者参加马拉松比赛。

然后选择一个目标，把它细化成短期具体的计划。问自己：明天、下周、下个月我能取得哪些实际的进展？明天我能跑多少英里？3周后我一天能跑多少英里？在通往成功的路上有什么具体短期的计划？有没有明确的时间表？6个月或一年后，我能开一家商店吗？如何衡量我的进度？在心理学领域，这些小目标被称为"中心目标"。大量研究表明，把一个大目标分解成很多中心目标，有助于增加大目标实现的可能性。

皮切尔在列待办事项时，首先把延展目标（比如"开展能够解释目标与神经学的关系的研究"）写下来。接着是细节，即他需要

目标设定流程图

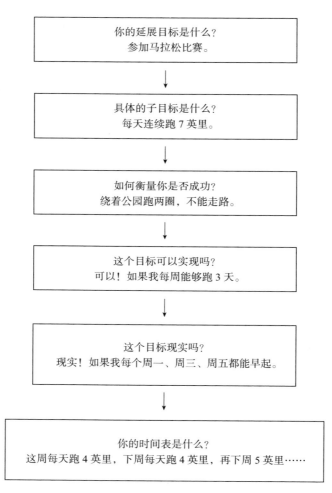

完成的具体任务，比如"具体事项：下载经费申请文件；时间表：明天完成"。

"这样一来，我就能随时知道自己接下来该做什么，也会时不

时地想起那个大目标，而不会为了暂时的成就感而沉浸于容易完成的事务。"皮切尔说。

换句话说，我们需要延展目标和SMART目标。你怎样称呼这些目标不重要，你的中心目标是否符合SMART原则也不重要，重要的是你要有一个大目标，以及把这个目标转化成具体可行计划的系统。当你在待办事项旁边打钩时，这意味着你离大目标又近了一步。换句话说，你真正地把注意力放在了SMART原则上。

"我也不知道我们正在做的事对这个世界有什么影响。"克尔对我说。学术研究和心理学教材均有针对通用电气的延展目标和SMART目标的案例分析，它的目标设定系统也被美国企业纷纷效仿。"我们已经得出结论，通过让人们从不同角度看待目标，可以改变他们做事的方法。"克尔说，"一旦知道怎样做，你就几乎可以达成任何目标。"

我们都需要思考"如果不是这样呢？"

赎罪日战争结束27天后，以色列议会成立了国家调查委员会，目的是调查他们为什么在战争爆发前毫无准备。官员们会面140次，听取了58名证人的证词，包括总理果尔达·梅厄、国防部长摩西·达扬、军事情报局负责人伊莱·泽拉的证词。

"在赎罪日战争爆发前，军事情报局得到了大量的相关情报。"调查人员称。以色列的措手不及没有道理，泽拉和他的同事忽略了明显的风险警报，还阻止其他军事将领坚持自己的判断。调查人员称，泽拉并不是有意为之，而是因为他一心想着避免不必要的恐慌，做出明确的决定，却忽略了最重要的目标：保证以色列的国土安全。

政府调查报告发布一周后，总理梅厄引咎辞职，昔日的英雄摩西·达扬从此被湮没在一片谴责声中，于 6 年后去世，泽拉则被解除职务。

泽拉在赎罪日战争前夕对形势做出了错误的预测，这充分反映出目标作用的方式以及目标对人的心理的影响。事实上，当他说服国家领导人忽略那些明显的战争警报时，他正在使用延展目标和 SMART 原则。他有清晰远大的志向，想终止以色列民众对战争的焦虑，他也知道他的大目标是终止争论和猜测。他采用把大目标分解成小目标的方法，设定具体的、可衡量的、可达成的、现实的、有完成期限的中心目标。他按部就班、深思熟虑地重组他领导的机构。为了实现延展目标和短期目标，他做了一切莱瑟姆和洛克等心理学家认为应该做的事。

不过，泽拉的认知闭合需求很强烈。当问题已有明确的答案时，他缺乏从不同角度思考问题的耐心，这些都是以色列没有正确预测出埃及和叙利亚发起进攻的主要原因。泽拉的例子表明，有时候，只设定延展目标和 SMART 目标是不够的。除了树立远大的志向和制订脚踏实地的计划，我们还需要跳出日常工作的范畴，想一想我们正在追求的目标是不是有意义。我们始终都需要思考。

2013 年 10 月 6 日是赎罪日战争 40 周年纪念日，伊莱·泽拉在特拉维夫面对国家安全学者发表演讲。85 岁的泽拉步履蹒跚地走上讲台，结结巴巴地念着演讲稿。他说，他这次来是为自己辩护的。的确，他曾经犯了错误，但犯错的不只是他一人。每个人都通过这件事认识到凡事应多谨慎、少武断，每个人都有责任。

观众席里一位他曾经的同事诘问他。

"你在给我们讲童话故事吗？"那个人大吼道，"你撒谎！"

"这不是法庭审判，"泽拉回应他。他说，战争爆发不是他一个人的过失，谁也不愿意眼睁睁地看着最可怕的事情（埃及和叙利亚大举进攻以色列）发生。

泽拉反思片刻后，承认他的确犯了错误：他忽略了看似不可能的结果，也没有深入考虑所有可能的结果。

"我的口袋里一直都放着一张纸条，"他对观众说，"上面写着：'如果不是这样呢？'"这张纸条是个法宝，时刻提醒他对完成任务和决断力的渴望也可能是一个致命的弱点，并促使他提出更大的问题。

但是，在赎罪日战争爆发前的日子里，"我忘记看那张纸条"，泽拉说，"所以我错了"。

SMARTER
FASTER
BETTER

MANAGING
OTHERS

第 5 章　掌控力

精益敏捷思维和信任文化

毫无头绪的绑架案

弗兰克·詹森骑自行车锻炼后刚进家门就听见了敲门声。那是一个阳光明媚的星期六早上，几个街区外的地方，孩子们正在踢足球。詹森看向窗外，发现他家门口站着一位拿着文件夹的女人，还有两位穿着卡其裤和复古系扣衬衫的男人。他们在做一项调查，或者他们是传教士？詹森不知道他们为什么站在他家门口，一心想快点儿把他们打发走。

然而，詹森一打开门，两个男人就闯了进来，其中一个男人抓住他，把他按到墙上，又推倒在地板上，从腰间掏出一把手枪，用枪管击打詹森的脸；另一个男人用电击枪抵着詹森的身体，然后开枪，这位 63 岁的老人瞬间晕了过去。接着，他们用塑料束带绑住他的手，把他拖到停在外面车道上的银色尼桑汽车的后座上。两个男人坐在詹森的两边，女人坐在前排副驾驶的位置上。詹森逐渐恢复了意识，试图挣脱，却被旁边的两个男人制住，再一次被电击枪击晕。汽车发动后沿街向西行驶，途经孩子们踢足球的地方。一个男人在詹森身上蒙了一条毯子，汽车驶入高速公路，向南开去。

一个小时后，詹森的妻子回到家，发现家里空无一人，大门半开着。她看到弗兰克的自行车停在车库旁，心想丈夫会不会出去散步了。又过了一个小时，詹森仍然没有回来，她开始担心了。她跑到大门口，看看有没有丈夫留下的纸条，却在门口发现了几处血迹，她惊恐万分地走到车道上，发现了更多的血迹。她给女儿打电话，女儿让她赶快报警。

她对警察说，她丈夫是一家专门从事国家安全事务的公司的顾问。不久，詹森家门外来了多辆巡逻警车，还拉起了黄色警戒线。一批美国联邦调查局的特工从几辆黑色SUV（运动型多用途汽车）上下来，他们负责采集指纹和拍摄草坪上留下的压痕照片。在接下来的两天里，特工仔细审查詹森的通信记录，询问他的邻居和同事，但并未发现有价值的线索。

绑架案发生后的第三天，2014 年 4 月 7 日深夜，詹森妻子的手机响了，她收到一连串来自陌生号码的短信，区号显示是从纽约发来的。

短信中写道："你的丈夫在我们手里，他被关在一辆开往加利福尼亚州的汽车的后备箱里。如果你敢报警，我们就把他分装在 6 个盒子里还给你。有机会的话我们会把你的家人带往意大利，折磨至死。我们擅长飞车射杀，能杀死你家的任何一个人，我们还会往你家窗户里扔手榴弹。"

短信还提到了詹森的女儿和一个名叫凯尔文·梅尔顿的男人。案情进展到这儿突然有了点儿头绪，詹森的女儿科琳是维克森林附近地区的一名助理检察官，她曾经在几年前对联盟式帮派血帮的高级成员梅尔顿提起公诉，并成功地把梅尔顿送进监狱，后者因使用致命武器袭击他人而被判终身监禁。所以，这一案件的真相可能是：血帮绑架弗兰克·詹森是为了报复他的女儿，从而为他们那个被送进监狱的帮派成员报仇。

几个小时后，警察审查了发来恐吓短信的号码的通信记录，寻找该号码和血帮成员之间的联系。他们发现短信是从佐治亚州发来的，通过一部在沃尔玛用现金购买的尚未注册的手机，号码是临时的。调查人员并没有从这部手机的通信记录和购物收据中获得任何有关手机的所有者和近期手机所在地区等信息。

两天后，詹森妻子收到了另一个陌生号码发来的短信，这次是亚特兰大的区号。短信上写道："这里有两张你丈夫的照片。如果你明天还不告诉我东西在哪儿，我就要开始折磨科琳的爸爸了。"短信同时展示了两张詹森被绑在椅子上的照片。但是，所有调查人员都不清楚绑匪所说的"东西"是什么。短信还提出让人给梅尔顿（那个入狱的血帮成员）送一盒烟等要求。短信称："头儿想要他的东西，他需要尽快得到一部电话，这样我们的任务就完成了。如果我没有得到他的消息，我们和他的人就会遇到麻烦。"警方不知道这个"头儿"指的是梅尔顿还是其他人，也不知道梅尔顿为什么想让人给他送烟，事实上，香烟是犯人可以在波尔克惩教所买到的东西。此后，詹森妻子的手机又接收到更多提到一些陌生人的短信。"现在他知道玩游戏这件事。"其中一条短信称，"告诉他我们得到了Franno，他最好想办法让我知道我的东西在哪儿，我怎样才能拿到钱，否则我们两天后撕票。"对方短信中提到了"头儿"和"Franno"等，并威胁要杀死很多人，而调查人员只知道一个受害者，这让他们感到非常困惑。如果这是一起报复事件，绑匪为什么要发来那么多语义含糊的短信？为什么他们不索要赎金？一位特工认为，这些绑匪假装自己不知道发生了什么，也没有计划。

美国联邦调查局请谷歌帮忙分析绑架案发生期间关于詹森家地址的搜索记录。谷歌做出答复，有人曾通过使用临时号码的移动电话搜索"科琳·詹森的地址"，但搜索到的是她父母家的地址，这是她曾经居住的地方。所以，这个案件的真相也可能是：因为科琳起诉了凯尔文·梅尔顿，绑匪为了报复而计划绑架她，却意外抓到了她的父亲。

调查人员发现，发送到詹森妻子手机上的最后几条短信的临时电话号码是佐治亚州的号码。不过，特工从电话记录里发现了一些有价值的信息。这几条短信是从亚特兰大发来的，而且这个号码最近接过另一个号码打来的电话，后者一直与第三个号码保持短信往来。警方可以确定，第三个号码的位置在波尔克惩教所里，而且给梅尔顿的女儿打过近 100 个电话。

调查人员逐渐意识到，这起绑架案是由梅尔顿亲自指导的。

美国联邦调查局打电话到波尔克惩教所，让监狱长搜查梅尔顿的房间。当梅尔顿看到警卫走过来时，他堵住门，把手机摔成了碎片，美国联邦调查局不得不花好几天的时间恢复手机里面的数据。

美国联邦调查局无法强制梅尔顿配合调查，因为他已经被判终身监禁，手机数据也没能提供什么有用的线索。特工们查看了出售临时号码的手机商店的监控录像，还仔细观看了詹森家附近道路摄像头拍摄的视频，都没有找到任何有帮助的信息。美国联邦调查局获得了几百条信息，却无法把它们联系起来。

部分特工建议借助美国联邦调查局最新的计算机系统——一个名为"Sentinel"的复杂软件找出种种现象之间的联系，其他特工则对此持怀疑态度。十几年前，美国联邦调查局启动技术研发工作，研究人员承诺新技术能够提供有助于破案的新工具。然而，他们绝大多数的尝试都失败了。其中比较著名的是一个斥资 1.7 亿美元创建的搜索引擎，却因经常崩溃而在 2005 年被停用。此外，还有一次失败的尝试在 2010 年被停止，因为审计人员给出的结论是：

这项研究投入上百万美元，到头来只弄清楚了该系统为什么无法工作。在詹森被绑架的前几年，美国联邦调查局的数据库太过老旧，以至特工们懒得把他们在调查期间获得的大量信息输进去。而且，他们仍然和几十年前的特工一样使用文件夹和索引卡。

2012年，美国联邦调查局开始开发Sentinel系统。简单地说，这一系统主要用于整理和管理证据、线索、证言，以及特工每天搜集到的成千上万条信息。Sentinel系统可以连接到调查局和其他执法部门开发的旨在寻找规律的分析引擎和数据库。负责管理该软件开发工作的是一个来自华尔街的年轻人，由于他提出美国联邦调查局需要学习日本丰田等公司的经验，以及"精益生产"和"敏捷编程"的方法，最终成功地说服美国联邦调查局聘用他。他保证自己能在一些软件工程师的帮助下使Sentinel系统在两年内投入使用。后来，他兑现了承诺。

现在，Sentinel系统运行正常，所有参与侦查詹森案的特工都不确定这个系统能否带来帮助，但他们已经没有其他选择了。一个特工输入了他们搜集到的所有信息，看这个系统能不能"吐"出什么有用的东西。

高效的企业文化

里克·马德里戴着反光墨镜，身穿印有铁娘子乐队图案的T恤和曾被他称为"北加州最厉害催情药"的毛边牛仔短裤，到通用汽车的老旧工厂参加面试。那是在1984年，出于对面试官的尊重，而且他需要这份工作，他整理了自己的胡须，还喷了体香剂，但没有刻意用衣袖遮挡他的文身。

马德里对坐落在加利福尼亚州弗里蒙特的通用汽车工厂很熟悉,他一直在那里工作,直到两年前通用汽车关闭了它。不管是在当地还是全美范围内,这家工厂都被视为最糟糕的汽车工厂。连续27年,每天8个小时,马德里的工作就是用大锤安装轮辋,宣传全美汽车工人联合会(UAW)的伟大,定时把"神奇的伏特加橙汁鸡尾酒"——一种混合了伏特加和橙汁的高度酒——倒进嵌入汽车车架的塑料杯里,让同事们能在工作的间隙喝上酒。弗里蒙特这家汽车工厂的组装传送带总在平稳地运行,所以酒一般不会洒出。他放在车辆后备箱里的冰袋总会把衬垫弄变形,这是汽车卖出去后每个车主都会遇到的问题。"工作侵占了我的业余时间,"马德里后来说,"我到那里工作是为了挣钱,根本不在乎工作质量,公司也不在乎。公司只想不停地生产汽车,越多越好。"

然而,在参加面试时,马德里预感到这一次的情况会有所不同。当时,通用汽车正在和日本丰田合作,准备重开弗里蒙特的那家工厂。对丰田来说,它可以借助这次机会在美国生产汽车并扩大其在美国的市场。对通用汽车来说,它可以通过合作了解著名的"丰田生产体系",学习如何制造出低成本、高质量的汽车。通用汽车与全美汽车工人联合会签订的协议强制性要求,工厂新招聘的员工至少要有80%的人是两年前被遣散的工人,这成为此次合作的一个条件。因此,马德里和他的工友们得到了新联合汽车制造公司(NUMMI)的面试机会。

马德里发现,在这些面试者中,他算得上一个优秀人选。说实话,和他过去工作期间喝酒的行为相比,其他人的行为更让人难以忍受。的确,他曾在存放雪佛兰汽车座椅的仓库喝得酩酊大醉,还在那里发生过性行为,但没有像他的很多同事那样,在安装刹车片时吸食可卡因，或者用由汽车消声器改装成的烟枪吸食大麻。工人休息时，在停车场的房车里妓女们会为工人提供情色服务，但他从未去过。而且，马德里也不像其他工人那样故意破坏汽车，比如把空的威士忌酒瓶和松动的螺丝放在车门后面，车辆被售出后就会出现丁零当啷的声音。

这些破坏行为发生在通用汽车经营工厂期间，是导致弗里蒙特工厂垮掉的那场激烈斗争的一个缩影。对工人们来说，只要能够壮大工会的实力，他们甚至不惜使用卑鄙的手段。他们都知道，只要能够保证生产线正常运行，不管做出多么恶劣的行为，他们都不会受到惩罚。在这家公司，真正要紧的是保证生产进度。在生产过程中，即使有时发现传送带上的汽车有问题，他们也不会停下来解决，最多是用蜡笔或者便利贴在车身上做标记，然后到下一个工序。最终，那些被装配完的问题汽车会被拖到露天停车场上被拆开维修。一次，一位工人心脏病发作摔倒在地，当时正好有辆汽车从生产线上过来，等汽车传送过去后，其他工人才去管他。所有人都知道这家工厂的基本原则：生产线不能停。

马德里的第一次面试在一间小会议室里进行，桌子对面坐着一位全美汽车工人联合会代表，两位日本丰田的高管，还有一位通用汽车的经理。一番寒暄过后，他们询问了马德里的基本情况，让他解答一些基础数学与装配问题，以考察他有关汽车制造的知识水平。他们还问马德里是否会在工作期间喝酒。不，马德里说他已经改掉这个毛病了，一场相对简短的面试就此结束。马德里往外走时，一位日方高管问他，以前在这个工厂工作时，有什么令他讨厌。

里克·马德里总是直言不讳，他说他讨厌组装明知有问题的车，这样的车之后需要被拆开修理，这意味着他前面做的所有工作都是无用功。他讨厌上级总是忽略他的建议，有一次，在安装轮胎拆装机时，他产生了一个想法：把拆装机摆放到另一个位置上，有助于提高工作效率。他甚至还请来一位工程师用图表解释他的想法，但他吃完午饭回来，发现机器已经安装好，竟然还在原来的位置上。"我在轮胎拆装机左边操作，而所有的操作装置都在右边。"他对面试官说，"谢天谢地，那个工程师幸亏不是造大桥的。"

马德里接着对他们说，通用汽车经营这家工厂时，工人们简直就是机器上的齿轮。"他们让你怎么做，你就得怎么做。"他说，没人征求他的意见，也没人在乎他怎么想。

马德里把过去对工厂的种种不满都告诉了面试官，在开车回家的路上，他一直在埋怨自己，他真的很需要这份工作，不该和他们说那么多。

几天后，马德里接到一个电话，是那位日本高管打来的，对方说很欣赏他的诚实，决定给他这份工作。不过，在入职之前先要去日本待两周，接受丰田生产体系的培训。16 天后，新联合汽车制造公司把马德里和其他 20 多位工人带到日本丰田市郊外的高冈汽车制造厂，这是他们此次行程的第一站。马德里走进这家日本工厂，他看到了熟悉的生产线，听到了熟悉的气动工具的嘶嘶声。马德里不明白，为什么要绕大半个地球把他带到一个和通用汽车工厂一样的地方进行培训？大致参观了一下，马德里走到车间，看到一位工人用一把气枪一次次地把螺栓钉进车门框里。看着车一辆接一辆地从生产线上被传送过去，马德里知道，这些螺栓会永远埋在金属和塑料材料下面。这里和加州的工厂一样，只不过所有标志都是日文，卫生间也干净得多。

那位工人又一次用气枪安装螺栓，这时突然响起了尖厉的声音。原来是螺栓钉错了位置（很常见的错误），卡在了车门框上。马德里以为这位工人会像通用汽车的工人那样，在车门上做个标记，等车装配完毕后再拆开维修。车门问题会在车辆的使用过程中逐渐显现出来，车主一开始不会注意到，但几年后，车门会发生抖动，车主便知道这不是一辆合格的汽车了。

然而，当工厂里突然响起因螺栓钉错位置而发出的刺耳声音时，让马德里意想不到的事情发生了。这位出错的工人把手伸过头顶，拉了一下上方的灯绳，一个黄灯开始闪烁。接着，他用气枪把那颗钉错位置的螺栓拔了出来，再用另一个工具除去刚刚留下的螺纹。这时，经理过来了，站在那位工人身后问了一些问题。工人并没有回头看经理，只是大声地说出自己的要求。此时，传送带仍然在运行，但工人还没有修理完毕。当这个车门停在出错的工人那里时，整个生产线也停了下来，马德里不明白发生了什么。

另一个人过来了，一看就是领导者。他并没有发火，而是像手术室里的护士一样，端出一个盘子，上面有一个新的螺栓和其他工具。那位工人一直在对领导者诉说他的要求，如果在弗里蒙特的工厂，这样做会给他讨来一顿打。然而，这里没有怒吼声，也没有焦虑的嘀咕声。生产线上其他工人只是平静地站在原地等候，或是反复检查他们刚刚安装的零件，没有人因刚才发生的事而大惊小怪。随后，那位工人完成了修复工作，把新的螺栓钉在车门上，又拉了一下他头顶的灯绳。生产线恢复正常运转，每个人都专注于自己的工作。

"简直令人难以置信，"马德里说，"在美国，我亲眼所见就算有人摔倒，生产线也不能停。多少年来我得到的指令是，不管发生什么事，生产线都不能停下来。"马德里听说生产线每停一分钟就会带来 1.5 万美元的损失。他说："在丰田汽车，质量高于收益。"

"这时，我突然意识到，我们应该先向他们学习，再同他们竞争。"马德里说，"一颗螺栓改变了我的工作态度，我开始为自己的职业感到骄傲。"

随着在日本培训的深入，马德里又收获了更多惊喜。一天，他观察一位工人的工作，其间这位工人对经理说了自己的想法：他想用一种新工具安装支撑杆。经理听完后走进机械车间，15 分钟后拿回来一个样品。这位工人和经理用了一天时间修改设计，第二天早上，每个工位上都摆放了一个这样的新工具。

马德里的培训讲师解释说，丰田生产体系（在美国被称为"精益生产"）的关键在于把决策权下放到基层。一线工人往往是最先发现问题的人，对于生产过程中不可避免的小缺陷，他们是最了解情况的人。只有最大限度地赋予他们寻找解决方案的权利，才是最有效的方法。

"每个员工都有机会成为公司某一方面的专家。"丰田最早的西方员工之一，负责培训马德里的约翰·舒克对我说，"比如，我负责安装汽车消声器，我比任何人都了解排气系统，或者我是一名前台接待人员或清洁工，我比任何人都了解该怎样接待来访者或者打扫办公室，如果公司不充分利用我的这些优势，那简直就是'暴殄天物'。丰田最忌讳浪费人力，这个生产体系就是为了充分利用每个人的专长而建立的。"

丰田一开始把这一管理思想介绍给通用汽车时，后者嘲笑前者太幼稚，认为这种管理方式也许在日本行之有效，但在美国加利福尼亚州行不通。为公司贡献自己的专长？弗里蒙特工厂的工人根本不在乎这些，对他们来说，活儿越少越好。

"但是，只有通用汽车同意试用这种管理方法，我们才能同意与之合作。"舒克说，"我们的理念是：谁都不会为了失败而工作，如果你给他们成功的机会，他们就愿意尝试。"

"我们没有说出口的话是：如果不能想清楚该如何输出丰田生产体系，我们就完蛋了。"舒克说，"让丰田汽车获得成功的正是这种文化，而不是拉灯绳或者设计新工具那些具体做法。如果不能输出一种信任文化，我们将别无他法。所以，我们派人到美国，并祈祷我们的方法能够成功。"

● ● ●

1994 年，斯坦福大学商学院的两位教授开始研究如何在企业内营造一种信任文化。詹姆斯·巴伦和迈克尔·汉南多年来一直教导学生，一家公司的文化和它的战略同样重要。他们说，公司对待员工的方式将决定它的成败；在大多数公司，不管产品多么高端或者客户群多么稳定，如果员工之间没有信任可言，企业终会走向衰败。

此后的每一年，都会有一些学生要求这两位教授提供能够佐证该观点的论据。

事实上，巴伦和汉南相信他们的观点是正确的，但苦于没有足够的数据支撑这些观点。他们两个都是受过专业训练的社会学家，能够找到相关的研究证明企业文化对提高员工幸福感、招聘新员工或者帮助员工平衡好工作与生活的重要性。但是，涉及企业文化对利润产生影响的研究少得可怜。为了证明其观点的正确性，他们在1994 年启动了这项历时多年的研究项目。

他们首先要选择拥有大量新型企业的行业，以便对企业的整个发展历程进行跟踪研究。他们发现，硅谷的科技初创公司或许是最佳选择。当时，互联网尚处于起步阶段，符号"@"对大多数美国人来说还是计算机键盘上可以被忽略的按键，"谷歌"不过是指一个很巨大的数字。

"我们本身对科技企业不太感兴趣，也不知道这些企业将来能否成功。"现在任教于耶鲁大学的巴伦说，"我们只是以初创企业作为研究对象，当时每天早晨，我们都会买《圣荷西水星报》，一页不落地翻看，只要上面提到新公司，我们就会设法找到该公司的电话号码或者电子邮箱，接着派人去问它的首席执行官是否愿意协助填写一份调查问卷。"后来，他们在一份研究报告中写道："1994—1995 年项目刚起步时，我们并没有意识到自己建立了前所未有的综合性数据库，记录了硅谷高科技公司的历史、结构和人力资源管理实践；就如同见证了这个地区的经济和技术的发展历程。"这个项目历时 15 年，样本企业有近 200 家。

他们的调查几乎涵盖了每个可能影响初创企业文化的变量，包括如何招聘、如何面试、员工的收入水平，以及高管会给哪些员工升职或解雇哪些员工。他们目睹过大学生辍学后成为亿万富翁，也目睹过风光无限的高管最后一败涂地。

他们借助足够的数据得出结论，企业文化主要可以分成五种类型。第一种类型是"明星"文化。在这样的公司，高管往往毕业于名校或者来自其他成功企业，员工享有很大的自主权，办公场所设有精致的自助餐厅并提供特别的福利。风险投资家大都喜欢选择这种企业，因为常识告诉他们，把钱投资给明星团队往往是最稳妥的。

第二类是"工程师"文化。这样的公司没有那么多明星员工，主要由工程师团队掌控大局，他们用工程师思维来解决问题或做出有关人员招聘的决定。"大家对硅谷初创企业的刻板印象是，一群

明星文化

默默无闻的程序员在计算机前喝着激浪。"巴伦说,"他们年轻、雄心勃勃,一旦能力得到证明,就有可能成为'明星'。但当下他们专注于解决技术问题。"工程师文化充满力量,能够推动企业快速成长。"想想脸书发展的速度有多快。"巴伦说,"当每个人都具有相似的背景和思维方式时,他们就可以通过共同的社会规范确保所有人都朝着一个方向前进。"

工程师文化

第三类和第四类分别是"官僚"文化和"独裁者"文化。官僚文化催生出大量中层管理者,形成了大量的岗位职责、组织图表和

员工手册。一切活动都有明文规定和常规流程，例如每周召开一次例会，把公司的价值观传递给员工。独裁者文化与官僚文化相似，区别只在于前者所有的规则、岗位职责、组织图表都必须符合一个人（通常是创始人或首席执行官）的愿望或目标。"一位独裁型首席执行官告诉我们，他的理念就是：'你为我工作，我说什么你就做什么，我给你支付薪水。'"巴伦说。

官僚文化 独裁者文化

最后一类是"奉献者"文化，让我们一下子想到人们心甘情愿地为一家公司工作一辈子的年代。"推崇奉献者文化的企业的首席执行官会说：'我想打造一家员工不会中途离开的公司，除非他们退休或去世。'"巴伦说，"这不一定意味着这家公司顽固守旧，但它有一套把缓慢而稳定的发展放在首位的价值观。"一些硅谷的企业高

奉献者文化

管告诉巴伦，在他们眼中这类企业已经过时，它们是曾经颠覆美国制造业等行业的家族企业的衍生物。这种类型的企业一般不会解雇员工，他们通常会雇用人力资源专家，而初创企业更愿意把钱花在聘用工程师和销售人员方面。"奉献者企业的首席执行官认为，在企业创立之初建设正确的公司文化，比设计最好的产品更重要。"巴伦说。

在接下来的 10 年里，巴伦和汉南密切关注哪些公司繁荣发展，哪些公司停滞不前。他们跟踪研究的企业中大概有一半至少存活了10 年，有的甚至成为世界上最成功的企业。巴伦和汉南的目标是研究某些企业的文化和成功经营之间是否有相关性，然而，他们并没有意识到企业文化的影响竟然如此重要。"即使是硅谷高速发展的高科技企业，企业创始人建立的雇佣模式也会对企业未来的业绩和发展产生强大且持久的影响。"研究人员 2002 年在《加利福尼亚管理评论》上写道。企业文化"与影响高科技企业成败的大量其他因素，如企业历史、规模、获得风险投资的渠道、高层领导更迭以及经济环境相比，影响力依旧不可小觑"。

正如巴伦和汉南预测的那样，明星文化造就了此次研究中的一些大赢家。这种企业文化把所有最聪明的人聚集到一起，进而产生巨大的影响力并创造了巨额财富。但令人意想不到的是，明星文化公司也有大量的失败案例。与其他类型的企业文化相比，这类企业上市的可能性要小得多，而且总是受到内部竞争的困扰。在此类公司工作过的人都知道，内部斗争在明星文化企业中尤其激烈，因为每个人都想成为明星。

事实上，巴伦和汉南在分析数据时发现，唯一能使企业始终立于不败之地的文化是奉献者文化。毫无疑问，奉献者文化几乎在各个方面都比其他企业文化有优势。"我们研究过的所有奉献者文化企业没有一家经营失败,"巴伦说,"是的,一家都没有,这本身就很不可思议了。此外,这些公司还是所有研究样本中最早上市的,有最高的获利能力比率。它们的组织结构精简,中层管理者较少,因为如果放缓招聘员工的速度,你就有时间寻找自我导向能力强的人。"奉献者文化企业的员工不会把时间浪费在内部斗争上,因为每个人都致力于推动公司发展,而不是计较个人得失。奉献者文化公司要比其他类型的公司更了解客户,能更迅速地洞察市场变化。"尽管奉献者文化在 20 世纪 90 年代中期被硅谷的高科技企业视为落后于时代的文化,但在我们的研究样本中,奉献者文化企业的经营状况却很好。"研究人员写道。

"风险投资家青睐明星文化企业,他们投资一系列公司就是为了获得巨大的利润。"巴伦告诉我,"但是,如果你是一位企业家,你只能在一家公司身上'押注',数据表明,选择奉献者文化企业对你更有利。"

奉献者文化之所以能够使企业取得成功,似乎是因为员工、管理层和客户之间存在信任感,这促使每个人都会努力工作,在面对每个行业都不可避免的挫折时,也能团结一致,共渡难关。大多数奉献者文化企业都尽力避免解雇员工,除非别无选择;它们在培训方面投入很大;团队的合作精神较强;员工的心理安全程度很高。奉献者文化企业或许没有高档的自助餐厅,但它们提供人性化的产假、日托福利,还允许员工居家办公。短期来看,这些做法或许并不划算,但对于奉献者文化企业而言,让员工感到幸福比快速获利更重要,员工也会因此拒绝竞争对手公司提供的更高薪酬的职位。而且,多年来,由于注重维护客户关系,企业积累了一批忠实客户。奉献者文化企业由此规避了商界最大的隐性成本：员工把客户或者创意带走并提供给竞争对手公司。

"好员工永远是最宝贵的资产。"巴伦说，"如果每个好员工都愿意为你效力，你就拥有了很大的竞争优势。"

●　●　●

里克·马德里回到加利福尼亚州后，做的第一件事就是和所有人分享他在日本的见闻，比如，被称"安灯①绳"的吊绳；经理接受车间工人的指令，而不是相反；生产线停下来，是因为工人需要额外的时间重新给车门安装螺栓。他说，弗里蒙特工厂既然由新联合汽车制造公司接管，那么一切都需要改变。

他的工友们却表示怀疑，这样的故事他们以前就听过。通用汽车总是宣扬重视员工的想法，可员工提出的改革建议令管理层反感。在新联合汽车制造公司的工厂开工前，工人们首先确认工会成员是新当选的，并开会讨论与管理层出现矛盾时的应对策略。他们提议成立一个罢工基金，用于支付工人罢工期间的花销。他们要求建立一个正式的申诉平台，公司马上就同意了。

接着，新联合汽车制造公司管理层宣布有关员工解聘的规定："新联合汽车制造公司承认，职业安全感关乎员工的幸福。"公司和全美汽车工人联合会签订的协议中写道："公司承诺不会轻易解雇员工，除非在严峻的经济形势下公司的长期生存能力受到了威胁。"新联合汽车制造公司承诺，公司在遇到危机时，会削减高管的收入，而不是解雇工人，还会通过培训工人打扫地板、修理机器或在自助餐厅

---

①　安灯系统（Andon），是一种现代企业的信息管理工具，是实现精益生产的一个重要工具。——编者注

提供服务来保住他们的工作。每个员工的意见和建议，不管多么牵强或者超出预算，公司都会听取，即使无法实现，公司也会公开做出解释。每个团队都有权改变工位布局或者工作流程，如果发现问题，任何人在任何时间都可以叫停生产线。然而，此前没有一家美国的汽车公司公开承诺不解雇员工，以及对工人的诉求做出回应。

充满疑虑的工人说，在工厂还没有开工时，做出这种承诺非常容易，但他们还是勉强接受了。从 1984 年 12 月 10 日起，工厂开始生产雪佛兰汽车。

里克·马德里所在的团队负责把大块钢板冲压成引擎盖和车门，他很快就感受到了工厂的变化。那些曾经在库房鬼混的人都管好了自己的手，没有人再在工作期间明目张胆地喝酒，房车没有再出现在露天停车场里，谁也不敢再做以前做过的那些荒唐事，他们不想拿自己的饭碗打赌。然而，这些改变并没有带来什么有意义的结果，没有人拉过"安灯绳"或者提出建议，谁也不想因为自己而让工厂每分钟损失 1.5 万美元，谁都不知道这会不会赔上自己的饭碗。

工厂重新开工一个月后，新联合汽车制造公司董事长丰田哲郎（他的祖父于 1933 年创立了丰田）来到这家工厂。他看到一位工人正在费力地安装一个汽车尾灯，角度非常奇怪。丰田先生走近他，看了一眼绣在他工作服上的名字，说：

"乔，请拉安灯绳。"

"先生，我自己能修好。"乔说。

"乔，请拉安灯绳。"

乔从未拉过安灯绳，他身旁的工友也没有拉过。新厂投产后，安灯绳只被拉过几次，其中一次还是因为不小心。

"先生，我自己真的能修好。"乔说，他费力地想把那个尾灯安放到正确的位置上。

乔的团队负责人站在一旁，他从丰田先生走进工厂就跟在他身后，当丰田先生停下来跟乔说话时，他就站在不远处。乔抬头一看，发现工厂的几位高层领导都在看着他。

"乔，听我的。"丰田先生向前一步，握住乔的手拉下了安灯绳。报警灯开始闪烁，生产线被停下来。乔紧张得发抖，不得不双手握住撬棍，最后尾灯安装成功。他恐惧地看着他的老板们，站起来再次拉下安灯绳，生产线又动了起来。

丰田先生对乔鞠了一躬，并用日语讲了一番话。

"乔，请原谅我。"一位助理将他的话翻译成英语，"我没能很好地让你的上级了解在遇到问题时指导工人拉安灯绳的重要性，你是这个工厂最重要的人之一，只有你能让每辆车成为优质产品。我承诺，我会尽全力不再让你失望。"

等到午餐时间，工厂里的所有人都知道了这件事。第二天，安灯绳被拉了 10 多次；在接下来的一周内，安灯绳平均每天被拉 20 多次；一个月后，整个工厂平均每天拉安灯绳的次数约为 100 次。

安灯绳、员工的建议以及丰田先生道歉的意义在于，它们都表明公司的命运掌握在员工的手里。"公司正在努力让员工相信，他们确实是这个大家庭的一员。"新联合汽车制造公司的工会代表乔尔·史密斯说，"这个理念不断得到强化，它是真实的。我们也许会有分歧，也许看待事物的角度不同，但最终都是朝着同一个方向努力。"

"如果工人恶意拉安灯绳，工厂就会因此倒闭。"史密斯说。每个人都知道，不管什么时候，生产线停止运行的每一分钟都会造成巨大的损失。"任何人在任何时候都能不受惩罚地叫停生产线，所以，如果员工想让工厂倒闭，他们很容易就能做到。"

"一旦被赋予那样一种权利,你就会不由自主地产生一种责任感。"史密斯说,"基层工人不想让新联合汽车制造公司倒闭,管理层也不想。这样一来,工人和管理层就成了同一阵营。"工人拥有了更多的选择权,动力也会大大增加。正如毛里齐奥·德尔加多和美国海军陆战队在其他环境中得出的结论一样,当工人获得更大的掌控力时,他们的动力就增加了。

新联合汽车制造公司的成果很快就被传开了。几年后,哈佛大学商学院的教授们参观了这家工厂,他们发现,相同的工人在通用汽车管理工厂时期平均每分钟工作 45 秒,而现在平均每分钟工作 57 秒。截至 1986 年,"新联合汽车制造公司的生产效率比任何一家通用汽车工厂都要高,而且生产效率是通用汽车弗里蒙特工厂的两倍。"他们写道。工人的旷工率从过去的 25% 下降到现在的 3%,没有明显的毒品滥用、性交易和破坏性行为,工人也几乎没有使用过申诉平台。新联合汽车制造公司的生产效率和日本丰田工厂一样高,"即使这里工人的平均年龄要比日本工厂的工人大 10 岁,对丰田生产体系的了解程度也不如日本工人",哈佛大学商学院的研究人员写道。1985 年,《名车志》刊登了一篇以"冰封地狱"为主题的封面文章,详细介绍了新联合汽车制造公司的成就。此前世界上最糟糕的工厂成为现在生产效率最高的工厂,而且用的是同一批工人。

新联合汽车制造公司弗里蒙特工厂投产 4 年后,汽车行业受到经济衰退的影响。股市崩盘,失业率上升,汽车销售额骤减,新联合汽车制造公司的管理层预计需要减产 40%。"所有人都认为自己快要失业了。"工会代表史密斯说。然而,正相反,工厂的 65 位管理者全部被降薪;生产线上的工人有的改做清洁或者绿化工作,有的到油漆间做打磨出风口的工作,而不是被辞退,公司用实际行动兑现了当初的承诺。

"自此之后，工人们愿意为公司全力以赴地工作。"史密斯说，"30年里，经历了4次销售低迷期，但新联合汽车制造公司从未解雇员工。每次情况好转后，大家都会比以前更加努力地工作。"

里克·马德里于1992年从新联合汽车制造公司退休，他从事汽车制造业近40年。3年后，史密森尼学会在国立美国历史博物馆举办了一次展览，名为"进步的殿堂"，马德里的工人徽章和帽子成为其中的展品。馆长写道："新联合汽车制造公司是一个具有代表性的工厂，它标志着通过相互承诺和共享权力，完全有可能把工人和管理层凝聚在一起，为共同的目标而努力。"

直到今天，新联合汽车制造公司还被商学院和企业高管视为奉献者文化的典型案例。新联合汽车制造公司成立后，"精益生产"的理念渗透到美国商业领域的每个角落：从硅谷到好莱坞，再到医疗卫生领域。"作为一名汽车工人，我很高兴能从新联合汽车制造公司工厂退休。"马德里说，"我在进入工厂时充满了绝望、厌倦，甚至没有人知道我的存在，但我在退休时见证了工厂被君迪公司评价为最高质量工厂的荣誉。"

获得"最高质量工厂"的称号后，新联合汽车制造公司的工人举行了一个庆祝派对。"在派对上，我说，我们是世界上最棒的汽车工人。"马德里说，"我们所有的工人、所有的经理都是最棒的，因为我们彼此关爱，朝着同一个目标努力奋斗。"

把决策权交给能直接解决问题的人

在弗兰克·詹森绑架案发生的6年前，美国联邦调查局联系过一位 34 岁的华尔街高管，问他是否有兴趣做他们的技术系统开发工作。查德·富尔格姆从未在执法机关工作，他的职业是为雷曼兄弟、摩根大通等投行开发大型计算机网络。2008 年，当接到美国联邦调查局想要聘用他的电话时，他感到很惊讶。

改善调查局的技术平台一直以来都是美国联邦调查局官员的首要任务。早在 1997 年，美国联邦调查局高层领导就向国会承诺，他们会开发出一个能够连接 10 多个内部数据库和数据分析引擎的全新系统。官员称，这一系统能够给特工提供把不同情况下搜集到的信息点有效地联系起来的工具。截至 11 年后美国联邦调查局联系富尔格姆时，用于开发 Sentinel 系统的支出已经高达 3.05 亿美元，却没有任何成效。美国联邦调查局聘请机构外的团队分析 Sentinel 系统开发如此耗时的原因，专家表示，该系统的开发工作因官僚机制和相互矛盾的议程而陷入僵局，可能需要花费几千万美元才能让其重回正轨。

美国联邦调查局想请富尔格姆看看有没有什么低成本的解决方案。"说实话，我很想在美国联邦调查局或者美国中央情报局（CIA）这样的机构工作。"富尔格姆对我说，"所以，当我接到美国联邦调查局的电话，得知自己将承担如此艰巨的任务时，我感觉得到了梦寐以求的工作。"

不过，富尔格姆首先要让美国联邦调查局相信他的方法是正确的。富尔格姆说，他的方法是受到新联合汽车制造公司等成功案例的启发产生的。在过去的 20 年里，新联合汽车制造公司的成功越来越为人所熟知，其他领域的高管也开始把丰田生产体系应用到自己的企业中。2001 年，几位计算机程序员在犹他州的一间滑雪度假屋撰写了《敏捷软件开发宣言》，把丰田的方法和"精益生产"理念应用到软件开发领域。敏捷方法强调合作、频繁测试、快速迭代，以及让与问题最直接相关的人做决定，它迅速改变了软件开发的方式，现在已经成为许多高科技企业的通用方法。

在电影制作领域，"皮克斯方法"也是受到丰田管理方法的影响而形成的，因赋予普通动画师做重要选择的权利而闻名。皮克斯动画工作室的管理层于2008年接管迪士尼动画部门，在做自我介绍时发表了著名的"丰田演讲"。"在演讲中，我介绍了丰田汽车承诺授权给员工，以及遇到问题时让生产线上的工人来做决定。"皮克斯动画工作室联合创始人艾德·卡特姆后来写道，"我强调，迪士尼的任何人都不必等着上级许可再想解决问题的方法。当出现问题时，如果不授权给他们去解决，我们就应该问自己，雇用这些聪明人是做什么的？"

在医院里，"精益医疗"是指授权给护士和其他非医师工作人员。这是一种管理理念，也是"一种文化，每个人都可以（确切地讲是必须）在他们发现问题时'叫停生产线'或'叫停治疗进程'"，弗吉尼亚梅森医疗中心的负责人在2005年写道。

这些方法被应用到不同的行业中，它们和精益生产理念的应用存在共同的特点：致力于把决策权交给能直接解决问题的人，通过团队自我管理和自我组织促进合作，非常重视奉献和信任的文化。

富尔格姆强调，美国联邦调查局技术研发成功的前提就是应用上述方法。美国联邦调查局官员必须把关键决策权授予基层员工，比如普通软件工程师或者初级外勤特工。这种方法能够带来明显的改变，因为过去美国联邦调查局的高管在设计新技术系统时，往往先列出上千种参数，拟定长达几百页的关于数据库如何发挥作用的规则，任何改变都需要得到层层审批才能实现。这样的机制无法发挥美国联邦调查局应有的作用，有时开发团队花几个月时间编写一个程序，却在完成后被告知项目取消了。当然，在这样的机制下，研发结果往往令人失望。例如，富尔格姆要求工程师演示 Sentinel 系统的功能，工程师把他带到一台显示器前，请他输入某个罪犯的别名以及与某个案件相关的地址等关键词。

"计算机会在 15 分钟内为你提供与这个地址和别名相关的案件信息。"那位工程师说。

"我要给那些带着枪在犯罪现场办案的人提供信息，你想让我告诉他们 15 分钟后计算机才能给出结果？"富尔格姆说。

一份 2010 年美国联邦调查局的报告称，预计 Sentinel 系统开发需要再花 6 年时间，追加投资 3.96 亿美元方可被完成。富尔格姆对美国联邦调查局局长说，如果给予他开发团队的管理权，他就可以把团队成员的数量从 400 人减少到 30 人，花 2 000 万美元在一年多的时间里完成 Sentinel 系统的开发任务。不久后，富尔格姆和一个由软件工程师与美国联邦调查局特工组成的团队，开始在华盛顿哥伦比亚特区联邦调查局总部的地下室开展这项工作。富尔格姆对他们说，唯一的规则是每个人都要提出建议，任何人在发现项目方向出现问题时都能直接叫停，与问题直接相关的人负责任地找出解决方案。

富尔格姆认为，Sentinel 系统存在的主要问题是美国联邦调查局像很多大型机构那样，试图提前把一切都计划好，但是高级软件系统的开发工作需要灵活性。问题会在你意想不到的时候冒出来，新的突破也无法被预测。事实上，没有人知道 Sentinel 系统开发完成后，美国联邦调查局特工该怎么使用它，或者随着打击犯罪手段的进步，Sentinel 系统应该得到怎样的改进。所以，美国联邦调查局要放弃一板一眼地预先设定每个界面和功能，而应该把Sentinel系统设计成适应特工需要的工具。富尔格姆认为，实现这个目标的唯一办法就是研发人员卸下枷锁，解放自己。

富尔格姆的团队一开始设想出系统可能用到的1 000多种场景，从输入罪犯的陈述到追踪证据，再到连接美国联邦调查局数据库。接着，他们开始寻找能够满足各种需求的软件。每天早晨，这个团队都要召开"站立"会议（以此鼓励大家发言时做到言简意赅）总结前一天的工作，并安排当天要完成的工作。与某个问题或者某个代码直接相关的团队成员被视为专家，程序员不管是什么级别，都能够自由地提出建议。有一次，一位程序员和一位外勤特工在"头脑风暴"结束后，建议将特波税务软件（TurboTax，一种著名的财务软件，可以把几千页篇幅的复杂税法简化成一系列基本问题）应用于Sentinel系统的部分模块。"这简直就是傻瓜的调查与正义，"富尔格姆说，"绝对是一个聪明的办法。"

在美国联邦调查局的旧体制下，一个提议获得批准至少需要6个月，还需要几十份备忘录；每个人都小心翼翼，避免提及任何有关特波税务软件的内容或者任何显示程序员想要简化办事流程的内容，也没有人希望一个能干的律师或者记者拿到用简单英语来解释系统是如何运作的资料。然而，富尔格姆的团队根本没有这些烦琐的程序。程序员和特工周一提出想法，周三设计出样本，团队所有人都同意在周五试用。"这就像服用了兴奋剂的政府。"富尔格姆说。

每隔两周，开发团队会向高级官员展示他们的工作成果，并听取官员的反馈。局长不允许任何人事无巨细地进行干预或者提出要求，部门主管可以提出建议，由与该问题直接相关的开发人员负责分类和评估。渐渐地，Sentinel团队变得更大胆，也更有野心，不再满足于建立一个数据记录系统，而是把Sentinel系统和预测趋势与威胁以及案情比较的工具结合起来。他们最终成功地开发出一个功能十分强大的系统，能够同时分析几百万个调查数据，找出被特工们错过的犯罪模式，Sentinel是这个大系统的核心。这个软件在富尔格姆接手16个月后被完成。"2012年7月，Sentinel系统开始投入使用，这对美国联邦调查局来说是一个关键时刻。"这一机构后来写道。Sentinel系统正式发布后的第一个月就有3万多名特工使用它，从那以后，特工借助这个软件侦破了几千起案件。

在新联合汽车制造公司，下放决定权有效地激励了工厂员工；在美国联邦调查局，这种方法同样重要。精益生产和敏捷管理激发了普通程序员的动力与创造力，鼓励他们提出极具创造性的解决方案，让他们相信自己可以义无反顾地前进，即使偶尔出错也不会受到惩罚。

"Sentinel系统对美国联邦调查局产生了令人不可思议的影响，"《敏捷软件开发宣言》的作者之一杰夫·萨瑟兰在2014年一项有关Sentinel系统的研究报告中写道，"交流和分享信息的能力已经从根本上改变了美国联邦调查局的功能。"

更重要的是，Sentinel系统的成功为美国联邦调查局及其管理者提供了灵感。"研发Sentinel系统的经验告诉我们，你赋予人们更多的控制权，就能释放出他们更多的潜能。"美国联邦调查局现任首席技术官杰夫·约翰逊告诉我，"我们发现人们的热情竟然如此高涨，你可以看看我们近期处理的一些案件，比如，北卡罗来纳州绑架案、解救人质、恐怖主义调查，我们从这些案件中意识到很重要的一点：要让特工们感觉到他们可以独立做出决定。"

"但是，在一个机构中赋予工作人员决策权，不是一件容易的事。"约翰逊说，"在'9·11'恐怖袭击事件发生前，人们不认为独立思考是一件值得鼓励的事。然而，Sentinel系统的成功开发，让我们看到有多少潜在的可能性是可以被实现的。"

自主和奉献文化

负责调查弗兰克·詹森绑架案的特工把他们搜集到的数据输入Sentinel系统后，与之连接的软件和数据库开始搜索犯罪模式与线索。特工输入的信息包括：搜集到的电话号码，到访的地点，窃听到的绑架者在电话中使用的别名。其他人还输入了到监狱探视凯尔文·梅尔顿的所有人的姓名、詹森家附近的摄像头拍下的过路车辆的车牌号，销售临时手机号码的商店信用卡交易记录。每输入一条信息，他们都抱着找到线索的希望。

最后，美国联邦调查局在数据库找到了一个巧合的线索：那个给弗兰克·詹森妻子发照片的手机号码也曾往佐治亚州亚特兰大市外的一个小城奥斯特尔打过电话。美国联邦调查局的计算机分析了几百万条来自其他案件的信息记录，发现一起与奥斯特尔市有关的案件。

一年前，也就是2013年3月，有知情人向美国联邦调查局提供了罪犯的藏身之处，是一个位于奥斯特尔市的公寓地址。该知情人在其他场合还提到一个服刑帮派头目"曾攻击一位对他提起公诉的女检察官"。美国联邦调查局认为，他指的这个人有可能就是策划詹森绑架案的犯罪嫌疑人凯尔文·梅尔顿。

当时，美国联邦调查局没有人知道那位知情人说的话是什么意思。一年后詹森遭到绑架，仍没有人想起知情人提供的信息，和知情人谈话的特工也不是詹森案件调查团队的成员。

然而，Sentinel 系统发现了这个线索：知情人提到的那个人与策划绑架案的犯罪嫌疑人凯尔文·梅尔顿的特征相符。对于知情人提到的位于奥斯特尔的那栋公寓，Sentinel 系统显示，那里可能有人接到过其中一个绑架者打来的电话。

美国联邦调查局认为有必要去那栋公寓调查一下。

可问题是，美国联邦调查局还有 10 多条线索需要追踪，比如彻查梅尔顿过去的同伙、到监狱探视过他的人、有可能涉案的他的前女友们……因此，美国联邦调查局需要分清主次，他们也不确定是否有必要追踪那条从一年前的对话中发现的线索。

然而，近几年来，Sentinel 系统的高效在美国联邦调查局得到了更多的关注，他们越来越喜欢使用精益敏捷技术。指挥官和外勤特工都接受了这一理念：与问题直接相关的人最有权回答该问题。美国联邦调查局局长罗伯特·米勒开展了一系列活动，比如策略管理系统、领导力开发项目、战略实施团队，其目的就是激发美国联邦调查局文化思维的范式转移。其中最重要的一点，就是鼓励普通特工独立决定应该追踪哪些线索，而不是等着长官下达命令。如果特工察觉到某些被忽略的蛛丝马迹，他就可以追踪这些线索，这是执法过程中拉"安灯绳"的做法。"这是一个关键的转变，"美国联邦调查局首席技术官约翰逊说，"与一项调查直接相关的人应该有权决定下一步如何行动。"这一转变不只因为受到 Sentinel 系统的影响，还因为它加快了美国联邦调查局应用敏捷理念的进程。"美国联邦调查局现在的基本理念是敏捷管理，"富尔格姆对我说，"Sentinel 系统使这一理念得以巩固。"

负责詹森案的调查人员掌握了几十条线索，美国联邦调查局鼓励普通特工独立做决定。于是，两位年轻的调查人员决定去探访那位知情人一年前提到的那栋公寓。

他们到达那里时，得知居住者是一位名叫蒂安娜·布鲁克斯的女士。当时她不在家，只有她的两个小孩在那里，无人看管。他们通知儿童保护服务部门，让社工把孩子们带走，然后开始向邻居打听布鲁克斯的情况，询问她的去向。没有人知道她去了哪里，但是有人说两个住在附近的人去过她家。特工找到那两个人并加以询问，他们却说不认识布鲁克斯，也不知道什么绑架案。

晚上 11 点 33 分，与绑架者有关的其中一部手机响了起来，这部手机在美国联邦调查局的监控范围内。

"他们带走了我的孩子！"一个女人在电话里说。

身在奥斯特尔的两名特工收到有关这个电话的信息后，对那两个犯罪嫌疑人严加审问。特工当面指出这两个犯罪嫌疑人最近去过蒂安娜·布鲁克斯的家；现在，美国联邦调查局已经从电话里监听到一个惊慌的女人，也许就是布鲁克斯，说美国联邦调查局带走了她的孩子。

换句话说，这两个嫌疑人最近拜访过一个可能与绑架案有关的人。他们还会提供什么其他线索吗？

其中一位供出了一处位于亚特兰大的公寓。

特工通过无线电联系上指挥中心的同事，午夜前的几分钟，警车到达犯罪嫌疑人所说的亚特兰大的那所公寓楼下。警察从车里跳下来，穿过破败不堪的楼群，在一所房子前停下来。他们撞开铁门，冲了进去。有两个男人正坐在椅子上，身旁放着枪。显然，他们对这次突然袭击毫无防备。警察在房间里还发现了一堆绳子、一把铁锹、几瓶漂白剂。这两人近期还用他们的手机发过短信，内容是关于如何处理尸体的。"把漂白剂洒到墙上,"有人通过短信指示他们,"也可以洒在壁橱里。"

一位全副武装的警察冲进卧室,在壁橱里找到了被绑在椅子上的弗兰克·詹森,他已经不省人事,脸上还有被绑匪用手枪柄击打留下的血迹。那已经是他失踪的第六天了,他的身体严重脱水。警察剪断绳子,把他背出公寓。此时,两位绑匪双手被铐在背后,躺在地上。救护车迅速把詹森送到医院,他的妻子一见到他就开始啜泣。失踪近一周,生死未卜,现在他终于得救了,只受了些皮外伤。两天后,詹森就康复出院了。

詹森案的侦破不仅是因为美国联邦调查局的计算机系统把绑架案和知情人一年前提供的看似不相关的线索联系到一起,也是因为近百名特工兢兢业业、马不停蹄地追踪几十条线索,更是因为敏捷文化赋予普通特工独立做决定的权利,允许他们去追踪有意义的线索。

"特工们学会了在开展调查时尊重自己的直觉,在出现新的证据后果断地改变调查方向。"富尔格姆对我说,"但是,为了让直觉发挥作用,管理层需要赋权给他们。要建立这样一种系统,使你相信你可以选择你自己认为最好的解决方案,你的领导也愿意支持你,哪怕你的选择最后得不偿失。这就是敏捷方法得到美国联邦调查局重用的原因,它能够让特工们充分发挥潜能。"

这是新联合汽车制造公司等组织的经验以及精益敏捷理念教给人们最重要的一课。当员工认为自己可以自主做决定,相信他们的团队成员都在朝着同一个方向努力时,他们就会更聪明、更高效地工作。掌控力能够激发动力,要想把这种动力转化为真知灼见和创造力,就要让他们感受到自己的建议不会被忽略,不会因犯错误而受到惩罚,团队的每个人都在背后支持他们。

　　赋予决定权可以让任何人成为专才。但是，如果不存在信任文化，如果新联合汽车制造公司的员工不相信管理者的承诺，如果美国联邦调查局没有授权程序员去解决问题，没有鼓励特工追随自己的直觉且不用担心受到谴责，那么这些机构就无法从每个团队成员所具备的专长中受益。当人们有权叫停生产线，改变大型软件开发项目的方向，或者遵从自己的直觉时，他们的责任心就会油然而生，从而尽全力把自己的工作做好。

　　奉献和信任的文化并不是灵丹妙药，它不能保证产品大卖或者创意开花结果，但它能够提供一片沃土，把好的想法变成现实。

　　也有人说，企业有充分的理由不下放决定权：在新联合汽车制造公司，一小撮心怀不满的工人只要随意拉安灯绳就能让工厂倒闭；在美国联邦调查局，程序员可能会一意孤行地设计出错误的计算机系统；特工可能会追随自己错误的直觉。但是，自主和奉献文化所带来的益处远比这些损失更大。如果员工连犯错的机会都没有，这将是企业最大的损失。

　　获救几周后，弗兰克·詹森给营救他的特工写了一封感谢信。"在那个奇迹般的时刻，我体验到前所未有的喜悦、慰藉和自由。当时，我听到一个美国士兵用坚定的声音说：'詹森先生，我们来接你回家了。'"他写道，"虽然我经历了一场噩梦，但我现在能够在舒适的家里写这封信，这就是美国联邦调查局出色表现的最好证明。"被绑架是一种不幸，詹森写道，但也证明美国联邦调查局的奉献精神拯救了他。

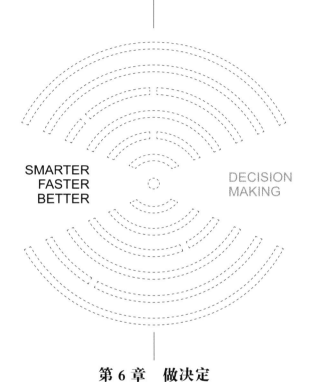

SMARTER
FASTER
BETTER

DECISION
MAKING

第 6 章 做决定

用贝叶斯法则预测未来（赢得扑克比赛）

确定性与不确定性

2004 年世界扑克系列赛上，发牌员看着安妮·杜克，等着她的决定。桌子中间放着一摞价值 45 万美元的圆形筹码，世界上 9 位顶级扑克玩家（除了安妮都是男性）围坐在桌旁，他们不耐烦地等着她下注。这场比赛在电视上同步播出，冠军将会获得 200 万美元的奖金，亚军没有任何奖励。

发牌员还没有发任何公共牌，安妮手里拿着一对 10。她手气很好，已经把她的大多数筹码都放进底池了。现在，她必须决定是否押上自己的所有赌注。其他玩家都已经把牌面朝下放表示退出，只有一人例外。这个人就是格雷格·雷默，被戏称为"化石人"。他是一位来自康涅狄格州的矮胖绅士，口袋里放着几块树皮化石，戴着一副全息蜥蜴眼的太阳镜。

安妮不知道"化石人"手里是什么牌。几秒钟前，根据牌局的进展，她感觉自己胜券在握，可就在这时，"化石人"押上了他的所有赌注，这彻底打乱了安妮的计划。难道"化石人"之前一直在骗她？一步步地诱惑她押下越来越大的赌注，然后一举击败她？或者他想用如此大的赌注把她吓退？

所有人都注视着安妮，她不知道该何去何从。

她可以选择退出，但这意味着她将失去几万美元的赌注、过去

9 个小时里取得的所有成绩等她付出极大的努力所赢得的一切。

她也可以选择接受"化石人"的挑战，押上所有赌注。如果失败了，她会被淘汰出局。如果成功地赢了这一局，她就会成为本阶段比赛成绩领先的玩家，离 200 万美元的奖金又近了一步。她可以用这笔钱支付孩子的学费，偿还按揭贷款，甚至可以解决棘手的离婚问题以及所有不确定的麻烦，这些事经常让她晚上胃痛。

她再次看了看桌上的那堆筹码，巨大的压力让她喘不过气来。在生活中，安妮时常感到恐惧，严重的时候她会把自己关在房间里。20 年前，她在哥伦比亚大学读大二时，因为极度焦虑而恳求医生让她入院，两周都没出来。

安妮沉默了 45 秒，思考该怎么办。"对不起，"她说，"我让大家等太久了，但这真的是一个很艰难的决定。"

安妮的心思全在那对 10 上，考虑着已知和未知的信息，安妮喜欢扑克游戏的这种确定性。这种游戏的关键技巧就是预测最有可能出现的结果是什么。统计数据让安妮获得了掌控力，她也许不知道确切的结果，但她能准确算出对或错的可能性。扑克牌桌给她一种平静的感觉。

此时，"化石人"却破坏了这种平静的感觉，因为他下的赌注和安妮头脑中的任何情景都不匹配，她不知道如何估计哪种结果最有可能出现，她愣住了。

"很抱歉，"她说，"我还需要一点儿时间。"

● ● ●

在安妮的童年记忆中，她的妈妈坐在厨房的餐桌旁，拿着一盒烟、一杯苏格兰威士忌、一副扑克，一遍遍地玩着单人扑克游戏，直到酒杯空了、烟灰缸满了，她才跟跄着倒在沙发上，沉沉睡去。

安妮的爸爸是新罕布什尔州圣保罗中学的一位英语教师，圣保罗中学是一所寄宿学校，学生大多是参议员和企业高管的孩子。安妮家的房子和这所学校的一间宿舍相连，所以，每次她的父母因她妈妈酗酒或者她爸爸挣钱少而争吵时，她确定住在她家隔壁的学生能够听得一清二楚。她总觉得自己在学校里像个局外人：因为贫困，无法和富有的孩子一起度假；因为聪明，无法和那些受欢迎的女孩打成一片；因为焦虑，在嬉皮士群体中备感不适；因为对数学和科学的浓厚兴趣，无法加入学生会。对安妮来说，想在这种环境中生存，关键是要学会预测。如果能够预测出哪些学生的社会资本会增加还是下降，她就更容易避免钩心斗角。如果能够预测父母什么时候会吵架或者她妈妈什么时候会喝醉，她就知道带同学回家是否可行。

"如果你有一位酗酒的家长，你就会花很多时间预测接下来会发生什么。"安妮对我说，"而且，你永远不知道能不能吃上晚饭，也没有人告诉你什么时候可以安心睡觉，你总处在一场暴风雨即将来临的焦虑状态中。"

高中毕业后，安妮进入哥伦比亚大学，她很快就锁定了心理学系，那是她一直在寻找的专业。心理学课程把人类的行为总结成可理解的规则和社交模式，比如人格的不同类型、焦虑的成因，以及关于家长酗酒行为对孩子的影响。她开始了解为什么有时会感到极度焦虑，为什么有时感觉无法离开自己的床，为什么认为随时都有坏事发生。

当时，认知科学取得新进展，把科学的严谨性与长期缺乏系统分析的人类行为研究结合在一起，这带来了心理学的一次变革。心理学家和经济学家合作研究人为什么会做他们想做的事，其中最令人兴奋的研究（以后说不定会获得诺贝尔奖）是关于人如何做决定的。研究人员想知道，尽管抚养孩子的成本（就经济和工作压力而言）如此大，而回报（比如爱和满足感）很难被估算，为什么有些人还是决定要孩子？人们为什么要把孩子送到学费高昂的私立学校，而不是免费的公立学校？为什么有的人曾经风流成性，现在却想结婚？

事实上，我们很多重要的决定都是在试图预测未来。我们把孩子送到私立学校，这在某种程度上是用现在的金钱押注未来能够收获的幸福和机遇。我们决定生一个孩子，是因为我们预测为人父母的喜悦将会超过无数个不眠之夜的痛苦。我们决定结婚（虽然这听起来一点儿也不浪漫），是因为我们预估安定的生活要比邂逅无数个新欢更划算。能否做出正确的决定，取决于我们是否拥有预测未来的基本能力。

令心理学家和经济学家感兴趣的是，在日常生活中，人们以怎样的频率在未来的各种可能性之间做出选择，才不至于对每次选择的复杂性感到无能为力。另外，他们发现，有些人更善于预测未来的各种可能性，并做出最优选择。为什么有些人能够做出更好的决定？

大学毕业后，安妮申请加入宾夕法尼亚大学的认知心理学博士项目，获得了学校的补助，并开始发表论文。经过 5 年的努力，安妮发表了一系列论文，也获得了一些奖项。距离拿到学位还差几个月，安妮得到邀请去几所大学发表"求职演讲"。如果表现出色，她肯定会得到其中一所大学的教授职位。

　　她的第一场演讲是在纽约大学，演讲的前一天晚上，安妮乘火车来到曼哈顿。整整一周，她都为此焦虑不安。那天晚饭时她开始呕吐，一小时后她喝了一杯水，又开始呕吐。安妮无法缓解自己的焦虑不安，一直在想她犯了一个错误，其实她根本不想当大学教授，她做求职演讲只是因为这个选择似乎是最安全、最可预测的。最后，她打电话给纽约大学推迟了这次演讲的时间，她的未婚夫飞到曼哈顿把她接回宾夕法尼亚，她住进医院，几个星期后才出院。然而，这种焦虑感依然挥之不去，就像躺在她胃里的一块灼热的石头。出院后，安妮来到宾夕法尼亚大学给学生们上课，那节课让她感到恶心和紧张，她差点儿晕过去。安妮决定下一节课不上了，求职演讲不做了，教授也不当了。

　　她把研究资料塞进汽车后备箱，告诉教授她短期内可能不会回学校了，然后开车去了美国西部。她的未婚夫在蒙大拿州比灵斯市郊找到一所价值 1.1 万美元的房子，安妮认为，即使是这个价位也不便宜。不过，那时的她已经筋疲力尽，什么都做不了。她把博士毕业论文放进壁橱，躺在沙发上，不愿去想任何事情。

　　几周后，她的哥哥霍华德·莱德勒打电话邀请她去拉斯维加斯度假。霍华德是一名职业扑克玩家，在过去的几年里，每逢春天他都会带安妮去金砖赌场度假。霍华德参加扑克锦标赛，安妮则坐在赌场的游泳池边。当无聊时，她也会走进赌场观看哥哥比赛，或者动手玩几局。然而，这次接到哥哥的电话时，安妮却以她身体不舒服为由拒绝了他的邀约。

　　这让霍华德很担心，因为安妮很喜欢拉斯维加斯，以前从没有拒绝过他。

　　"为什么你不在当地找一个能玩扑克游戏的地方？"他说，"也许它能带你走出房间。"

当时安妮已经结婚了，她让丈夫去打听一下当地有没有这样的地方。后来，他们得知比灵斯有一家水晶雅座酒吧，退休的农场主、建筑工人和保险业务员每天下午都会在那家酒吧的地下室里玩扑克。那是一个烟雾弥漫、沉闷无趣的地方。安妮某天下午去了那里，感觉不错。几天后，她又去了那家酒吧，赢得 50 美元。"对我来说，扑克游戏结合了我喜欢的数学和大学所学的认知科学。"安妮对我说，"你会看到玩家们彼此虚张声势；抽到好牌时，强忍住内心的兴奋；还有我们曾在课堂上花好几个小时讨论的各种各样的行为。每晚我都会给我的哥哥打电话，和他聊聊当天的牌局。他帮我分析我错在哪里，或者别人怎样读懂了我的牌，或者下一次我应该怎么做。"一开始，她的扑克技艺并不出众，但她常常赢钱，能够一直玩下去。她发现，在扑克牌桌上，她再也没有胃痛。

很快，安妮成了水晶雅座的常客，每天都像上班一样下午 3 点准时到达那里，半夜才离开。她会记笔记，验证自己的策略。哥哥给她寄来一张 2 400 美元的支票，前提是她要把赢到的钱分给他一半。一个月后，安妮赢来的钱减去分给哥哥的钱还剩下 2 650 美元。第二年春天，哥哥又一次邀请她去拉斯维加斯，她驱车 14 个小时到达赌场，还买了一个参加锦标赛的席位，她在第一天就赢了 3 万美元的筹码。

3 万美元比安妮做研究生时一整年的收入还多。她对扑克游戏的理解比大多数玩家都透彻得多。她知道，失手一次并不意味着失败，而是一次经验的积累。"通过这一点，我可以看出中级玩家和高级玩家的区别。"安妮对我说，"如果你是中级玩家，那么你会想了解尽可能多的规则。中级玩家渴望确定性，而高级玩家能够利用这一点击败前者，因为这会导致中级玩家更容易被看穿。"

"为了成为高级玩家，你必须学会向对手发问的技巧。比如，你想退出了吗？你想下注吗？你还有好牌可以出吗？通过对方的回答，你就能更准确地预测牌局结果。扑克游戏就是一种用自己的筹码更快地获取对手信息的游戏。"

在那次扑克锦标赛的第二天，安妮赢得了 9.5 万美元的筹码，排名第 26 位。她的名次排在几百位职业玩家之前，要知道，有些人已经征战赌场几十年了。3 个月后，她和丈夫搬到了拉斯维加斯。再后来，她给宾夕法尼亚大学的教授打电话，说她不回去了。

● ● ●

一分钟过去了，安妮手上仍然拿着那对纸牌 10。如果"化石人"手里有一对大于 10 的扑克，比如两张 Q，而且安妮不叫牌，那么她在这场比赛中几乎必输无疑；但如果赢了这一局，她就会成为这个牌桌上的赢家。

安妮头脑中浮现的所有赔率和概率图表都在促使她做一件事：接受"化石人"下的赌注。但是，每次安妮下注时向他提问，他的回答都很理智。如果没有充分的把握，他不会把全部筹码都押上。现在，安妮一次次地加码，而他押上了自己的所有筹码。

安妮意识到，"化石人"明白在这个时候让她做出让步是很困难的。不同于牌桌上的其他玩家，"化石人"知道她不是扑克名人堂的成员，也知道这是她第一次参加有电视直播、百万观众观看的比赛，他或许还知道她曾经担心自己并不属于这里，只是电视节目制作方需要比赛中出现女性面孔，才邀请了她。

安妮突然意识到，她一直都在想自己的牌很差，而"化石人"给人的感觉则是拿了一手好牌，一直在下注。事实上，他的确有一手好牌。安妮多心了，或者至少她认为自己多心了，她也不知道。

她看了看手里的那对 10，又看了看桌上 45 万美元的赌注，还是决定退出比赛，"化石人"拿走了那些筹码。安妮不知道自己的决定是否正确，因为"化石人"没有义务给任何人看他的牌。一位玩家悄悄在她耳边说："你的判断完全错了，如果坚持下去，你一定会赢得这一局。"

安妮退出后，"化石人"手里拿着一张 10 和一张 9，又一次把所有筹码放进了底池。他的牌技很高超，选择也很正确，然而，当其他的牌落到桌子上时，形势开始扭转，哪怕是最聪明的扑克玩家也会输给运气。运用概率知识可以帮你预测可能性，但不能保证你期待的结果一定会出现。就这样，"化石人"出局了。他起身离开牌桌时，弯下身子对安妮说了一句话。

"我知道那时你手中的牌让你很为难。"他说，"告诉你吧，我有两张 K，所以你退出是对的。"

"化石人"说完这句话后，安妮感到自己胃里那块灼热的石头消失了。从选择退出的那一刻起，她一直在胡思乱想，猜"化石人"手中的牌，反复思考那个牌局，想弄清楚她的选择是否正确，现在她可以安心地回到比赛中了。

当然，想弄清楚事情的来龙去脉很正常。当意识到很多选择都是在我们无法预测未来的情况下做出之时，我们会备感惊骇。我肚子里的宝宝出生时会是一个健康的孩子吗？ 我和我的未婚夫 10 年后依然会像现在这样深爱彼此吗？我的孩子需不需要上私立学校，当地的公立学校能把她培养好吗？做出正确的选择离不开对未来的预测，但预测通常是不确定甚至令人害怕的，因为它迫使我们直面未知的未来。矛盾的是，要想更好地做出决定，我们必须学会坦然面对不确定性。

然而，学会与不确定的感觉做斗争的方式有很多种。有些方法通过精确地计算你已知和未知的信息，使模糊的未来变得可预见。

安妮仍留在世界扑克系列赛的赛场上，她有足够的筹码参加比赛，发牌员继续给每位玩家发牌，新的一局开始了。

在牌桌上寻找确定性的傻瓜

2011 年，美国国家情报总监办公室给几所大学提供了补助资金，邀请它们参加一个旨在"极大地提高情报预测的准确性和时效性"的项目。每所学校都要建立一个外事专家团队，对未来进行预测。研究人员会对做出最精准预测的团队进行研究，关键是弄清楚他们是如何做到的。政府希望这些研究成果能够帮助美国中央情报局的分析人员更高效地工作。

参与该项目的大多数学校都采取了标准的研究方法。他们聘请教授、研究生、国际政策研究员和其他专家组成外事专家团队，要求他们解答一些悬而未决的问题（比如，公民纲领党会赢得波兰议会的选举吗？），看他们会如何作答。所有人都表示，研究各种各样的解决方案，能够给美国中央情报局提供一些新观点。

然而，有两所大学选择了与众不同的研究方法。一群来自宾夕法尼亚大学和加州大学伯克利分校的心理学家、统计学家和政治学家，决定借着政府资助的机会研究能否把普通人培养成更好的预测者。这个团队把这一项目称为"良好判断力项目"（GJP），他们并没有聘请专家，而是招募各种人，加起来有几千人，包括律师、家庭主妇、硕士研究生、忠实的报纸读者等。他们请这些人参加一个在线预测课程的学习，教给他们预测未来的不同方法。经过一段时间的培训后，他们要求那些人回答与专家相同的外事问题。

两年来，GJP开展培训课程、观察参与者的预测过程并搜集数据。研究人员跟踪调查哪些人表现更好，以及不同的培训课程会对他们的表现产生什么影响。最终，GJP团队发布了他们的研究成果：哪怕只是给参与者提供很简短的培训（比如教给他们预测未来的各种方法），也能够提高他们预测的准确性。而且，更令人吃惊的是，一种旨在培养人们的概率思维的课程对提高人们的预测能力有显著效果。

GJP的概率思维课程引导参与者不去猜测将会发生什么，而是思考可能出现的不同结果。这门课程教会他们把未来想象成一系列可能出现的结果，每种结果发生的可能性都是不同的。"大多数人在思考未来时毫无条理性可言。"GJP的负责人、宾夕法尼亚大学计算机科学教授莱尔·昂加尔说，"他们往往以这种口气说话：'我今年有可能去夏威夷度假。'那么，你需要弄清楚你去夏威夷的可能性是51%，还是90%。这关乎你是否购买不可退机票的决定。"GJP的概率思维课程的目标是，让人们学会如何把直觉变成统计估值。

例如，在一项练习中，研究人员让参与者分析当时的法国总统尼古拉·萨科齐能否成功连任。

研究人员指出，预测萨科齐能否连任法国总统，最少应该考虑3个变量。第一个变量是目前是否在任。根据法国总统竞选的历史数据，像萨科齐这样的在任总统，再次参加竞选的平均支持率为67%。根据这一变量，有人就会得出结论：萨科齐成功连任的可能性是67%。

不过，需要考虑的不只是这一个变量。萨科齐已经失去了很多法国选民的支持，根据民意测试，由于他的支持率较低，成功连任的可能性只有 25%。按照这个逻辑，他失败的可能性是 75%。此外，还需要考虑经济因素。当时法国经济停滞不前，经济学家猜测萨科齐只会得到 45% 的支持率。

因此，有 3 种可能的结果：一种是萨科齐获得 67% 的支持率；一种是他获得 25% 的支持率；一种是他获得 45% 的支持率。第一种可能的结果是他成功连任的可能性很大，第二种是他会输得很惨，第三种是很难下定论。如何把 3 种不同的结果整合为最终的预测？"你只要把这 3 种结果的平均数算出来即可。"研究人员解释说，"如果无法判断哪个变量更重要，你就用等量加权的方法。[（67% + 25% +

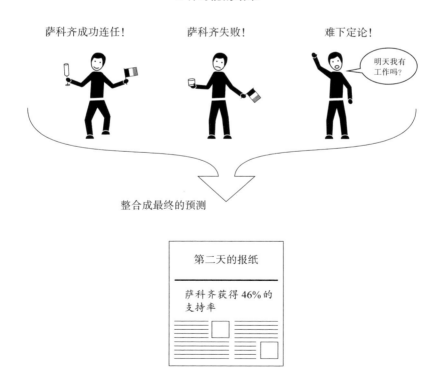

3 种可能的结果

萨科齐成功连任！　　　萨科齐失败！　　　难下定论！

明天我有工作吗？

整合成最终的预测

第二天的报纸

萨科齐获得 46% 的支持率

45%）÷3〕≈46%，即预测出萨科齐连任的可能性为46%。"

9个月后，萨科齐获得了48.4%的支持率，弗朗索瓦·奥朗德取代他成为新一任法国总统。

这是最基本的概率思维，研究人员用简单的例子诠释了一个简单的道理：各不相同的结果可以被整合成一种预测。如果这种逻辑变得更复杂，专家们通常就会用概率曲线（可以展示不同结果分布的曲线图）来描述不同的预测结果。例如，如果让人猜萨科齐所属党派在法国议会中能够赢得多少席位，专家可能会用概率曲线来解释该党派赢得议会席位和萨科齐成功连任总统之间的相关性。

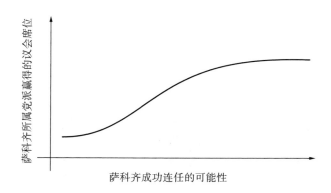

事实上，萨科齐落选后，人民运动联盟（UMP）也受到了很大的影响，只得到194个议会席位。

GJP的培训课程教给人们预测未来的不同方法，但一个贯穿始终的核心观点是：未来不是一个结果，而是多个各不相同的可能性，最终实现的是其中的一个。人们可以把可能出现的不同结果放在一起，再预测哪个结果更有可能出现。

这就是概率思维，它把多元的、相互矛盾的结果放在一起思考，并估计它们的可能性。"我们不习惯想象未来的多种可能性，"

GJP的另一位负责人芭芭拉·梅拉斯说，"我们生活在确定性中。所以，当想象未来的多种可能性时，一些人会感到不安，因为他们不得不考虑一些他们不希望发生的事情。"

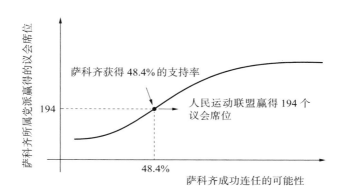

GJP的研究人员写道，对参与者进行概率思维培训能使他们的预测准确性提高50%。"接受概率思维培训的团队表现最佳。"一位观察者写道，"参与者首先学会把自己的直觉转变成概率思维，接着与团队其他成员在线讨论，并对这些可能性进行调整。他们几乎每天都在这样做……而拥有充分的理论知识对他们的预测并没有太大帮助。从不同的出发点审视一个具体问题，快速地对不同的可能性做出调整，这种能力的作用更大。"

培养概率思维需要我们质疑自己的假设，并习惯接受事物的不确定性。要想更好地预测未来，更好地做出决定，我们就必须知道自己希望发生之事和有可能或不可能发生之事的区别。

"如果你现在百分之百确定爱你的女朋友，那么这再好不过了。但如果你正在考虑向她求婚，你是否知道30年后你们仍然在一起的概率是多少？"曾帮助推行GJP的加州大学伯克利分校哈斯商学院的教授唐穆尔说，"我不能准确地告诉你未来30年你们是否还深爱彼此，但我能给你一些有关你们感情历久弥坚的概率、你的目标能够实现的概率、你们的孩子可能改变你们关系的概率等统计数据。在此基础上，你可以根据你的经历，以及你认为可能或不可能发生的情况，对这些可能性进行调整，这有助于你做出更准确的预测。"

"从长远看，这很有意义，因为即使你现在百分之百确定你爱她，概率思维也会促使你考虑现在看来无伤大雅，但未来至关重要的问题；它还会促使你诚实地面对自己，包括坦承有些事情是你不确定的。"

● ● ●

安妮成为职业扑克玩家后，她的哥哥坐到了她的旁边，向她解释赢家和输家的区别。霍华德说，输家总是在牌桌上寻找确定性，而赢家能够坦承自己不知道的东西。事实上，了解自己有哪些不知道的东西也是一种巨大的优势，是可以用来和其他玩家对抗的资本。当安妮给霍华德打电话抱怨自己输了比赛、运气不好、抽到差牌等时，她的哥哥总会让她停止抱怨。

"你有没有想过自己就是那个在牌桌上寻找确定性的傻瓜？"他问道。

安妮玩的扑克游戏是得州扑克，每位玩家手持两张底牌，接着发牌员发出 5 张公共牌，牌面朝上放在桌子的正中央。每位玩家把自己的两张底牌和 5 张公共牌组合在一起，谁的牌最大谁就获胜。

霍华德对安妮说，他最开始学习玩扑克游戏时，经常在午夜时分和华尔街的金融人士、世界桥牌冠军、数学怪才一起玩。几万美元的赌注可以玩很多局，天亮后，他们还会一起吃早餐，分析之前的牌局。霍华德由此意识到，扑克游戏最难的并不是计算部分，只要练习的次数足够多，任何人都能够记住赔率，或者学会如何预测赢得底池奖金的概率，真正的难点在于如何根据概率做出正确的选择。

例如，你正在玩得州扑克，你的底牌是一张红桃Q和一张红桃9，发牌员在桌上放了4张公共牌：

公共牌

安妮的牌

最后一张公共牌即将发出，如果这张牌也是红桃，你就可以拿到一手同花牌，或者说5张红桃牌，运气还算不错。通过快速心算可以得知，既然一副牌有52张，4张红桃已经被发出，那么还剩下9张红桃和37张非红桃牌。换句话说，有9张牌可以与你手上的牌组成同花牌，另外37张牌则不能。那么，你得到同花牌的概率是9∶37或者约为20%。①

---

① 扑克游戏是一种概率中有概率的游戏，这个例子诠释了概率思维和底池赔率的概念。

换句话说，凑不成一手同花牌并失去筹码的概率是80%。根据这个概率，新玩家通常会选择退出，因为他们着眼于确定的信息：得到一手同花牌的概率较小。为了不把筹码押在可能性很小的结果上，他们选择放弃。

但是，职业扑克玩家却不这么看。"一个好的扑克玩家并不在意确定性，"安妮的哥哥对她说，"他们更关心自己知道什么和不知道什么。"

假如一位职业扑克玩家手里有一张红桃Q和一张红桃9，希望得到一手同花牌。她看到对手押注10美元，底池筹码总额为100美元，再次计算自己赢钱的概率。为了继续玩下去，并看看最后一张公共牌是不是红桃，这位玩家只需要跟着对手押下10美元的赌注。如果这位玩家赌上10美元，并凑成了一手同花牌，她就会赢得100美元。这位玩家的赔率是10：1，如果她赢了，那么她押下的每一美元都能获得9美元的净收益。

现在，这位玩家可以通过想象玩这局牌100次，来权衡这些概率。她不知道这局能不能赢，但她知道如果玩100次这局牌，她平均能赢20次，每次得到100美元，那么20次一共能赢2 000美元。

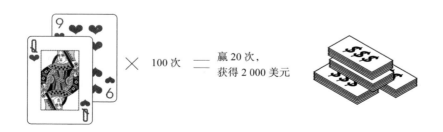

而且，这位玩家知道，玩100次最多只会让她损失1 000美元（因为每次只押注10美元）。所以，就算输80次、赢20次，她仍然能赚1 000美元（得到的2 000美元减去1 000美元的成本）。

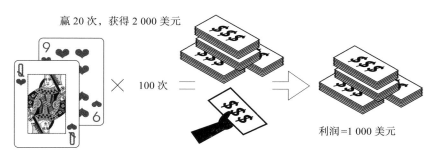

赢 20 次，获得 2 000 美元

× 100 次 ＝

利润=1 000 美元

玩 100 次的成本共计 1 000 美元

明白了吗？即使不明白也没关系，因为概率思维能让职业玩家懂得接下来该怎么做。她知道有很多东西都无法预测，但如果玩同一牌局 100 次，她就有可能赢得 1 000 美元，所以这位玩家没有选择退出。如果多玩几局就能获得回报，那么即使这一局的结果不确定也没关系，重要的是从长远来看可以获得收益。

"大多数玩家都拼命地在牌桌上寻找确定性，这误导了他们的选择。"安妮的哥哥告诉她，"成为高级玩家就必须学会坦然面对不确定性。如果能够接受不确定性的存在，你就能让概率为你所用。"

●　●　●

安妮的哥哥霍华德也参加了这次世界扑克系列赛，"化石人"退出牌局时，霍华德就在安妮的身边。在过去的 20 年里，霍华德已经成长为世界上最优秀的扑克玩家之一。他拥有两条世界扑克系列赛的金手链，还获得了几百万美元的奖金。在世界扑克系列赛开始时，安妮和霍华德很幸运，不需要直接参与大赌注的竞赛，而现在 7 个小时已经过去了。

先是"化石人"因为运气不佳出局，接着是另一位拿过 9 次冠军的 71 岁玩家道尔·布朗森，因为冒险尝试让自己的筹码翻倍而出局。

24 岁就获得世界扑克系列赛冠军的菲尔·艾维，由于安妮手中的 A 和 Q 大过他手中的 A 和 8，也出局了。现在，牌桌上只剩下最后 3 个玩家：安妮、霍华德和菲尔·赫尔穆特。安妮和她的哥哥不可避免地要"自相残杀"，3 个人在牌桌上较量了 90 分钟后，安妮拿到了一对 6。

她开始计算她知道的和不知道的东西，她知道自己手上的牌很好，从概率的角度出发，如果玩 100 次，她将会得到不错的结果。"有时在教别人玩扑克游戏时我会告诉他们，在有些情况下，你甚至连牌都不用看就可以下注了。"安妮对我说，"因为如果底池赔率对你有利，你就可以下注，这一点你要记住。"

她的哥哥霍华德似乎也拿到了好牌，因为他把自己的 31 万美元的筹码都放在牌桌上。菲尔·赫尔穆特选择退出，只剩下安妮兄妹。

"我选择摊牌。"安妮说。

他们把自己的牌摊开：安妮有一对 6，霍华德有一对 7。

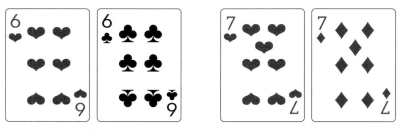

安妮的牌　　　　　　　　　　　　霍华德的牌

"好牌，老哥。"安妮说。霍华德有 82% 的可能性赢得这一局，得到 50 多万美元的筹码，成为这一局的领先玩家。从概率的角度看，他们的方法都是正确的。"安妮做出了正确的选择，"霍华德后来说，"她判断的依据是概率。"

发牌员翻开前 3 张公共牌。

"天哪!"安妮捂着脸说,"我的天哪!"

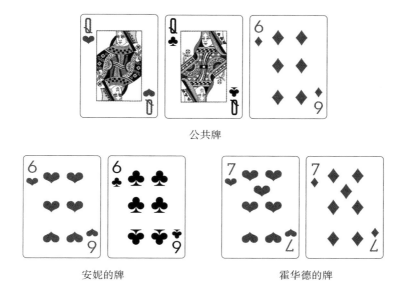

公共牌

安妮的牌　　　　　　　　　　　　　霍华德的牌

公共牌中的方块 6 和两张 Q 可以为安妮凑成一手"满堂红"。如果安妮和霍华德反复玩这一局 100 次,那么霍华德有可能赢 82 次。可是,这次不一样了,发牌员把最后两张公共牌放在桌子上。

公共牌

安妮的牌　　　　　　　　　　　　　霍华德的牌

霍华德出局了。

安妮从椅子上跳了起来，抱住她的哥哥。"对不起，霍华德。"她小声说道，然后就跑出了演播厅，还没到大门口就哭了起来。

"没关系。"霍华德在大厅里找到她并对她说，"现在，你去打败菲尔吧！"

"你必须建立这种思维方式，"霍华德后来对我说，"我还把这种方法教给了我的儿子。当时，他正在申请大学，内心惴惴不安。我们选择了 12 所学校（4 所保底、4 所成败各占一半，还有 4 所需放手一搏），并计算他被这些学校录取的概率。"

根据网上公布的这些学校的统计数据，霍华德和他的儿子计算出每所学校录取他的概率，然后对所有概率进行加权平均。这是最基本的数学问题，哪怕是英语专业的人也能在谷歌搜索引擎的帮助下完成计算。霍华德父子通过计算得知，儿子至少能够被其中一所学校录取的概率为 99.5%，被好学校录取的概率超过 50%，不过，进入他最心仪学校的概率不甚乐观。"预测结果虽然令人失望，但他不再那么焦虑了。"霍华德说，"因为他明白，即使不一定被他最向往的学校录取，他也肯定会收到至少一所大学的录取通知书。"

"概率是最接近算命的东西。"霍华德说，"你必须有足够强大的内心，才能坦然面对概率'告诉'你的所有可能的结果。"

贝叶斯法则

20 世纪 90 年代末，麻省理工学院的认知科学教授约书亚·特南鲍姆开始进行一项关于人们在日常生活中如何做预测的大规模研究。我们几乎每天都会遇到很多只需稍想一下就能回答的问题，例如预估会议要开多久、两条路线中哪一条更顺畅、全家出游是去海边还是去迪士尼乐园。这些都在预测各种结果出现的可能性。我们也许并没有意识到这就是概率思维，特南鲍姆想了解我们的大脑在这个过程中是怎样运行的。

特南鲍姆的专业是计算机认知，主要研究计算机与人类在信息处理方面的相似性。计算机是具有确定性的机器，只要往计算机里输入可以比较海边和迪士尼乐园的好玩程度的具体公式，你就能预测出你的家人是喜欢海边还是迪士尼乐园，而人类即使从未去过海边或者迪士尼，也能够做出类似的决定。因为根据过去的经验，一家人出去野营时，孩子们总是会抱怨，他们更喜欢看动画片，我们的大脑由此推断出，也许米奇和高飞更能满足每个家庭成员的需求。

"我们的思维是如何从简单变复杂的呢？"特南鲍姆在2011年的《科学》杂志上写道，"每位父母都知道（并且经过科学家的证实）一般2岁的孩子通过大人举几个例子，就能学会使用像'horse'（马）或者'hairbrush'（毛刷）这样的新单词。"对于一个2岁的孩子来说，这两种事物有很多共同点：单词发音接近；从识字卡片上看两者都有长长的身体，还有很多直线（一种是腿，另一种是鬃毛）；颜色也相似。不过，即使只见过一次马的图片、用过一次毛刷，一个孩子也能很快明白两个单词之间的区别。

对计算机而言，需要有明确的指令告诉它什么时候该用"马"，什么时候该用"毛刷"。比如，4条腿有可能是马，100根鬃毛则可能是毛刷。但是，儿童在学会说一整句话之前就有这种判断能力。"依靠感官输入的信息做出判断，这是一项了不起的技能。"特南鲍姆写道，"儿童是如何做到只通过一个或几个例子来掌握这些子集之间的界限的？"

换句话说，在不知道所有可能结果的概率的情况下，为什么我们如此善于预测某类事情并做出决定？

为了回答这一问题，特南鲍姆和他的同事托马斯·格里菲思设计了一项实验。他们在网上搜索不同种类的可预测事件的数据，比如一部电影可以获得多少票房、一个人能活多久、一个蛋糕需要烤多长时间。他们之所以对这些事情感兴趣，是因为如果把每件事的多种可能性绘制成图表，一个明显的模式就会出现。比如，电影票房往往呈现出一个基本规律：每年都会有几部电影赚得盆满钵满，而大多数电影则票房成绩平平。

在数学领域，这被称为"幂律分布"。我们可以把某一年上映的所有电影的票房收入绘制成一张图：

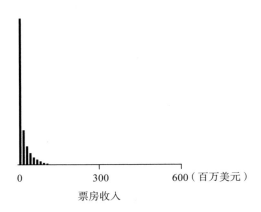

把其他事件绘制成图表也会产生不同的模式。以人类的寿命为例，一个人的死亡概率在出生那年达到小高峰（因为一些新生儿会在出生不久后夭折），但是一个婴儿如果在出生后头几年能够存活下来，就有可能安然度过之后的几十年。接着，从 40 岁开始，人的死亡概率开始增加，50 岁以后逐年升高，在 82 岁时达到顶峰。

人类的寿命符合正态或者高斯分布曲线，如下图所示：

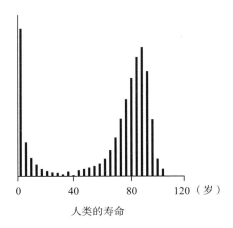

人类的寿命

大多数人都理解他们需要用不同的方法来预测不同的事件，比如电影的票房收入和人的寿命，尽管我们并不了解娱乐业的发展趋势或者医学数据。令特南鲍姆和格里菲思好奇的是，人们如何能够无师自通地知道如何做这些预测。于是，他们搜集具有明显分布模式的事件，从票房收入、人类寿命到诗歌的长度，再到国会议员的事业发展（依据埃尔朗分布），以及蛋糕的烤制时间。

接着，他们让几百名学生根据给出的数据进行预测，数据如下：

一部电影目前的票房收入是 6 000 万美元，它最终的票房收入是多少？

一个人今年 39 岁，他/她最终的寿命有多长？

一个蛋糕已经在烤箱里烤制了 14 分钟，还需要烤多久？

一个人已任美国国会议员 15 年，他的任期还有多长？

除此之外，学生没有获得其他任何信息，也不知道幂律分布或者埃尔朗分布。在没有任何关于概率计算方法提示的情况下，要求他们仅根据上述数据进行预测。

尽管已知信息有限，但是这些学生的预测准得令人吃惊，他们知道，票房收入已有 6 000 万美元的电影属于大片儿，所以它很有可能再赚取 3 000 万美元的票房收入。一个人如果能活到 30 多岁，就很有可能再活 50 年。一个人如果已任国会议员 15 年，就很有可能再任职 7 年，因为在职是他的一种优势，不过能力再强的议员也可能受到政治形势的影响而下台。

如果问这些学生，他们是按照什么思维逻辑做出预测的，估计没几个人能说出来，他们只是给出自认为正确的答案。平均而言，他们的预测结果的准确率不到 10%。事实上，特南鲍姆和格里菲思把学生对每个问题的所有预测结果绘制成图表后，发现分布曲线几乎完全符合他们依据网上数据得到的真正模式。

同样重要的是，每位学生显然明白，不同的预测需要使用不同的推理方法。而且，虽然不知道为什么，但他们知道有关人类寿命的预测符合正态分布曲线，有关票房收入的预测则符合幂律分布。

一些研究者把这种凭直觉做预测的能力称为"贝叶斯认知"或者"贝叶斯心理学"，因为如果让计算机做这样的预测，它必须利用贝叶斯法则的一种变化形式——一个数学公式，一般还需要同时运行几千个模型，并对比几百万个结果。① 贝叶斯法则的核心理念

---

① 贝叶斯法则源自 1763 年出版的数学家贝叶斯生前的手稿，在计算上非常复杂，几个世纪以来，统计学家缺少运行这种算法所需的工具，所以他们完全忽略了这一成果。直到 20 世纪 50 年代，计算机的功能变得更加强大，科学家发现他们能够用贝叶斯法则来预测他们过去认为无法预测的事件，比如战争爆发的可能性，或者一种药物普遍有效的概率——即使只有少数人参与这种药物的临床试验。不过即使在今天，在某些情况下，计算机也需要花几个小时来绘制贝叶斯概率曲线。

是：即使只有少量数据，我们也能够通过提出假设并根据对事物的观察来修正这些假设，从而达到预测未来的目的。假设你的哥哥说他约了一位朋友共进晚餐，你可能会预测他要见的朋友有 60% 的可能性是一位男性，因为他的大多数朋友都是男性。现在，假设你的哥哥说和他一起吃晚餐的是他的同事，你也许会改变你的预测，因为你知道他的大多数同事都是女性。根据一两个数据，加上你自己的假设，用贝叶斯法则你就可以准确地计算出和你哥哥一起吃晚饭的人是男性或女性的概率。如果有更多的信息出现，比如他朋友的名字叫帕特，他／她喜欢看冒险类电影和时尚杂志，贝叶斯法则就能进一步增加这个概率的准确度。

人类不需要费太多心思就能做出类似的计算，而且预测结果往往准确得令人吃惊。我们大多数人从未学过有关人类寿命的精算表，但根据经验我们知道，蹒跚学步的孩子死亡是相对少见的事，而 90 岁的老人去世是很自然的事。我们大多数人都不会注意票房数据，但我们知道每年都会有几部街谈巷议的电影，还有一大批上映一两周就会被撤下的电影。所以，我们能够根据自己的经验做出有关人类寿命和票房收入的假设。而且，参加葬礼或者看电影的数量越多，我们的直觉就越敏锐。人类是神奇的贝叶斯预言者，尽管我们并没有意识到这一点。

不过，有时候我们也会出错。例如，特南鲍姆和格里菲思请学生们预测一位已经在位 11 年的法老还能继续统治埃及多少年，大多数学生都认为法老类似于其他国家的统治者，比如，欧洲国家的国王。很多人通过历史书籍和电视得知，许多统治者都有早逝的命运；但一般来说，如果一位国王或者女王顺利地度过中年，他们通常会一直在位，直到去世。按照这个逻辑，特南鲍姆的学生认为法老也是这样。因此，学生们推测埃及法老还能统治这个国家 23 年。

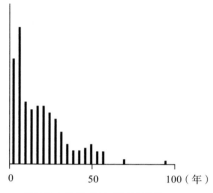

关于法老统治埃及时间的预测

如果是英国国王，这个预测就是准确的；但对于埃及法老而言，这个预测是错误的。因为 4 000 年前人们的平均寿命比较短。大多数法老如果活过了 35 岁，就被视为长寿。因此，正确的答案是：一位统治埃及已有 11 年的法老有可能再统治这个国家 12 年，最后死于疾病或者当时常见的其他原因。

学生们的推理方法是正确的，他们直觉上认为法老的统治年限符合埃尔朗分布。但他们的假设（贝叶斯称为"先验概率"或者"基础率"）是错误的。而且，因为他们对古埃及人寿命的预测是错误的，所以接下来的预测也受到了影响。

"我们能够根据很少的信息预测，再根据自己的经验调整预测结果，这真是了不起。"特南鲍姆对我说，"但前提是，我们一开始的假设是正确的。"

那么，我们怎样才能做出正确的假设？答案就是要有全方位的经验。我们的假设是以自己的生活经验为基础的，但构成我们经验的样本往往存在偏差，因为我们更容易记住成功而非失败的经验。

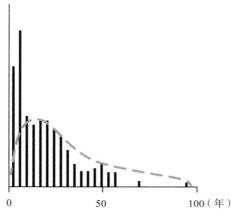

法老统治埃及的真正时间

例如，我们大多数人通过阅读报纸和杂志了解商界，一般会选择去客流量大的餐馆就餐，倾向于看热门电影。问题在于，这种经验让我们更多地看到成功的案例。报纸和杂志会用更多版面报道市值 10 亿美元的初创公司，而非几百家破产企业。在去往常常人满为患的那家比萨店的路上，我们几乎注意不到那些门可罗雀的餐馆。换句话说，我们习惯于关注成功，所以我们频繁地预测成功的概率，因为我们做预测时所依赖的经验和假设源于我们看到的成功，而不是那些我们视而不见的失败。

相反，很多成功人士花大量时间寻找有关失败案例的信息。他们在阅读报刊的商业版面时，会关注那些破产的企业。他们在和没有获得晋升的同事一起吃午餐时，会询问后者问题出在什么地方。他们在年终审查时，要求听到的不只是表扬的声音。他们会仔细检查信用卡对账单，想弄清楚存款为什么没有预期的那么多。他们下班回家后会总结当天出现的失误，而不是忽略那些不起眼的小问题。他们会问自己，为什么某次通话不像他们预想的那样顺利，或者自己在会议上的发言能不能再简洁一些。我们有着天生的乐观主义倾向，总喜欢忽略自己的错误，也不关注别人的小失误。但是，做出准确的预测需要依赖以生活经验为基础的假设。如果只关注好消息，我们就相当于在给自己设置障碍。

"最优秀的企业家能够很清醒地意识到只和成功人士交谈的危险，"曾参与GJP和从事创业心理学研究的加州大学伯克利分校教授唐穆尔说，"他们热衷于花时间和那些失败的人相处，而我们大多数人都会对失败者退避三舍。"

这是学习如何更好地做决定的最重要的秘诀之一：正确的选择取决于我们对未来的预测。准确的预测要求我们接触尽可能多的成功和失败案例，我们只有分别坐在拥挤和冷清的剧院里，才能知道电影票房会怎样；我们只有花时间与儿童和老人相处，才能准确地预测出人的寿命；我们只有与表现优异和碌碌无为的同事交谈，才能培养敏锐的商业直觉。

我们很难做到，因为成功的案例更容易吸引我们的眼球。人们习惯于不向刚刚被解雇的朋友问会让他们尴尬的问题，也不愿意问同事离婚的原因。但是，要想获得基础率，我们必须了解正反两个方面的信息。

所以，如果有朋友与升职的机会失之交臂，你要问他原因；如果一单生意失败了，你要打电话询问对方你哪里做得不好；如果觉得今天过得很糟糕，或者对你的爱人恶语相向，你不要只是简单地告诉自己一切都会好起来，而要逼着自己弄清楚到底出了什么问题。

接下来，你可以用这些信息预测未来，当然，你永远都不可能百分之百预知事情的结果。但是，关于未来的可能性，你想象得越多，就会越清楚哪些假设是正确的，哪些是不正确的，下一次就越有可能做出正确的决定。

· · ·

安妮在读研究生时就对贝叶斯法则深有了解，她把这种方法用在了玩扑克上。"如果对手是我以前没见过的人，我做的第一件事就是思考基础率。"她对我说，"对于不知道贝叶斯法则的人来说，我玩扑克的方式好像带有偏见。如果坐在一位 40 岁左右的商人对面，我会假设他在意的是让他的朋友们知道他与之较量的是一个职业玩家，而且他不太在乎输赢，因此他会选择冒险；如果坐在一位 22 岁身穿扑克图案 T 恤的玩家对面，我会假设他是从网上学习的扑克技艺，而且学习时间不长，赌资也比较紧张。

"然而，贝叶斯思维与偏见不同，因为我总是随时完善自己的假设。所以，当比赛开始后，如果我看到那个 40 岁的玩家试图用大赌注吓退对手，那也许说明他是一个职业玩家，希望每个对手不要高估他；或者，如果那位 20 岁的玩家也采用这种玩牌方式，那可能表明他是有钱人家的孩子，根本不了解这样做的后果。我会花很多时间去更新我的假设，因为如果假设是错的，我的基础率也是错的。"

安妮的哥哥出局后，世界扑克系列赛的赛场上仅剩下两个人：安妮和菲尔·赫尔穆特。赫尔穆特是扑克界的传奇人物，也是被称为"扑克顽童"的电视名人。"我就是扑克界的莫扎特。"他对我说，"我可能比任何扑克玩家都更善于读懂对手的内心。就像白魔法，这是我的直觉。"

安妮坐在牌桌的一端，赫尔穆特坐在牌桌的另一端。"我很清楚菲尔在那一刻是怎样看待我的。"安妮后来说，"他对我说过，我是一个没什么创造力的人，我主要是靠运气而不是智慧，他认为我在紧要关头不敢虚张声势。"

这是安妮的一个策略，因为她想让菲尔认为她在虚张声势。吸引他押下大赌注的唯一方法就是让他相信她确实是在虚张声势，而实际上她并没有。要想赢得这次比赛，安妮需要诱使菲尔改变对她的假设。

然而，菲尔也有自己的计划，他认为自己的实力更强，也能够读懂安妮的内心。"我的学习能力非常强。"他对我说，"一旦了解了对方的想法，我就能够掌控牌桌。"这可不是夸夸其谈，菲尔已经获得了 14 次世界扑克系列赛冠军。

安妮和菲尔的筹码几乎相同，在接下来的一个小时里，他们玩了一局又一局，势均力敌。菲尔一直巧妙地想让安妮上当，消磨她的耐性。

"我更愿意和你的哥哥玩扑克。"他说。

"没关系啊，"安妮对他说，"能进入决赛，我就很开心了。"

安妮 4 次用大赌注吓唬菲尔。"我想触碰他的底线，逼他说，'见鬼去吧，她一局接一局地诈我，我要反击了'。"安妮说。但是，菲尔似乎不为所动，一点儿过激的反应都没有。

终于，安妮等到了她期待的牌局，发牌员发给她一张 K 和一张 9，发给菲尔一张 K 和一张 7。在牌桌中间，发牌员开出公共牌 K、6、9 和 J。

菲尔知道自己有一对 K，但不知道安妮有两个对——一对 K 和一对 9，安妮也不知道菲尔手里是什么牌。

轮到安妮下注了，她往底池里放了 12 万美元的筹码。菲尔认为他手中那对 K 可能是牌桌上最大的牌，于是同意跟注。接着，安妮又押上了所有赌注，底池筹码到了 97 万美元。

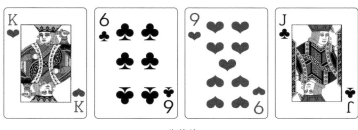

公共牌

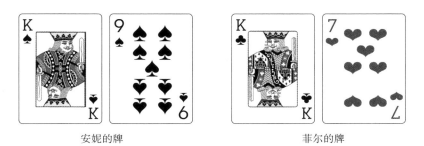

安妮的牌   菲尔的牌

轮到菲尔下注了。

他开始自言自语。"不可思议，"他大声说，"太不可思议了，她知不知道我的牌有多好！我不知道她明不明白这一局有多重要。"

他突然站起来。

"我不知道，"他围着桌子边踱步边说，"我不知道，我对这一局的感觉不太妙。"他把自己的牌面朝下放在桌子上，选择退出牌局。

菲尔把他的一对K面朝上翻过来，让安妮知道他有一对K。安妮开始摊牌了，她随意地把一张牌翻了过来，让菲尔知道她有一对9，但没有向他展示她也有一对K。

"我想让他改变对我的假设，"安妮后来说，"让他认为我用一对9来吓唬他。"

"哇！你真的打算用一对9来赢我？"菲尔对安妮说，"你也太小瞧我啦，也许我不应该这么快就选择退出。"

他俩接着准备下一局的比赛，安妮有 146 万美元的筹码，菲尔有 54 万美元。发牌员发给安妮一张 K 和一张 10，发给菲尔一张 10 和一张 8，最先发出的公共牌是 2、10 和 7。

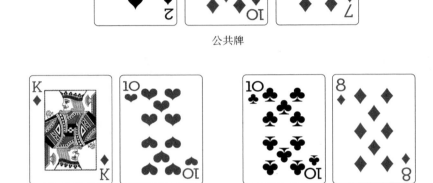

公共牌

安妮的牌   菲尔的牌

菲尔有一对 10，还有一张 8，他的牌不错。安妮的牌比菲尔好一些，她有一对 10 和一张 K。

菲尔押注 4.5 万美元，安妮加注到 20 万美元，这一举动带有攻击性，菲尔开始相信安妮打算破釜沉舟，他认为安妮出牌的模式超出他的想象。安妮再三虚张声势，诱使菲尔改变了对她的基础率的假设。

菲尔看着桌上的筹码，他想也许他的那个关于安妮在紧要关头不敢虚张声势的假设是错误的，也许安妮正在使诈，也许她过于看好自己的牌。

"我押下我的全部赌注。"菲尔一边说，一边把筹码推到桌子中间。

"摊牌。"安妮说。

两位玩家把自己的牌翻了过来。

"天哪。"菲尔说,他看到他们两个都有一对 10,安妮还有一张
比他的 8 大的 K。

发牌员接下来在桌子上放了一张公共牌 7,两位玩家谁都没能
占到便宜。

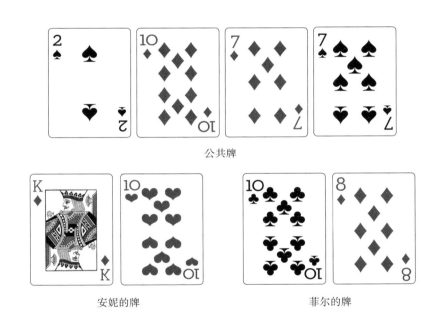

公共牌

安妮的牌   菲尔的牌

安妮站在那里,手托着脸颊。菲尔也站着,喘着粗气。"请给
我一张 8 吧。"他说,那是唯一一张能够确保他不出局的牌了。然
而,发牌员翻开最后一张公共牌:3。

安妮赢得 200 万美元,菲尔出局,比赛结束,安妮成为冠军。

后来,安妮说那次世界扑克系列赛改变了她的人生,她从此成
为世界上最著名的女性扑克玩家。2010 年,她又赢得了美国国家单
挑扑克冠军赛。目前,她保持着世界扑克系列赛奖金的纪录,她赢

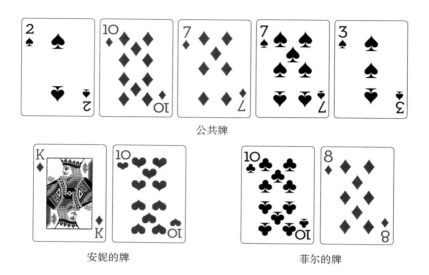

公共牌

安妮的牌   菲尔的牌

得的奖金总计 400 多万美元。她不再担心按揭贷款，不再无端地感到焦虑。2009 年，她参加了一季《飞黄腾达》节目。在拍摄前，她有点儿紧张，但并不严重。现在的她已经不再焦虑到崩溃，也不怎么参加世界扑克系列赛，而是把大部分时间放在讲座上。她给商业人士讲解如何培养概率思维，如何接受不确定性，如何用贝叶斯法则做出更好的决定。

"很多时候，扑克比赛可以归结为运气。"安妮对我说，"就像人生，你永远不知道自己的下一个目标是什么。在我大二那年因心理问题而住院时，我根本想不到自己以后能成为职业扑克玩家。但是，你必须接受人生的不确定性，我用这种方法赶走了焦虑。我们能做的就是学会如何做出最好的决定，并相信假以时日好运必然会降临。"

● ● ●

怎样才能做出更好的决定？一方面培养自己的概率思维，为了达到这个目的，我们必须迫使自己想象不同的未来，在大脑中浮现出相互矛盾的画面，并大量接触成功和失败的案例，培养一种知道哪些预测更有可能实现的直觉。

为了培养这种直觉，我们可以研究数据、玩扑克类游戏、认真思考生活中潜在的失败和成功，或者帮助我们的孩子写下令他们焦虑的事，并耐心地通过计算概率来缓解他们的焦虑。构建贝叶斯思维的方法有很多种，比较简单的做法是，回顾我们过去的选择，并问自己：为什么当时如此确定就是这个结果？为什么我错了？

不管方法是什么，目标都是相同的：把未来看作多种可能性而不是注定的结果；明确你知道的和不知道的事；问自己哪个选择能够带来最好的结果。算命是不真实的，没有人能够百分之百预测未来。但人们的问题在于，他们总想着避免做任何预测，极其强烈地渴望确定性，对未知的事物充满恐惧。

如果安妮没有离开学术界，那么这种方法还有意义吗？"绝对有，"她说，"如果你正在考虑做什么样的工作，能否支付度假的费用，或者需要存多少钱才能过好退休生活，这些都属于预测。"那些基本规则适用于各种预测。最擅长做选择的人，往往能够努力想象不同的未来，并把它们写下来，仔细思考，然后问自己：哪些是我认为最有可能发生的事？为什么？

任何人都能够学会如何做出更好的决定，在日常生活中对一些事做出预测。没有人能做到每次预测都是正确的，但是通过练习，我们能够学会如何提高预测的准确性。

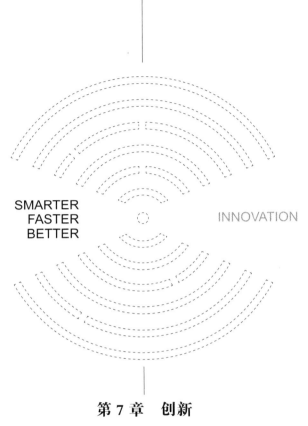

SMARTER
FASTER
BETTER

INNOVATION

第 7 章　创新

创意经纪人如何拯救了迪士尼的《冰雪奇缘》？

创新的核心

放映室的大门终于开了，由导演、动画制作者、编剧和作家等迪士尼工作人员组成的"观众"已经排队等候了一个小时。他们马上就要看到这部他们整天挂在嘴边的动画电影的初版，内心充满期待。

他们落座后，灯光渐渐暗了下来，电影中的两姐妹出现在银幕上，背景是一片冰雪。故事中，妹妹安娜很快就表现出专横和易怒的性格，她满心憧憬着与英俊的汉斯王子即将到来的婚礼，还有她的女王加冕仪式。姐姐艾莎善妒、邪恶，而且受到了诅咒。她碰到什么，什么就会变成冰，她因此失去了继承王位的机会。她逃离皇宫，躲进建在高山上的一座水晶宫殿里。她的积怨越来越深，一心想要复仇。

随着安娜婚礼的临近，艾莎和尖酸刻薄的雪人雪宝密谋抢夺王位。他们试图绑架安娜，但那位长着方下巴、风度翩翩的汉斯王子阻止了他们的计划。盛怒之下，满心仇恨的艾莎下令让一支由雪怪组成的军队进攻小镇，并摧毁它。人们击退了这些入侵者，但当烟雾散去时，却发现安娜公主心脏的一部分被她邪恶的姐姐冻成了冰，汉斯王子也失踪了。

电影的后半部分以安娜寻找汉斯王子为主线，迫切期待王子的吻能够治愈她受损的心脏。这时，艾莎准备再次发起进攻，邪恶的雪怪遍布整个村庄。然而，这些怪物很快就脱离了她的控制，每个人都受到雪怪的威胁，包括艾莎。最后，安娜和艾莎意识到，逃生的唯一方法就是并肩战斗。两姐妹合力打败了雪怪，并明白了合作好于敌对。她们重归于好，安妮被冰冻的心脏也复原了。这片土地恢复了祥和宁静，每个人都过上了幸福的生活。

电影的名字叫作《冰雪奇缘》，计划在 18 个月内发行。

正常情况下，每次迪士尼的新片试映结束后，人们都会听到掌声、欢呼声和呐喊声。放映室里一般还会放好几盒纸巾，因为人们在观影时流下的泪水是迪士尼衡量电影成败的一个标准。

然而这一次，既没有眼泪，也没有欢笑，纸巾一张未动。人们井然有序地离场，异常安静。

电影放映结束后，导演克里斯·巴克还有迪士尼的 10 多位制片人聚集在工作室的餐厅里，一起讨论这部影片。这是一次工作室的"故事信托"团队（一个在电影制作过程中负责提供反馈意见的团队，类似于创意委员会）的会议。公司准备了瑞典肉丸供该团队成员在会议开始前自行取用，但是巴克没有吃。"我完全没有胃口。"他对我说。

这次会议从迪士尼的首席创意官约翰·拉塞特的发言开始。"电影中还是有一些精彩之处的。"他说，然后提到一些他很喜欢的元素：战争场面非常激烈，两姐妹之间的对话很诙谐，雪怪的形象很可怕，电影的节奏恰到好处。"这是一部令人兴奋的电影，而且动画制作得很精美。"他说。

接着，他开始指出电影的不足，列举了很多问题。

"你们挖掘得不够深入。"他在列举了一系列问题之后说，"观众无法产生共鸣，是因为没有一个足够讨喜的角色，安娜过于暴躁，艾莎又过于邪恶。直到电影结束，我都没有发现自己喜欢电影中的哪个角色。"

拉塞特讲完后，其他人陆续发言，指出电影存在的另一些问题：剧情有逻辑漏洞，例如为什么安娜在发现汉斯并不是她理想的结婚对象后，仍然跟他在一起？剧中的人物角色太多，让人眼花缭乱。没有悬念，很容易猜出情节的发展。有些剧情不符合常理，比如艾莎想绑架她的妹妹，再进攻整个小镇，而在此之前没有任何铺垫。安娜的性格过于暴躁，看起来完全不像一个住在城堡里、即将嫁给王子和成为女王的人。故事信托团队中的一位叫珍妮弗·李的作家表示，她尤其不喜欢艾莎那个尖酸刻薄的同伙。"我恨透了雪宝，"她在自己的笔记本上潦草地写道，"杀死雪宝。"

事实上，巴克并没有对所有的批评声感到惊讶。在过去的几个月里，他的团队也意识到这部电影不是很好。编剧反复修改剧本，先是写成安娜和艾莎不是姐妹，而是互不相识的陌生人；后来改成受到诅咒的姐姐艾莎是王位的继承者，而安娜只能作为备选，后者为此伤心不已。电影的词曲作者（一对夫妇、百老汇名剧《Q大道》和《摩门经》的创作者）不断地创作新曲，又不断推翻，循环反复，筋疲力尽，他们不知道如何在轻松的旋律中加入嫉妒和报复的元素。

还有编剧提出了其他版本，比如两姐妹是平民而不是公主，两姐妹因为对驯鹿的喜爱最终和解。在一个剧本中，她们不是一起长大的姐妹；而在另一个剧本中，安娜在婚礼上被抛弃。巴克在影片中引入角色介绍，以揭示艾莎邪恶性格的根源，他也尝试创造另一个恋人形象。然而，这些都无济于事。每次他解决了一个老问题，比如把安娜塑造得更可爱，或者把艾莎塑造得不那么邪恶，就会出现几十个新问题。

"每部电影在创作之初都很糟糕。"《冰雪奇缘》的词曲作者之一博比·洛佩斯说,"但就像玩拼图,每加入一块新拼图就会打乱其他拼图的排列。而且,我们知道时间所剩无几。"

大多数动画作品都需要 4~5 年才能臻于成熟,而《冰雪奇缘》是以加速度被完成的。这部电影不到一年时间就进入全面制作阶段,但是,因为迪士尼的另一部电影不久前遭遇了滑铁卢,公司高管把《冰雪奇缘》的发行日期定在 2013 年 11 月,推后了一年半。"我们必须尽快找到答案,"制片人彼得·戴尔·维克说,"但不能把它做成老掉牙的故事或者用几个故事拼凑而成,电影要让人们产生情感共鸣,时间非常紧,压力也很大。"

当然,这个关于如何在最后期限前激发创造力或者如何让创作过程更高效的难题,不仅仅困扰着电影业。每天,学生、企业高管、艺术家、决策者以及其他行业的从业者,都会面对尽快给出创造性解决方案的问题。随着经济的发展,创造性思维比过去任何时候都重要,对高效原创作品的需要也更加迫切。

事实上,对很多人来说,想办法提高创新效率是最重要的任务之一。"我们都愿意为提高创作过程的效率而努力,"迪士尼动画工作室总裁、皮克斯动画工作室联合创始人艾德·卡特姆说,"我们认为这是可以掌控的。如果创作过程是正确的,我们就能提高创新效率。但是,如果这一过程有问题,好的创意就会被扼杀。"

故事信托团队对这部电影的讨论接近尾声。"我的感觉是,电影中有几个不同的想法在相互碰撞。"拉塞特对巴克说,"我们有艾莎的故事,有安娜的故事,有汉斯的故事,还有雪宝的故事。每个故事中都包含好的元素,这里有很多不错的素材。但你需要把它们整合成一个故事，让观众产生共鸣。换句话说，你要确定故事的核心。"

拉塞特从椅子上站了起来。"你们可以不惜时间成本寻找答案，"他说，"不过，还是越快越好。"

把熟悉的元素变得不同

1949 年，舞蹈设计大师杰罗姆·罗宾斯联系他的朋友伦纳德·伯恩斯坦和亚瑟·劳伦茨，向他们透露了一个大胆的想法。杰罗姆·罗宾斯提出建议，他们可以共同创作一部新型音乐剧，以当代纽约为背景，套用《罗密欧与朱丽叶》的故事情节，融合古典芭蕾舞剧、实验戏剧，甚至当代爵士和现代派戏剧的元素。罗宾斯说，他们的目标是在百老汇上演先锋派作品。

罗宾斯勇于突破戏剧创作的条条框框，在生活上亦如此。为了避免事业受到反犹太主义浪潮的影响，他把名字从杰罗姆·拉比诺维茨改成杰罗姆·罗宾斯。他是一个专横霸道的完美主义者，舞蹈演员都不怎么喜欢他，他们在台下有时不搭理他，但很少有人拒绝他的演出邀请。罗宾斯是人们公认的（事实上，也是受人尊敬的）那个时代最具创造力的艺术家之一。

罗宾斯的这个想法确实很大胆，因为当时的大型百老汇音乐剧大都遵循固有的模式，故事情节围绕着男女主角展开，用对白而不是演唱的方式表演，搭配合唱和舞蹈，每场都穿插着优美的组曲和二重唱。然而，百老汇音乐剧中的情节、音乐、舞蹈等元素并不像在芭蕾舞剧或者歌剧中那样交织在一起，芭蕾舞剧是用舞蹈讲故事，歌剧是演员用演唱的形式讲故事，而且音乐和舞台上演员的表演同样重要。

这次，罗宾斯想要尝试不同的演出形式。"为什么不把每个人最独特的天分结合在一起，"罗宾斯后来说，"而非要伦纳德创作歌剧，亚瑟创作话剧，我创作芭蕾舞呢？"他们仨想要创作一些既现代又不会被时代淘汰的作品。伯恩斯坦和劳伦茨在报纸上看到一篇有关种族冲突的文章后，提议创作一部以一对儿情人（一个是波多黎各人，一个是白人）为主角的音乐剧，他们的家庭分属两大敌对帮派，他们把这部音乐剧定名为《西区故事》。

在接下来的几年里，他们仨一起交流有关剧本、配乐和编舞的想法，在连续几个月无法在一起工作的情况下，使用信件分享草稿。然而，5 年过去了，罗宾斯开始着急了。他在写给伯恩斯坦和劳伦茨的信件中写道："这部音乐剧意义非凡，它将开启一个新时代，所以我们要尽快完成剧本。"罗宾斯认为，为了加快进度，他们应该放弃每一处细节都力求创新的做法，而是根据过去的经验教训，借鉴其他戏剧取得成功的手段，并以新颖的形式把这些惯用的手段结合起来。

例如，他们绞尽脑汁地设计了男女主角托尼和玛丽亚初次见面的场景。罗宾斯认为他们可以借鉴莎士比亚的手法，让男女主角在舞会中相遇。不过，见面地点应更具现代气息，比如一个"少男少女在狂野的曼波舞曲中疯狂地跳着即兴吉特巴舞"的地方。

关于托尼杀死仇敌的情景，罗宾斯说，编舞应该模仿电影中的战斗场景。"战斗必须一触即发，"罗宾斯写道，"否则观众会感到索然无味。"在托尼和玛丽亚梦幻般相遇的桥段，他们需要一些与《罗密欧与朱丽叶》中经典婚礼场面相呼应的元素，还要加入歌剧夸张的舞台效果，以及百老汇观众喜爱的略带伤感的浪漫主义色彩。

然而，最大的挑战是弄清楚哪些戏剧表现手法蕴藏着巨大的力量，哪些已经过时了。比如，劳伦茨写了一个剧本，按照传统方法分为3幕。但是，"两次中场休息导致观众脱离了舞台的吸引力，这是一个非常严重的错误"，罗宾斯写道。电影的成功经验表明，如果情节一直向前发展，观众就能坚持看下去。罗宾斯在写给劳伦茨的信件中说道："我最喜欢你坚持走自己的路、根据自己的风格和想象力创作的角色，而你写得最失败的是那些给人感觉你在刻意模仿莎士比亚的内容。"同样，要不计代价地删掉那些毫无悬念的角色。"要完全摆脱安妮塔的特点，"罗宾斯写道，"她是忧伤蓝调的第二代表性人物，忘记安妮塔吧。"

1957年（这项工作开始后的第八年）他们终于完成了创作。他们把各种不同的戏剧元素融合在这部音乐剧中，用舞蹈、音乐和台词对白共同呈现一个发生在当代背景下关于种族歧视和不公正的故事。一切准备就绪，只差赞助商了，他们找的几乎每位制片人都拒绝了他们。一位投资人说，这个作品和观众所熟悉的那些实在太不一样了。最后，终于有一位投资人愿意赞助这部音乐剧在华盛顿哥伦比亚特区演出；这个地方远离百老汇，如果演砸了，消息可能不会被传到纽约。

● ● ●

事实证明，罗宾斯提出的推动创新进程的方法（把其他领域中惯用的、经过实践检验的手段用新颖的方式结合在一起）是非常有效的，各行各业的人都用这个方法取得过创造性成就。2011年，西北大学商学院的两位教授开始研究如何在科研领域实现这种形式的创新。"不管是在艺术、科学还是在商业领域，把现有素材结合起来都是创新的核心。"他们在 2013 年发表于《科学》期刊的文章中写道。而且，很多创新的想法往往源于过去的概念，"新想法的'积木'通常搭建在现有的知识基础上"。研究者想知道，为什么有些人擅长用新方法堆砌旧积木？

布赖恩·乌齐和本·琼斯这两位教授决定把关注点放在他们非常熟悉的领域——写作和发表学术论文上面。他们的数据库中有 1 790 万篇发表于 1.2 万种期刊上的科学论文，他们知道，没有客观标准可以衡量每篇论文的创造性，但他们能够通过分析尾注中提到的文献作者来评估论文的原创性。"把牛顿和爱因斯坦的思想结合起来的论文数不胜数，"乌齐对我说，"但是，如果一篇论文能够把爱因斯坦和中国东汉哲学家王充的思想结合在一起，那就有了新意，因为这样的比较研究很少见。"而且，通过重点关注数据库中被引用率高达几千次的论文，他们能够评估每篇论文的原创性。"为了使你的论文成为被引用率最高的前 5% 的文章，你必须提出非常新颖的观点。"乌齐说。

乌齐、琼斯与他们的同事萨蒂扬·慕克吉、迈克·斯特林格一起建立了一个演算法，来评估数据库里 1 790 万篇论文的原创性。他们分析每项研究中包含多少不同的观点，这些观点是否在以前的研究中出现过，这些论文是广受欢迎还是无人知晓，以此来衡量每篇论文的原创性，再比较那些最具原创性的论文是否具有某些相同的特质。

分析结果显示，原创性强的论文有些篇幅较短，有些篇幅很长；有些是个人独立完成的，但大多数是合作完成的；有些作者是刚刚进入学术领域的研究者，有些作者是资深教授。

换句话说，写出一篇具有原创性的论文可以有多种不同的方式。

但是，大多数具有原创性的论文至少具有以下共同点：把既有观点用新的方式结合起来。事实上，在最具创新性的论文中，平均90%的内容在其他论文中出现过或被几千名研究者引用过。然而，具有创新性的论文能够运用常见的概念和前人未曾尝试的方式解决问题。"我们对涉及各个科学领域的1790万篇论文的研究表明，科学研究遵循一个近乎一致的模式。"乌齐和琼斯写道，"最具影响力的科学研究，往往能够把前人的研究成果以一种独特的方式结合起来。"为一篇论文赋予创造性和重要性的正是不同观点的全新组合方式，而非观点本身。

如果回顾近50年来一些最重要的知识创新，你也能发现这一现象。改变了企业和政府运行方式的行为经济学兴起于20世纪70年代中期至80年代，当时经济学家开始把心理学领域的一般规律运用到经济学领域，并开始问诸如"为什么理性的人会买彩票"这样的问题。把熟悉的观点用新颖的形式结合起来，还有一些其他例子。社交网络公司的软件开发人员把公共卫生领域用来解释病毒如何传播的模型应用于社交平台，让好友之间可以分享信息；医生能够快速测定复杂的基因序列，因为他们把数学领域的贝叶斯法则引入了研究基因如何演变的实验室。

把旧观点用新颖的方式结合起来以激发创造力，这种做法并不新奇。历史学家提到过，托马斯·爱迪生的大多数发明都源于把某一科学领域的观点应用到另一个领域。爱迪生和他的同事们"把最初应用于电报行业的电磁功率运用到电灯、电话、留声机、铁路和采矿业等领域"，两位斯坦福大学教授在1997年写道。他们发现，实验室和企业往往鼓励人们用这样的结合方式推动创新。1997年，一项关于日用品设计公司IDEO的研究发现，该公司所取得的最大的成就主要来自"把现有的不同领域的知识结合在一起"。比如，IDEO公司的设计师把水壶和洗发水瓶子的防漏喷嘴相结合，设计出了最畅销的水杯。

把旧观点用新的方式结合起来，其影响力已经延伸到金融领域，比如把尘埃粒子的运动公式和赌博技巧相结合，设计出股票衍生品的价格。现代自行车头盔的出现，是因为一位设计师尝试把帽子设计成几乎可以抵抗任何撞击的船体的形状。这种结合方式还延伸到了亲子教育领域，最受欢迎的育儿书之一——本杰明·斯波克的《斯波克育儿经》于1946年首次出版，它把弗洛伊德的精神疗法和传统的儿童养育技巧结合起来。

"我们认为，很多极具创造力的人其实是知识的中介，"乌齐说，"他们懂得如何在不同的行业或群体间传递知识。他们发现，很多人在不同的场合遇到相同的问题，所以他们知道哪些想法更有可能发挥作用。"

在社会学中，这些中间人通常被称为创意经纪人。在2004年的一项研究中，社会学家罗纳德·伯特以一家大型电子公司的673名管理者为样本展开调查。他发现，那些被认为有创意的人，往往是最善于把公司某个部门的概念介绍给其他部门员工的人。"在不同圈子里交际的人，往往更熟悉不同的思维方式和行为方式。"伯特写道，"活跃于不同圈子的创意经纪人更有可能表达观点而不是忽略观点，也更有可能对不同的观点做出有价值的评估。"他们提出的建议更加可靠，伯特说，因为他们知道哪些想法已经在其他领域取得了成功。

"这里所说的不是天生的创造性，"伯特写道，"而是一种类似于'进出口贸易'的创造性。"

然而，有趣的是，创意经纪人并没有什么独特的性格特征。任何人都可以成为创意经纪人，只要你采用正确的方法。

● ● ●

在排练《西区故事》之前，罗宾斯对合作伙伴们说，他对这部音乐剧的第一场不满意。他们最初的设想是，以传统形式开场，剧中人物通过对白介绍自己，并揭示故事的核心冲突。

第一幕第一场

阿莱伯上场，他是一位穿着火箭帮服装的少年。突然，两个黑皮肤的男孩从墙上翻下来，把阿莱伯推倒在地并打了他一顿。袭击者下场后，几个穿着和阿莱伯类似衣服的男孩上场了。

狄塞耳： 是阿莱伯！

约翰宝贝： 他被打得很惨。

阿克森： 竟敢在我们的地盘上撒野！

火箭帮首领里弗上场。

里弗： 证据确凿，阿莱伯，这是谁干的？

阿克森： 是那些讨厌的波多黎各人！

狄塞耳： 我们才是这里的主人。

话筒音： 那些波多黎各人围绕着我们，就如同他们卑贱的家庭围绕着我们的家庭！

阿莱伯： 我们必须有所行动，里弗。

阿克森： 我们必须给他们一点儿颜色瞧瞧！

约翰宝贝： 我们去打一架吧！

里弗：咳，乳臭未干的小子们！你们懂什么叫打架吗？你们那副无知的样子真是可怕。知道大人物是怎么宣战的吗？

约翰宝贝：疯狂起来吧！

里弗：首先，你要派一些侦察员到敌人首领那里，组建一个战争委员会，然后——

阿克森：然后你去！

里弗：我们把托尼找来，投票决定。

阿克森：算了吧，你说什么他都会照做。

使用这种开场方式，大幕拉开后观众很快就能了解故事背景：剧中有根据种族划分的两大帮派，他们之间即将爆发一场战斗。帮派内部存在不同的等级（很明显，里弗是火箭帮的首领）以及某些规矩（战争委员会召开会议之后才可以开始打斗）。观众能够感受到剑拔弩张的气氛，他们还知道有一个尚未上场的角色——托尼，他似乎是一个重要人物。总之，这是一个有效的开场方式。

不过，罗宾斯放弃了这种开场方式。他说这样的开场平淡无奇，没有悬念，早被其他人用滥了。帮派不仅打架，还占有地盘，就像舞者拥有舞台那样。这部关于移民和纽约精神的音乐剧，应该在一开场就营造出危险和野心勃勃的氛围。它带给观众的感觉应该和罗宾斯、伯恩斯坦、劳伦茨产生这个想法时的感觉相同。罗宾斯对他们说，剧作家本身就是奋斗者。作为犹太人和被放逐者，他们想用这部音乐剧讲述他们被排斥的经历，展示他们的野心，并在舞台上表达他们的情感。

"罗宾斯这个人很冷酷，"他的传记作者阿曼达·威尔写道，"每当察觉创作陷入停滞状态时，他就会迫使人们想更新的、更好的点子，而不是勉强接受既有的想法。"罗宾斯是一位创意经纪人，他还会促使身边的每个人也成为像他一样的创意经纪人。

舞台上最终呈现出著名的"《西区故事》开场"，后来这个故事又被搬上了大银幕，成为近60年来最有影响力的戏剧作品之一。

开场时，它的音乐剧特征十足：有舞蹈的元素，也有滑稽剧的元素，浓缩表现了两个少年帮派之间剑拔弩张的敌对局面。火箭帮和鲨鱼帮这两个帮派都有自己引以为傲的帮派服装，火箭帮成员留着连鬓胡子和长发，活力四射、狂躁不安、尖酸刻薄；鲨鱼帮的成员则全部是波多黎各人。

火箭帮成员站在一个沥青球场上，伴着现场的管弦乐节拍打着响指，一个手球击中了围栏，音乐停了下来。男孩里弗点头示意把球还给惊慌无措的手球主人，手下人按照他的意思做了，音乐又响了起来。

火箭帮成员在球场上闲逛着，随着音乐节奏越来越强，他们开始单脚旋转。只听一声"耶！"，他们做出了一系列空中旋转动作。他们是这个球场的主人，他们贫穷、被社会忽视，而现在他们拥有这个球场。

另一个少年出现了，他是鲨鱼帮的首领，火箭帮停止舞动。随后，鲨鱼帮的其他成员也出现了，他们打起响指，跳起一组单脚旋转舞步，鲨鱼帮宣称他们才是这个球场的主人。

两个帮派发生了小规模冲突，为了争夺球场的控制权。他们用舞蹈和肢体语言表达威胁或道歉，双方僵持不下，但没有真正打斗。两个帮派的10多个成员在舞台上跳跃舞动，他们相互嘲讽和挑衅，虽然身体离得很近，但没有触碰到谁。突然，一个鲨鱼帮成员绊倒了一个火箭帮成员，这位被绊倒的少年推了对方一下。钹的声音响起，两个帮派扭打在一起，拳打脚踢，直到警哨声响起才停手。他们马上改变了对彼此的态度，在克鲁普克警官面前假装起朋友来。

在接下来的整整 9 分钟里，没有一句对白，所有信息都通过舞蹈动作传达出来。

1957 年，音乐剧《西区故事》首次被搬上舞台，当时观众完全不知道应该如何理解这部作品。台上的演员穿着平常，却跳着古典芭蕾，舞步就像《天鹅湖》那样优美，情节却是街头打架、强奸未遂以及与警察的冲突。背景音乐既有瓦格纳的交响乐三全音，也有拉丁爵士。在整场音乐剧中，演员在唱歌和对白之间自由切换。

"音乐剧《西区故事》遵循的基本原则在一开场就呈现出来，"戏剧历史学家拉里·斯坦普尔写道，"演员在开口说台词或者演唱之前，已经用舞蹈传达出了故事的核心情节。"

当首演落幕时，观众席鸦雀无声。他们刚刚看到的是一部关于斗殴和谋杀的音乐剧，乐曲表达了固执和偏见，剧中的帮派成员像芭蕾舞女演员那样跳舞，演员摆出一副歌剧明星的架势却说着粗俗的台词。

在谢幕时，"我们每个人都各就各位，手拉着手面向观众。幕布升起，我们看着观众，观众也看着我们。我想：神哪，完蛋了"，当时扮演玛丽亚的演员卡洛儿·劳伦斯说，"然后，就像罗宾斯事先安排好了一样，观众都跳了起来，我从未听说观众会跳起来欢呼。当时，伦尼在后台忙碌着。在最后一次谢幕时，他走上舞台来到我身边，我们相拥而泣"。

《西区故事》成为历史上最著名、最有影响力的音乐剧之一，它成功地把创新和传统结合起来，碰撞出了新的火花。他们借鉴过去的做法，把它们巧妙地放进新的场景中，许多观众都没有发现这部作品把他们熟悉的元素变得与众不同。罗宾斯要求他的合作伙伴都成为创意经纪人，把他们自己的经历放到舞台上。"这是一种真实的成就。"罗宾斯后来写道。

创造性绝望

供《冰雪奇缘》团队每天开会使用的房间宽敞、通风好且舒适，墙上贴满了素描画，有城堡和冰穴、友爱的驯鹿、名叫"棉花糖"的雪怪以及几十种怪物。每天上午9点，导演克里斯·巴克和编剧、美术核心团队的成员都会端着咖啡杯，带着要讨论的问题准时出现在那里，词曲作者博比·洛佩斯和克里斯汀·安德森-洛佩兹在布鲁克林的家中与他们进行视频会议。那时，每个人都开始为留给自己的时间太少而感到恐慌。

在那次糟糕的放映以及故事信托团队会议之后，这种焦虑感尤为严重。从一开始，《冰雪奇缘》团队就知道他们不能仅在这部电影中讲述一个古老的童话故事，他们必须表达一些新的想法。"电影结尾时公主得到王子的吻，标志着这就是真爱。这还远远不够。"巴克对我说。他们想通过这部电影传达一些更深刻的思想：女孩们不需要白马王子的拯救，她们可以拯救自己。《冰雪奇缘》团队想要颠覆传统的公主故事模式，这也正是他们头疼和抓狂的原因。

"野心太大了，"编剧珍妮弗·李说，她是在完成另一部迪士尼电影《无敌破坏王》之后加入《冰雪奇缘》团队的，"这很难实现。因为每部电影都需要有矛盾冲突，如果《冰雪奇缘》的矛盾冲突存在于姐妹之间，怎么才能让这两个角色都讨人喜欢呢？我们尝试过以嫉妒为情节主线，但给人的感觉过于狭隘；我们也尝试过讲述一个复仇的故事，但博比坚持认为我们应该塑造积极乐观而不是满心仇恨的女主角形象。故事信托团队说得没错：电影必须引起观众的情感共鸣，但我们不知道如何在不落俗套的前提下达到这个要求。"

房间里的每个人都很清楚，他们只剩下 18 个月去完成这部电影，制片人彼得·戴尔·维克让所有人都闭上眼睛听他说。

"我们已经尝试了很多种方法，"他说，"直到现在也没有找到答案。但没关系，每部电影都要经历这个过程，每个错误都能让我们离成功更近一步。"

"现在，不要再纠结于那些行不通的方案，想想行得通的做法，以及你最希望看到的。如果你能做到任何事，你最想在银幕上呈现什么？"

团队成员闭上双眼安静地坐了几分钟，接着他们睁开眼睛，开始描述这部电影最让他们感到兴奋的地方。有人说，《冰雪奇缘》颠覆了传统电影中塑造女性角色的方式。也有人说，这部电影最吸引他的地方是两姐妹最终冰释前嫌。

"小时候，我和姐姐经常打架。"李对其他团队成员说。在李小的时候，她的父母离婚了。后来，她搬到曼哈顿，她的姐姐成了加州北部地区的一名高中教师。在李 20 多岁时，她的男友溺水身亡。姐姐知道李的境遇后，来到李的身边。"在这样的时刻，你开始把你的兄弟姐妹当作独立的个体来看待，而不是你自己的另一面。"李说，"这也是这个电影剧本一直困扰我的地方：两姐妹，一个是坏蛋，另一个是英雄，这在现实生活中是不存在的。兄弟姐妹被迫分开各自长大，不是因为一个善良、另一个邪恶，而是因为身处困境。后来，他们意识到对彼此的需要，又团聚在一起，这是我想通过这部电影表达的想法。"

接下来的一个月，《冰雪奇缘》团队把重点放在思考安娜和艾莎两姐妹的关系上。"如果问自己什么能让我们有真实感，我们就会找到正确的答案。"戴尔·维克对我说，"我们之所以止步不前，是因为我们没有把生活中真实的经历作为素材。迪士尼的工作方法之所以如此有效，是因为它促使我们不停地挖掘，最终把我们自己的故事呈现在银幕上。"

杰罗姆·罗宾斯要求他的合作者通过借鉴个人经历，成为创意经纪人。丰田生产体系通过赋予员工更多的控制权，释放了他们的创造性思维。迪士尼体系独树一帜，鼓励工作人员根据自己的情感设计卡通人物的对白，从而把真实的感情融入虚构的场景。这种做法值得深入研究，因为它提供了一种能让任何人成为创意经纪人的方法，即把自身的经历作为创作的素材。我们所有人都本能地忽略了这一点，但是，要想学会如何把某个领域的知识运用到另一个领域，把过时的信息和可利用的信息区分开，关键是更多地关注事物带给我们的感受。"创造性是把不同的事物结合在一起。"1996年，苹果公司联合创始人史蒂夫·乔布斯说，"如果你问那些有创造性的人是怎么做到的，他们会感到惭愧，因为他们并没有'做'，只是看到了很多，再把自己的经历结合起来，形成新的东西。他们之所以能够这样做，是因为他们比其他人有更丰富的经历，或者能更深入地思考自己的经历。"换句话说，如果学会关注自己对事物的反应和感觉，人们就能够成为创意经纪人。

"大多数人对于创造性的看法过于狭隘，"迪士尼动画工作室总裁艾德·卡特姆说，"于是，我们花大量时间鼓励人们更加深入地挖掘内心的想法，倾听真实的声音，通过电影中的人物把这些思想表达出来，魔力就会产生。我们每个人都有创造性，但有时候需要一种力量推动我们去激发它。"

这个道理不仅适用于电影或者百老汇音乐剧。例如，发明便利贴的是一位化学工程师，他做礼拜时书签总是从《圣经》中掉出来，这令他非常困扰。于是，他决定发明一种可以粘在书上的书签。发明赛璐酚（包装用的玻璃纸）的是一位恼火的化学家，他想要解决酒洒出来后弄脏桌布的问题。发明婴儿配方奶粉的是一位因为照看孩子而精疲力竭的父亲，他想改变半夜手忙脚乱地在奶粉中加入蔬菜营养品，而婴儿在一旁嗷嗷待哺的状况。这些发明家都把自己的生活作为创新素材，值得一提的是，这些发明都融入了发明者的情感。如果有实际的需求推动着我们，如果有恐惧或者沮丧的感觉促使我们把旧观点放进新场景中，我们就更有可能在自己的经历中获得新发现，心理学家称其为"创造性绝望"。当然，这并不是说所有的创造性都来自恐惧。但是，认知心理学家加里·克莱因的研究表明，约20%的创造性突破都是在焦虑的驱动下产生的，类似于《冰雪奇缘》电影创作过程中的压力，或者罗宾斯强加给《西区故事》合作伙伴的压力。高效的创意经纪人并不总是那么泰然自若，他们通常焦虑又惶恐。

故事信托团队会议后几个月，词曲作者博比·洛佩斯和克里斯汀·安德森-洛佩兹在布鲁克林的展望公园散步，他们为电影歌曲的创作焦虑不已。突然，克里斯汀问道："如果你是艾莎，你会有什么样的感觉？"此时，克里斯汀和博比身边有不少荡秋千和慢跑的人。他们俩开始探讨如果自己受到了诅咒，或者出于某些原因而被人鄙视，他们会怎么办。"如果你一生都想努力成为一个好人，却做什么都没有用，因为人们始终在审判你，你会怎么办？"她问道。

克里斯汀了解这种感觉，当她给女儿们吃冰激凌而不是健康食品，或者在餐厅里为了获得片刻闲暇而让孩子们看平板电脑时，她能够感受到其他家长谴责的目光。虽然克里斯汀没有遭受某些致命的诅咒，但她知道那种被别人审判的感觉，这很不公平。她想拥有一份事业，这没什么错；她想成为一个好妈妈、好妻子和成功的词曲作家，这也没什么错。所以，不可避免地，这意味着一些事情，比如自制点心和令人愉快的晚餐交谈——更不用说答复留言、健身和回邮件了——有时被搁置一边。她不想因为所谓的不完美而辩解，这没有必要。同样，她认为艾莎也没必要为自己的不完美辩解。

"艾莎一生都在努力地做好每一件事，"克里斯汀对博比说，"现在，她因为想做自己而受到惩罚。我认为对她来说，唯一的出路就是不再害怕，随它们去吧。"

他们一边走，一边打着拍子、哼着歌词。博比说，写一首以童话故事开头的歌曲，就像他们给孩子读的睡前故事，怎么样？还有，以艾莎的口吻诉说做一个好女孩要承受的巨大压力，克里斯汀补充道。她跳到一个野餐长椅上，"她终有一天会长大，成长就是丢掉那些没有必要的恐惧"。

克里斯汀对着树木和垃圾桶唱了起来，试着用歌词表达出艾莎不想再做乖乖女和在意别人的想法，博比用苹果手机录下了她即兴演唱的歌曲。

克里斯汀挥舞着手臂。

随它吧，随它吧。

一转身不再牵挂。

"我想,你刚刚完成了合唱部分的内容。"博比说。

回到家,他们在临时工作室录制了歌曲小样,背景音乐中还掺杂着楼下希腊餐厅的盘子碰撞声。隔天,他们把小样发给了巴克、李和《冰雪奇缘》团队的其他成员。歌曲风格一部分是抒情摇滚,一部分是古典咏叹调,还注入了克里斯汀和博比的创造性绝望以及放下压力后的释然。

第二天早晨,《冰雪奇缘》团队在迪士尼总部集合,一起倾听主题歌《随它吧》(Let It Go)。迪士尼的音乐总监克里斯·蒙坦和着歌曲的节奏用手拍打着桌子。

"就是它了,"他说,"这首歌唱出了电影想要表达的东西!"

"我必须重写电影的开头部分。"李说。

"当时我太高兴了,"后来,李对我说,"它太令人欣慰了。我们煎熬了太长时间,当听到这首歌时,我们好像实现了创造性突破。电影的某些片段萦绕在我们的头脑中,但需要通过角色展现出来。把那些角色变成我们熟悉的人,《随它吧》这首歌让我们感到艾莎就在我们中间。"

激发创造力最好的方法

7个月后,《冰雪奇缘》团队完成了三分之二的内容,即使为了制造电影必不可少的矛盾冲突(让两姐妹决裂),他们也知道如何让安娜和艾莎这两个角色变得更加可爱。而且,他们知道如何塑造出两姐妹面对困难时内心仍充满希望的乐观性格。他们还把雪宝

（第一版中那个讨厌的雪人）变成了一个可爱的小伙伴，一切都非常完美。

不过，故事的结局还没有头绪。

"这是一个难题，"迪士尼动画工作室总裁安德鲁·米尔斯坦说，"我们尝试了很多种方案，比如让安娜牺牲自己拯救艾莎，呈现出两姐妹之间的爱。我们知道自己想要什么，我们必须创作一个合理的结局，让观众产生情感共鸣。"

迪士尼动画工作室把陷入困境的创作状态称为"空转"。"出现空转是因为墨守成规，不能从不同的角度审视自己的作品。"艾德·卡特姆说。所以，创新过程需要我们和自己的作品保持一段距离，不过分依恋自己的创作。但是，《冰雪奇缘》团队对两姐妹的人物设定感到非常满意，为捋清情节脉络而感到十分宽慰，为摆脱创造性绝望而感到十分庆幸，以至失去了选择其他路径的动力。

做过周期较长的创造性项目的人对这个问题并不陌生，创意经纪人把不同的观点汇集在一起，由此产生一种创造性的力量。少量的压力（来自截止日期的压力，或者不同背景的人所产生的观念冲突，或者合作者提出更多要求时产生的压力）会激发这种力量。这些"压力能够给你带来更大的创造性，因为差异会激发我们的发散性思维，那是一种用其他人的视角看问题时发现新见解的能力"。哈佛大学商学院研究创造心理学的弗兰切斯卡·吉诺说，"但在压力消失后，每个人又会用惯有的方式看待事物，或者用类似的思维方式考虑问题，忘记他们拥有很多种选择"。

《冰雪奇缘》团队几乎解决了他们面临的所有问题，没有人想放弃他们已取得的所有成绩，但他们也不知道电影该怎样结尾。"当你的灵活性下降时，你就会进入空转状态。"卡特姆说，"你对已经创作出来的东西念念不忘，但是，为了向前推进，你必须杀死你的'宠儿'。如果不舍得放弃你为之付出很多才得到的东西，它反过来就会成为你的羁绊。"

于是，迪士尼的高管决定改变。

"我们必须改变，"卡特姆说，"必须让每个人都受到震撼，所以我们决定任命珍妮弗·李为《冰雪奇缘》的副导演。"

从某种意义上说，这种改变不会给团队造成太大的影响，因为李本身就是电影的编剧，虽然她成为副导演后与克里斯·巴克平级，但参加每日例会的人员不会改变，也不会给讨论增加新见解。而且，李承认她和其他成员一样陷入了困境。

但是，迪士尼动画工作室高管认为，略微调整团队的组织结构也许能够改变目前停滞不前的状态。

● ● ●

20世纪50年代，生活在加利福尼亚州的生物学家约瑟夫·康奈尔往返于美国加利福尼亚州和澳大利亚的热带雨林与珊瑚礁之间，目的是研究为什么世界上有些地区具有复杂的生物多样性，而有些地区在生态上却如此单一。

康奈尔选择澳大利亚有两个原因：第一，他不想再学一门语言；第二，澳大利亚的森林和海洋是兼具生物多样性与单一性的完美范本。在澳大利亚漫长的海岸线上，有的海域密集地分布着几百种珊瑚、鱼类和海藻。但在不到1/4英里以外的类似海域，生物多样性却大大降低——在那里，你只能找到一两种珊瑚和植物。无独有偶，在澳大利亚的热带雨林中，有的区域生长着几十种树木、苔藓、菌类和藤蔓，而仅在 100 码①以外的区域，每类却只有一个品种。康奈尔想研究为什么生物多样性的分布如此不均衡。

他的探索之路从昆士兰热带雨林开始：面积 1.26 万平方英里的陆地上分布着林冠层、桉树林、丹特里热带雨林，针叶树和蕨类植物生长在海边；还有伊加拉国家公园，那里树木茂密，白天置身其中也几乎看不到阳光。康奈尔整天在绿色的丛林中行走，在茂密的枝叶中穿梭。他发现很多区域的生物多样性复杂得匪夷所思，而再往前走几分钟，却发现那里的物种只有一两种，这些应该如何解释呢？

后来，康奈尔注意到每个区域生物多样性的共同点：大树倒下后总能留下痕迹，有时候他会发现一段腐朽的树干或者土壤中深深的凹陷；在其他覆盖着绿色植物的区域，他在表层土壤下发现了烧焦的动物遗体，表明那里发生过短暂而猛烈的大火——也许是闪电引起的，后来又被热带雨林的湿气浇灭。

康奈尔开始相信，这些倒下的大树和燃烧的火焰对于新物种的出现起到了决定性作用。为什么？因为在某种程度上，"大树倒下或者被烧毁的地方，留出了足够的空间可以让阳光照射进来，从而给其他物种提供生存竞争的机会"，康奈尔对我说。他现在已经退休了，定居在圣巴巴拉，但他依然记得那段旅途中的细节。"在我发现那些区域时，距离大火或者树木倒下已经很多年了，那里长出了新的树木，又挡住了阳光。但总会有某个时刻，充足的阳光可以照射进来，其他物种便有了占据一席之地的机会。也就是说，这些因素的存在，使得新物种有机会参与生存竞争。"

———————————

① 1 码≈0.91 米。——编者注

227

在没有树木倒下或者没发生大火的区域，某一物种处于主导地位，剥夺了其他物种的生存机会。换句话说，某一物种一旦解决了生存问题，就会把其他物种挤走。但是，如果生态系统发生哪怕一点点改变，生物多样性就会增加。

"不过，这只是在一定程度上如此。"康奈尔对我说，"如果森林中留出的空间过大，相反的效果就会产生。"在那些树木被大量砍伐、被风暴摧毁或者被大面积烧光的区域，生物多样性较弱，即使过了几十年也是如此。如果地貌遭到非常严重的破坏，那就只有生命力最强的树木或者藤本植物能存活下来。

接着，康奈尔考察了澳大利亚海岸的珊瑚礁，他发现了相同的现象。一些区域密集地分布着珊瑚、海藻，种类多得令人眼花缭乱，而船行几分钟后所到的区域被一种生命力很顽强的珊瑚"统治"着。康奈尔发现，两者的差别在于海浪和风暴的频率与强度。在生物多样性较强的区域，中型海浪和风暴会偶尔袭来；在没有海浪和风暴的区域则只有少量物种；在海浪过大或者风暴频繁发生的区域，珊瑚礁会被损毁殆尽。

大自然的创造力似乎源于某些周期性干扰，比如树木倒下或者偶尔袭来的风暴，它们会暂时改变自然环境的平衡。但是，干扰过大或过小都不好，必须适中才行。"中度干扰至关重要。"康奈尔对我说。

在生物学领域，这一说法被称为"中度干扰假说"，指"在生态干扰既不过于罕见也不过于频繁的区域，物种多样性能够达到最大化"。也有其他理论从不同的角度解释物种多样性，但中度干扰假说已经成为主流观点。

"每一处栖息地都聚集着大量物种，但随着时间的推移，一个或几个物种最终会胜出。"史蒂夫·帕伦比说。他是位于加利福尼亚州蒙特雷的斯坦福大学海洋站的负责人，他把这一现象称为"竞争排除原则"。如果环境中没有干扰，生命力最顽强的物种就会肆意生长，使得其他物种没有生存的机会。同理，如果环境中存在大规模、较频繁的干扰，那就只有那些生命力最顽强的物种可以存活。但是，如果干扰水平适中，大量的物种就会在此萌发，自然的创造力就会大大增加。

当然，人类的创造力不同于生物多样性，把澳大利亚热带雨林中倒下的树木比作迪士尼动画工作室管理结构的变化并不十分恰当。不过，我们可以暂且做个类比，因为热带雨林的故事告诉我们一个道理：某种想法如果已经在头脑中根深蒂固，就会把其他想法彻底排除，也就没有其他可能的选择。所以，有时候激发创造力最好的方式就是加入适当的干扰，留出足够的空间让阳光照射进来。

● ● ●

"第一次当上导演，我发现其中的改变十分微妙，却很真实。"珍妮弗·李对我说，"如果你是电影编剧，你知道电影需要什么，但你只是参与者之一。你不想显得防御心太重或者过于强势，因为其他人也会提出很多建议，而且你的工作就是整合每个人的意见。"

"然而，导演的工作是掌控大局。我当上导演后，认为自己必须更仔细地倾听每个人的发言，因为这就是我的职责。而且，我会一边听一边把自己以前忽略的东西挑出来。"

例如，有的动画师建议在影片结尾用暴风雪来暗指人物内心的波动，有的则认为应该舍弃所有铺垫，让结尾充满惊喜。在做编剧时，李把这些建议看作方法，当上导演后她明白他们其实是在寻找明确的方向，让每个选择，比如什么天气隐藏或表露哪些信息，都能反映出一个核心的想法。

李当上导演几个月后，词曲作家克里斯汀·安德森-洛佩兹给她发了一封邮件。她们几乎每天联络，这种状况已经持续了一年，晚上通电话，白天发短信。她们的友谊在李当上导演后并没有结束，但有了一些变化。

克里斯汀陪伴上二年级的女儿乘校车去纽约市美国自然历史博物馆的路上，拿出手机给李发了一条短信。

"昨天我去做理疗了。"她在短信中写道，她和她的理疗师聊起《冰雪奇缘》团队成员对电影结尾的不同见解，还提到李当上导演的事。"我和她胡扯了一通，什么团队结构、政治、权力之类的，还有你的上级是谁、你怎样开始着手新工作等话题。然后理疗师问我：'你为什么参与这部电影的创作？'"

"除了金钱和自我实现，有一点十分重要，那就是想和他人分享我的人生体验。"安德森-洛佩兹写道，"我想通过分享所学、所想或者所经历的东西来帮助别人。"

"你、博比和我想用这个故事表达什么？"克里斯汀问道，"对我而言，我想要传达的想法是，人们要挣脱外界强加在自己身上的枷锁。"

李本身就是这方面的代表。她加入迪士尼时刚从电影学院毕业，离异后带着一个年幼的女儿，还有助学贷款未还清。之后，她很快成为全球最大的动画工作室的一名编剧。现在，她又成了迪士尼动画工作室历史上的第一位女导演。克里斯汀和博比夫妇也很好地诠释了如何摆脱自己所处的困境，他们为自己的理想打拼多年，尽管别人都说靠创作歌曲谋生简直是天方夜谭，但他们仍然坚持不懈。

现在，他们的作品在百老汇舞台上大放异彩，也过上了自己想要的生活。

要想创作出精彩的结尾，克里斯汀说，他们必须想办法和观众分享这种人生充满可能性的观点。

"这对你来说意味着什么？"克里斯汀问道。

23分钟后，李回复了她，当时是洛杉矶早上7点。

"我爱你的理疗师，"她写道，"还有你。"李感觉到，《冰雪奇缘》团队的所有成员对这部电影都有自己的想法，每位故事信托团队成员对电影结尾的形式也都有各自固有的想法。

然而，电影只能有一种结局，必须做出选择。李写道，正确的选择就是，"恐惧会摧毁我们，爱能治愈我们。安娜的心路历程是学习什么是爱，就这么简单"。在电影的结尾，"她在峡湾找到姐姐，完成了最后的真爱举动：为了姐姐牺牲自己。爱比恐惧的力量更强大，我们要心怀真爱前行"。

导演这个新身份促使李用不同的方式看问题，而且这个转变足以帮助她意识到这部电影需要什么，并且努力说服每个人同意她的观点。

那个月的晚些时候，李和约翰·拉塞特在一起交谈。

"我们需要明确一点，"她说，"电影的核心不是善与恶，那在现实生活中不会发生；也不是爱和恨，因为这不是两姐妹决裂的原因。"

"这是一部关于爱和恐惧的电影，安娜的部分是爱，艾莎的部分是恐惧。安娜曾经被抛弃，她投入王子的怀抱，因为她不知道真爱和热恋的区别，她需要学会爱是一种牺牲。艾莎则要学会直面恐惧、接纳自己，因为她与生俱来的魔力是摆脱不了的，所以要学会接受它。"

"这就是我们需要为电影结尾所做的努力，必须表达出爱比恐惧更强大的思想。"

"请再讲一遍。"拉塞特对她说。

李又叙述了一遍，包括雪宝如何诠释纯真的爱，而汉斯王子不愿做出牺牲的爱不是真爱，而是自恋。

"请再讲一遍。"拉塞特对她说。

李又叙述了一遍。

"现在，去把这些话告诉你的团队。"拉塞特说。

2013年6月，离电影上映还有几个月的时间，《冰雪奇缘》团队奔赴亚利桑那州的一个剧院举行试映活动。银幕上放映的版本和15个月前在迪士尼放映室播出的版本已经完全不同了，妹妹安娜变成了一个活泼、乐观、孤独的人；姐姐艾莎变成了可爱但畏惧自己魔力的人，并且常常因为年幼时误伤妹妹而陷入深深的自责。艾莎逃到冰雪城堡，想要远离俗世的尘嚣，却无意中导致整个王国处在永恒的严冬之中，还冻住了安娜心脏的一部分。

安娜踏上了寻找王子之路，希望他的吻可以融化她被冰冻的心脏。但是，汉斯王子却企图夺取王位，他监禁了艾莎，抛弃了安娜，甚至意图谋杀两姐妹。

在电影的结尾，艾莎从监牢里逃出来，来到冰冻的峡湾，安娜的身体越来越虚弱。两姐妹和汉斯在冰冻的海上，一阵暴风雪袭来。安娜即将变成冰雕，汉斯举起剑想要杀死艾莎夺得王位。就在汉斯的剑落下的那一刻，安娜挡在了艾莎身前。安娜的身体被彻底冰冻了，汉斯的剑击中了安娜。安娜牺牲自己拯救了艾莎，而这个真爱的举动让安娜身上的冰开始融化。安娜复活了，艾莎也不再担心自己的魔力会伤害所爱的人，她击败了汉斯，终结了王国的寒冬。两姐妹携起手来，她们的真爱力量足以打败敌人和自我怀疑。汉斯被驱逐出城堡，春天回来了，真爱战胜了恐惧。

这部电影融合了迪士尼影片的所有经典元素：公主、舞会、英俊的王子、逗趣的伙伴，还有一系列欢快的歌曲。但是，在这部电影中，这些元素受到了"干扰"，不同于以往的新元素由此产生。汉斯不是白马王子的化身，而是一个恶棍；两姐妹也不是软弱无力的公主，她们拯救了彼此。真爱并不是在英雄救美的行为中体现出来的，而是源自学会接纳自己的同胞姐妹。

"这部电影什么时候变得这么棒了？"克里斯汀·安德森–洛佩兹在放映结束时小声地问彼得·戴尔·维克。《冰雪奇缘》在2014年获得奥斯卡最佳动画片奖，《随它吧》获得奥斯卡最佳原创歌曲奖，这部电影成为动画电影的票房冠军。

● ● ●

创新不能简单地用公式表达，究其本质，它包括新颖、惊喜和其他不只是为了让人耳目一新而预设的元素。而且，世界上也不存在一张按需求进行创新的清单。

但是，创新过程不同，我们可以创造条件让创造性持续活跃。例如，我们知道，当以全新的方式把过去的观点融合在一起时，我们就有可能实现创新。我们知道，当创意经纪人（拥有与众不同的新视角，在各种情况下接触过很多不同观点的人）充分利用了头脑中的多样性时，创新的成功概率就会被提高。我们知道，有时候干扰能够帮助我们从固有的模式（即使是很多具有创造性思维的人也会陷进去）中跳脱出来，只要干扰恰到好处。

如果你也想成为创意经纪人，提高自己的创新效率，以下三点会对你有所帮助：

第一，要学会关注你的个人经历和你对事物的感受，这有助于你分清什么是陈词滥调，什么是真知灼见。正如史蒂夫·乔布斯所说的，最好的设计师"往往会比其他人更多地思考自己的经历"。同样，迪士尼的制作团队也要求成员挖掘自己内心的想法，利用自己的情感和经历，最终找到一直在寻求的答案，给虚构的人物赋予鲜活的生命。杰罗姆·罗宾斯鼓励《西区故事》团队利用舞台表达他们自己的愿望和情感，把自己的人生经历作为创作素材，再把它们推向更广阔的世界。

第二，要明白，在创新过程中，你的压力和恐惧并不意味着一切都完结了。相反，我们要保持头脑的灵活性，从而产生一些新想法。创造性绝望至关重要，焦虑能够推动我们以全新的视角审视过去的想法。摆脱混乱局面的方法是，思考你的所知，重新审视你认为行之有效的惯用手段，用它们解决新的问题。创作过程中经历的痛苦是值得的。

第三，要记住，创造性突破虽然令人欣慰，但也"屏蔽"了我们更多的选择，所以一定要和已经取得的成果保持适度距离。在没有自我批判也没有压力的情况下，某个想法会迅速排挤掉其他想法。要想实现这个关键的距离，必须重新审视已经取得的成就，从完全不同的角度进行思考，改变团队的内部结构，或者授权给一个新人。在这个过程中，干扰是必不可少的，我们可以大胆推翻之前的成果来保持思维的活跃度，关键是把干扰控制在合理的水平上。

事实上，以上三点可以归结为：创新的过程中可以出现差错，我们也可以推翻重来。这一点很重要，它意味着任何人都具有创造性，都能成为创意经纪人。我们有各自的人生体验，会遭遇各种干扰和压力，这是成为创意经纪人的必经之路，只要我们能够欣然接受创造性绝望和改变，并尝试从不同的角度审视过去的想法。

"创新就是解决问题的过程，"艾德·卡特姆对我说，"只要人们能够这样想，创新就不再神秘，因为它本来就不神秘。创意经纪人往往更关注问题本身和问题曾经的解决方法，最具创造性的人几乎都知道感到恐惧是一件好事。我们要做的，就是学会如何充分地相信自己，释放自己的创造性。"

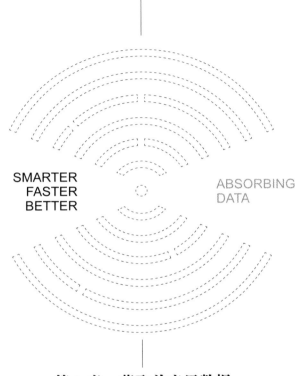

SMARTER
FASTER
BETTER

ABSORBING
DATA

第 8 章　获取并应用数据

辛辛那提公立学校用数据提高成绩

学校的转变

南埃文代尔小学的学生们坐在座位上，学校的开放式数控正式投入使用。

"我是梅肯校长，"广播里的声音响起，"速算比赛即将开始，请做好准备，打开试卷……"

2分33秒后，8岁的丹蒂·威廉斯把铅笔一摔，手举起来，身体不耐烦地扭来扭去，等着老师把他的完成时间写到试卷上。之后，丹蒂从椅子上跳起来，跑出他所在的三年级教室。在快步穿过走廊时，他挥舞着手臂，手里还攥着被揉成一团的试卷。

3年前，也就是2007年，那时丹蒂刚上幼儿园，南埃文代尔小学被评为辛辛那提市最差的学校之一。这个城市有好几所学校的成绩在全州垫底，这也意味着这所学校是俄亥俄州最差的学校之一。那一年，南埃文代尔小学的学生评估测试成绩非常不理想，官方称这所学校出现了"学业危机"。就在丹蒂入学的几个星期前，一名学生遭到谋杀。子弹分别击中了他的头部和背部，案件发生地点就在南埃文代尔小学附近，当时学校正在举行名为"和平碗"的橄榄球比赛。由于这起犯罪案件，再加上学校一直管理不善、学生成绩很差，人们普遍认为南埃文代尔小学的问题已经严重到无法解决的地步，市政府官员询问教育委员会是否应该关闭这所学校。然而，如果这样做，丹蒂他们去哪里上学就成了问题。附近其他学校的评估测试成绩虽然稍好，但如果强行把南埃文代尔小学的学生安排到这些学校上学，有可能导致这些学校重蹈覆辙。

几十年来，南埃文代尔小学附近的社区一直处于贫困状态。20世纪60年代，那里发生过种族骚乱。70年代，工厂陆续倒闭，失业率猛增。校方发现，南埃文代尔小学的学生大都营养不良，身上还有受到虐待的痕迹。80年代，学校周围毒品交易猖獗，而且从未停止。有时暴力行为极其恶劣，学生在教室里上课，警察在校园周边巡逻。"可以说，这是一个可怕的地方。"2009—2013年担任该校校长的梅肯说，"如果能上别的学校，孩子们肯定不会来这儿。"

然而，有一个方面不存在问题，那就是财政支持。辛辛那提市政府给南埃文代尔小学投资了几百万美元，宝洁等当地企业帮助该校建立了计算机实验室，还提供辅导和赞助体育项目。为了解决学校的问题，政府在南埃文代尔小学投入的资金约为富裕社区学校（比如位于城市另一头的蒙台梭利公立学校）的3倍。南埃文代尔小学有充满活力的教师、敬业的图书馆管理员和辅导教师，阅读专家和接受过幼儿教育培训的辅导员还准备帮助学生家长申请州与联邦的援助项目。

学校使用先进的软件来追踪学生的表现，管理人员展开了数据采集工作，辛辛那提公立学校组织为南埃文代尔小学的每位学生建立个人网页，包括学生的出勤情况、考试成绩、作业完成情况和课堂参与度等信息，并针对家长和教师开放，方便他们及时了解学生的在校情况。学校老师手中有很多备忘录和数据表，上面记录着每个学生在过去一周、一个月和一年的成绩。实际上，南埃文代尔小学走在了教育大数据的最前沿。美国教育部发布的一份报告中写道："12 年义务教育学校应该有明确的战略来指导基于数据的教育改革。"这份报告为辛辛那提市的教育改革提供了指导。教育专家相信，通过研究每个学生的详细数据，能够为每个孩子提供他们最需要的帮助。

"在产生任何新想法，或者申请创建新项目之前，"主管辛辛那提市公立学校研究与评估的伊丽莎白·霍特扎普说，"我们已经看到相关数据分析对其他地区教育的促进作用，我们也从中得到了很多支持。"

然而，南埃文代尔小学却没有什么改变。建立在线数据库 6 年后，学校 90% 以上的教师坦言，他们几乎没有看过这些数据以及每周都会收到的相关邮件。2008 年，学校三年级学生中有 63% 没有达到本州基本教学标准的要求。

就在那一年，辛辛那提市决定尝试新的做法。当地政府把南埃文代尔小学和其他 15 所差学校纳入"小学行动计划"项目，简称 EI。或许这个项目最值得关注的地方是：不再给学校提供额外的资金或者教师，不再增设新的辅导课程或者课外项目，每所学校的教职工和学生人数基本保持不变。

EI 的重点在于改变教师在课堂上做决定的方式，数据只有在人们知道如何使用的情况下才具有变革性。要想提高学生的学业表现，教育者必须了解如何把表格、数据和在线网页转变成自己的见解和计划。他们必须学会与数据打交道，让数据对自己的行为方式产生影响。

丹蒂上三年级时，EI 已经开展了两年，而且很成功，得到了白宫方面的认可，被视为贫民区学校改革的榜样。南埃文代尔小学的学生考试成绩也提高了很多，被州政府评价为"优秀"。三年级快结束时，在阅读方面，丹蒂班里有80%的同学达到所在年级的平均水平，有84%的同学通过了全州的数学考试。全校达到本州教学标准要求的学生数量是以前的4倍。"2010—2011学年，南埃文代尔小学的学习成绩得到了极大的提高，学校文化也有所改变。"一篇评论文章写道。该校的巨大转变引起全美各地学者的注意，他们纷纷来到辛辛那提，想要弄清楚EI到底好在哪里。

研究者来到南埃文代尔小学，该校的教师告诉他们，推动这一系列变化的最重要的因素就是数据。其实，搜集数据的工作在当地已经持续多年。教师们说，"基于数据的文化"确实改变了他们在课堂上做决定的方式。

然而，研究者进一步追问，却发现老师们平时很少看在线网页、邮件和中心办公室发来的电子表格。事实上，EI取得成功的原因在于，它允许教师忽略那些花哨的数据工具和软件，而要求他们主动使用信息。

按照中心办公室的要求，每所学校建立了一个"数据室"，它可以是一间空的会议室，也可以是用于存放清洁用品的大储藏室。教师要在数据室里把考试成绩抄写在索引卡片上，还要往硬纸板上画图表并贴在墙上。他们会进行即兴的实验（如果把学生分成更小的阅读小组，成绩会不会提高？如果教师调课会有什么结果？），然后，在白板上写下实验结果。教师要主动获取信息，而不只是简单地接收信息。EI的成功是因为教师不再被动地获取数据，但教师主动获取信息的过程并不"顺畅"。一开始，他们不懂如何进行数据处理；在有所了解之后，又发现数据处理的难度越来越大。通过记录数据、验证假设，教师们学会了如何使用他们获得的信息。矛盾的是，EI获取数据的效率很低，却很实用。在索引卡片和手绘图表的帮助下，学校取得了较好的教学效果。

"数据室带来了与众不同的变化。"梅肯校长说。南埃文代尔小学的转变不是因为教师们获得了更多信息，而是因为他们学会了如何获取和使用信息。"借助谷歌和互联网，还有我们拥有的信息，任何问题只需几秒就能找到答案。"梅肯说，"但是，这所学校的经验表明，寻求答案与理解其中的意义之间是有差别的。"

将数据转化为有效信息

近20年来，充斥着我们日常生活的信息量呈指数级增长。智能手机能够记录我们的步数，网页能够记录我们的消费，数字地图能够定位我们的位置，软件能够监控我们的网页浏览行为，应用程序能够管理我们的日程安排。我们能够准确地知道每天摄入的卡路里、每个月的胆固醇增加值、在餐馆的消费金额以及健身时长。信息的力量令人难以置信，如果能够正确利用这些数据，我们的生活将更加高效，饮食更加健康，学校教育更有成效，生活压力更小。

然而，不幸的是，我们利用信息的能力远不及信息传播的速度。虽然我们能够追踪自己的消费记录和胆固醇值，但仍然会吃不该吃的东西、花不该花的钱。哪怕是信息的简单使用，例如选择餐馆或者办新信用卡，也不一定很容易。想要找一家好的中餐馆，是选择用谷歌搜索、在社交网站上提问、打电话问朋友，还是搜索浏览记录看看上一次预订的地方？想要申请一张新信用卡，是查看网上指南、给银行打电话，还是拆开堆放在餐桌上的广告宣传信件，看看里面的介绍？

从理论上讲，如今的信息爆炸会让人们更容易找到所需的答案。然而，在现实中，被数据包围只会让我们更难做出决定。

数据越来越充足，人们却无法有效地利用数据，这种现象被称为"信息盲"。就像雪盲症是指人们难以区分被大雪覆盖的树木和山丘一样，信息盲指我们的大脑面对太多信息而难以获取数据。

2004年，一项关于信息盲的研究报告发表了。哥伦比亚大学的一些学者试图研究为什么有些人会申请加入401（k）计划，有些人却不会。他们调查了几百家公司近80万名有机会加入该计划的员工，对很多员工来说，申请加入养老金计划本应是一个简单的选择。401（k）计划能够帮他们节省很多税费，很多企业也承诺匹配缴款（实际上就是给员工额外的钱）。当公司为员工提供两种401（k）计划供他们选择时，有75%的员工选择加入。这些公司的员工对研究人员说，申请加入计划是很容易的，他们先阅读这两种计划的宣传册，从中选择适合他们的一种，然后坐等退休金账户的余额变得越来越多。

在其他公司，即使计划种类增加了，仍然有相当多的员工申请加入。在公司提供25种选择的情况下，有72%的员工加入了该计划。

但是，当可选择的计划达到30种时，情况似乎发生了改变。面对如此多的选择，人们很难做出决定，在某些情况下甚至干脆放弃加入。当选择达到39种时，只有65%的员工申请加入401（k）计划。当选择达到60种时，申请加入率下降至53%。"每增加10种选择，员工的申请加入率就会降低1.5%~2%。"研究人员在2004年发表的研究报告中写道。申请加入401（k）计划仍然是正确的选择，但是，当信息量过大时，人们就会把那些宣传册塞进抽屉，置之不理。

"在很多情况下，我们都发现了这个问题。"瑞士圣加仑大学研究信息超载问题的马丁·艾普莱说，"当获得更多的相关信息时，人们通常能够做出更好的决定。但是，信息量如果过大，就会超出大脑的认知上限，这时人们会忽略那些选项或者做出错误的选择，又或者拒绝接收任何信息。"

信息盲的产生是因为大脑的学习能力提高了。人类特别擅长获取信息——只要我们能够把信息分解成若干小块。这个过程被称为"扬场"或者"脚手架"。思维的脚手架就像文件柜，里面装满了文件夹，帮助我们在需要的时候储存和搜索信息。例如，当在餐厅里翻看厚厚的酒水单时，人们通常不费力气就能做出选择，因为大脑会自动把已知的关于葡萄酒的信息归类放进文件柜中，再据此做出二元判断（我想要红葡萄酒还是白葡萄酒？白葡萄酒！），然后进入子分类（贵的还是便宜的？便宜的！），最后做出比较（6美元的霞多丽还是7美元的长相思？）和选择（我喜欢霞多丽！）。大多数时候，这个决策过程其实进行得很快，我们甚至都感觉不到它的发生。

"我们的大脑渴望把选项减至2~3个。"哥伦比亚大学研究决策

过程的认知心理学家埃里克·约翰逊说，"所以，当我们面对大量信息时，大脑就会自动地把它们分成思维的文件夹、子文件夹以及再下一级的子文件夹。"

把大量的信息分解成若干小块，我们的大脑就是通过这种方式把信息转化成知识的。在了解哪些文件夹可以为我们所用之后，大脑就知道哪些实例或者经验可以应用于某种情境。在某些情况下，专家和新手的区别就体现在头脑中能够装下多少个文件夹。品酒专家看到葡萄酒单后能够立即调用头脑中的大量文件夹，例如酿造期和产区，这是新手所不具备的。品酒专家知道如何组织信息（先看年份，再看价格），不会被嘈杂的信息干扰。所以，在面对同样的酒单当新手还在逐页翻看时，专家早已做好了选择。

当我们面对包括 60 种选择的 401（k）计划且没有明确的方法可以分析这些数据时，我们的大脑就会进入二元决定模式：我是研究所有资料，还是把它们放进抽屉，置之不理？

解决信息盲问题的方法之一，就是逼迫自己使用眼前的数据，把信息转化成一系列问题或者选择。有时这被称为"制造不顺畅"，因为这种做法需要我们动脑筋：不要只是选择酒店的招牌酒，而是要问自己一系列问题（白葡萄酒还是红葡萄酒？便宜的还是贵的？）。不要把所有的 401（k）计划宣传册塞进抽屉，而是比较各种计划的优劣并做出选择。这看似寻常，但这些不易察觉的行动对解决信息盲问题起到了重要作用。这个制造不顺畅的过程可能很不起眼，就像我们比较菜单上的几道菜一样；它也可能很复杂，就像建立一个比较不同的 401（k）计划收益的电子表格一样。因此，尽管程度不同，但它们包含的认知活动是相同的，那就是当面对大量信息时，我们会把信息分解成更易于理解的若干小块。

"关键的一步似乎是采取某种行动。"纽约大学研究言语表达不畅的亚当·阿尔特教授说，"如果让人们在一句话中使用一个新词语，他们就能长久地记住这个词语。如果让人们用这个新词语造一个句子，他们就能在交谈时使用这个词语。"在做实验时，阿尔特有时会故意用不容易辨认的字体书写指令，因为当人们费力地辨认文字时，他们会读得更认真。"如果文本一开始读起来就很难，它就会促使你更深入地思考，也会花更多时间和精力理解其意义。"他说。当你问自己一些关于葡萄酒的问题，或者对比不同的 401（k）计划的收益时，数据就会被分解成若干小块，更像你自己要做的一系列决定。所以，当获取信息的难度加大时，我们反而能够学到更多东西。

● ● ●

1997 年，大通曼哈顿银行信贷部门的高管想知道，为什么佛罗里达州坦帕市的一些员工比其他员工更能成功地说服人们偿付信用卡账单。当时，大通银行是美国信用卡发行量最大的银行，也是最大的信贷银行之一。全美各个分行加起来共有几千名员工，他们每天坐在自己的格子间里一个接一个地给债务人打电话，催促他们偿还逾期的信用卡账单。

大通曼哈顿银行的内部调查表明，负责催款的员工并不喜欢自己的工作，高管们也习惯了这些员工平庸的业绩。银行方面尝试过给负责催款的员工提供有助于说服债务人还款的工具，以减小他们的工作难度。例如，每次打电话时，负责催款的员工面前的计算机会显示有助于说服债务人还款的信息：债务人的年龄、他/她每隔多长时间会还款、持有几张其他银行的信用卡，以及用过的比较成功的说服技巧。员工被安排接受相关培训，每天都能收到充斥着图表和图形的邮件，其中有很多有效的催款技巧。

但是，银行发现，几乎没有一名员工认真看过这些信息。不管负责催款的员工参加过多少次培训，或者收到多少封邮件，他们的业绩似乎都没有什么提高。所以，当高管们发现坦帕市的团队业绩高于平均水平时，备感意外和惊喜。

负责管理这个团队的人是夏洛特·弗拉德，她也是一名正在接受培训的福音派牧师，喜欢穿长裙和吃猫头鹰餐厅的鸡翅。她从普通催款员做起，逐级晋升，现在负责管理一个收债团队，负责一些最难搞定的客户，包括已经逾期120~150天的债务人，这类持卡人几乎从未还清账单。然而，面对最难说服的债务人，弗拉德的团队仍然能比其他团队每个月多催收100万美元欠款。另外，这个团队还是该银行员工满意度最高的团队。追踪调查发现，就连他们的收款对象也对他们的工作态度表示感谢。

银行高管希望弗拉德与其他团队分享她的收债技巧，所以邀请她到坦帕附近的因斯布鲁克度假村参加公司的地区性会议，并发表演讲。她演讲的主题是"优化Mosaix/Voicelink自动拨号系统"，现场座无虚席。

"你是怎样设置自动拨号器的？"一位经理问道。

"这需要精心设置。"弗拉德说，上午9点15分至11点50分给债务人家里打电话，这时很有可能是照顾孩子的家庭主妇接电话，女性还款的可能性比较大。

"接下来，中午12点到下午1点30分，我们给债务人打电话，"弗拉德说，"这时接电话的人以男性居多。你的开场白可以这样说：'我很高兴能在您去吃午餐的路上联系到您。'就好像他是日程安排很满的重要人物，这能让他不好意思辜负你的期望，进而承诺一定还款。

"在晚餐时间，我们会打给资料上显示未婚的债务人，他们可能是一个人独处，更愿意交谈。晚餐时间之后，我们会打给债务余额波动频繁的人，那时如果他们晚餐喝了杯酒，状态就会很放松，我们可以趁机提醒他要是还清账单余额感觉会更美妙。"

弗拉德有几十种类似的技巧。她还提出一些其他的建议，包括何时使用安慰的语气（如果你听到电话里有连续剧的声音），什么时候谈及个人生活（如果债务人提到自己的孩子），以及什么时候采取强硬的态度（对任何拿宗教信仰当挡箭牌的人）。

在座的听众不知道如何使用这些建议，虽然所有的建议听起来都非常合理，但他们认为自己的员工没有这方面的能力。催款员的平均学历为高中毕业，而且这是他们大多数人的第一份全职工作。管理者大多数时候都在提醒他们打电话时说话不要那么呆板，几乎注意不到电话那边传来的电视节目的声音，也注意不到对方话语里的宗教内容。没有人能熟练地分析债务人的信用记录，来决定是打电话给妻子还是丈夫，他们只是和接电话的人交流，不管那个人是谁。大通曼哈顿银行每天早上会给催款员发送邮件、可用计算机浏览的信息，还会提供课程培训。但那些管理者知道，几乎没有人会真的阅读那些邮件、浏览计算机屏幕上的信息，或者使用培训课程教授的技巧。打电话给陌生人，催促对方偿还逾期债务，这些问题本身就让他们很头疼，一般的催款员在通话过程中根本无法处理额外的信息。

但是，当有人问弗拉德为什么她团队的员工能更高效地处理信息时，她也无法解释其中的原因。会后，大通曼哈顿银行委托咨询公司米切尔麦迪逊集团来分析她的方法。

弗拉德回到所在支行后，顾问特拉奇·恩特尔问她："你是怎么知道上午最好打电话给女性的？"

"你想看看我的日历吗？"弗拉德说。顾问们不知道她为什么要让他们看日历，但还是说"好的"。他们以为弗拉德会拿出一本记事本或者工作日志，相反，她放在自己桌子上的是一个活页夹，接着她推来一辆小车，上面也堆放着一些活页夹。

"好啦，"弗拉德说，她边说边翻看着满是数字和笔记的活页夹，对着她要找的那一页说，"一天，我突然有了一个想法，说服年轻人还清账单可能更容易，因为他们更希望有良好的信用评分。"

弗拉德说，在她的团队中员工有这样的想法是很正常的事，他们会在午休或下班后聚在一起聊天，聊天过程中迸发的灵感（至少一开始时）通常没有什么意义。事实上，有些想法甚至有些荒谬，例如，一个不可靠的年轻人如果账单逾期，出于某种原因，他会突然急切地想要提高自己的信用评分。不过这都没有关系，他们这样做并非为了提出多么了不起的建议，而是激励员工要有自己的想法，任何想法都可以，然后去验证。

弗拉德看着她的日历说："我们第二天就开始给 21~37 岁的债务人打电话。"一天的工作结束后，员工却发现这对收债并没有什么显著的促进作用。于是，弗拉德在第三天上午做出了改变：她让员工给 26~31 岁的债务人打电话，收债率有了小幅提高。第四天，他们给 26~31 岁、账单余额为 3 000~6 000 美元的持卡人打电话，收债率呈下降趋势。第五天，他们选择给账单余额为 5 000~8 000 美元的持卡人打电话，当天的收债率达到那一周的最高值。晚上员工下班后，经理们聚在一起，回顾这一天的工作，反思为何有的方法奏效、有的无效。他们把日志打印出来，圈出哪些通话效果良好，这就是弗拉德的"日历"。它是一本打印出来的工作日志，上面有注解、员工的评论，以及某些技巧有效的原因。

通过进一步验证，弗拉德得出结论，那个关于年轻人的想法是错误的。不过，这并不奇怪，因为大多数想法在一开始都不是那么可靠。员工会有各种各样经不起推敲的直觉，但是，随着实验的开展，他们对过去不曾注意到的细节变得更加敏感，会更认真地去倾听债务人的话，还会记录债务人对不同问题的反应。最终，一个非常有价值的想法诞生了，那就是在上午 9 点 15 分至 11 点 50 分给债务人的家里打电话。因为这个时段接电话的通常是家里的女主人，女性偿还家庭债务的可能性更大。有时，催款员会有一种无法用言语描述的直觉，并根据这种直觉开展工作。

如果有人提出新的想法或者实验，上述过程就会反复出现。"当你记录每一通电话、做好笔记、和坐在你旁边的员工讨论电话内容时，你的注意力会发生变化。"弗拉德对我说，"你学会了关注更多事物。"

对顾问们来说，这是一个用科学方法细分和测试变量的案例。"其他团队经常一次改变多种变量，"顾问团成员之一尼科·坎托在调查报告中写道，"而夏洛特团队每次只改变一种变量，因此她能更好地厘清事情的因果关系。"

不过，她做的不只是这些。弗拉德的团队除了细分变量，还通过提出假设和验证，对不断涌来的信息变得更加敏感。在某种意义上，他们给工作制造了一个不顺畅的元素，对通话时产生的"数据"进行处理，从而更容易获取有效信息。每天上午收到的电子表格和邮件、计算机显示器上的数据、电话另一头的背景声音，都成了他们提出新想法和进行实验的素材。每一通电话都包含会被绝大多数催款员忽视的大量信息，但是弗拉德团队注意到了这些信息，因为他们在找寻验证他们的想法是否正确的线索。他们同隐藏在每一通电话中的数据进行交流，然后把这些数据转化成能为自己所用的信息。

这就是学习的过程，因为我们专注于信息本身，以至忽略了信息处理的过程。弗拉德把每天收到的大量信息交给她的团队，并教给他们把信息分门别类放进活页文件夹的信息处理方法，从而有效地利用通话内容和数据。这样做的好处是，学习变得更容易了。

分类

南希·约翰逊成为辛辛那提市的一名教师，是因为她实在不知道自己还能做些什么。她花 7 年时间完成了大学学业，毕业后她当上空姐，并嫁给一名飞行员，打算过安稳的生活。1996 年，她开始在辛辛那提公立学校做代课教师，希望以后能成为一名正式教师。她在学校里教多门课程，从英语课到生物课，后来她终于如愿以偿，成为一名四年级的全职教师。入职第一天，校长对她说："你就是约翰逊女士吧。"后来，他承认当时有好几个姓约翰逊的应聘者，所以他也不知道自己录用的是哪一个。

几年后，为了配合美国联邦政府的《有教无类法案》，辛辛那提市开始通过标准化考试跟踪考查学生在阅读和数学方面的学业表现。很快，约翰逊就被淹没在一大堆报告里。每周，她都会收到关于学生在出勤率、词汇、数学、阅读、写作、文学理解和所谓的"认知操作"等方面的进步情况的邮件，还有关于她所教班级的情况、她的教学能力和学校整体成绩的评估。因为信息量过于庞大，所以辛辛那提市聘请了一个数据可视化专家团队，以周为单位，根据地区上传到网络上的信息设计图表。这是一个优秀的设计团队，他们制作出来的图表简单易懂，呈现在网页上的总结清晰明了，还有彩色的趋势图。

不过，最初几年，约翰逊几乎没有看过这些。她本应利用这些信息来设计她的课程，但这让她很头疼。"邮件和统计数据很多，我知道自己应该把这些应用于课堂教学，但它们总是排山倒海般涌来。"她说，"我认为那些数据和让我成为一名优秀老师所需的东西之间存在一定的差距。"

她所教的四年级学生大多来自贫困家庭，有很多还是单亲家庭。她是一位好老师，但是她教的学生考试成绩仍然不理想。2007 年，也就是辛辛那提市启动 EI 之前的一年，在全州的阅读测试中，她的学生的阅读熟练度水平只有 38%。

2008 年，EI 开始了。作为改革的一部分，约翰逊所在学校的校长要求所有教师每个月至少要在学校的数据室待上两个下午。教师们围坐在会议桌旁，参加数据采集和制作统计数据表格的培训，这些更加耗费时间。约翰逊和她的同事在开学之初就被告知，作为计划的一部分，他们需要为班里的每位学生制作一张索引卡。每两周的周三，约翰逊要到数据室把过去两周的测试成绩抄写到索引卡上，再按照学生的成绩（不合格、合格、优秀）把所有的卡片用不同颜色（红色、黄色或绿色）标记并进行分类。随着时间的推移，她还会根据学生的进步情况把卡片重新分类。

这项工作非常枯燥，而且坦率地讲，这是徒劳之举，因为所有信息都能在学生的在线数据库中被找到。另外，很多教师都有几十年的教学经验，他们认为并不需要用一摞一摞的索引卡来告诉他们学生的情况。但是，命令就是命令，他们不得不每两周去一次数据室。"校长要求每位教师都要认真地制作卡片，并根据学生表现进行分类。"约翰逊说，"每位教师都很讨厌这项工作，至少一开始是这样的。"

有一天，教三年级的一位教师想到一个办法，既然要花那么多时间抄写学生的考试成绩，干脆在每张索引卡上写上学生在测试中答错的问题，并且说服另一位教师也这样做。于是，他们按照学生第一题所犯错误的相似性把卡片重新分类，由此发现某些规律：某个班的大多数学生对代词的用法掌握得很好，但是在分数的学习方面有些困难；另一个班的情况则正好相反。教师们因此互换了课程，结果两个班的考试成绩都提高了。

之后的一周，有的教师建议可以打破班级的界限，根据学生的居住地址对索引卡进行分类。教师给居住在同一社区的学生布置了相似的阅读任务，学生的阅读成绩有所提高，他们还会在乘车回家的路上一起完成作业。

约翰逊根据她在数据室所做的索引卡把学生分成若干学习小组，她发现，这有助于她更加细致地了解每个学生的优点与不足。她每周都会去数据室好几次，把学生的索引卡分得越来越精细，并尝试用不同的方式进行归类实验。过去，她自认为非常了解所教的班级，但是现在，她对学生有了更深层次的了解。"当面对 25 个学生时，一个老师很难把他们当成单独的个体去对待。"她说，"我过去总是把他们看作一个班级，通过数据室的工作，我开始关注每个学生。我认识到自己必须了解每个学生，并且不断地问自己：这个孩子需要什么？"

到年中时，约翰逊的一些同事注意到，每个班级都有一小部分学生存在数学学习困难的情况。由于这个问题并不十分明显，不是所有教师都能注意到。但是，在数据室，这个情况变得很明显，全校范围内举行的速算比赛就是为了应对这种情况。很快，包括 8 岁的丹蒂在内的学生每天早上都要以最快的速度笔答试卷，由数控系统排列出速算速度最快的学生名单。12 周后，全校的数学成绩提高了 9%。

EI开展 8 个月后，约翰逊的班级参加了每年一次的评估考试。在此之前，她经常光顾数据室，和她的同事制作了几十摞学生索引卡，对各种教案进行测试，跟踪各种不管是从卷纸上撕下来的还是贴在墙上的结果，数据室里到处是数据。

6 个星期后，评估考试的结果出来了，约翰逊班里的学生平均得分为 72%，几乎是上一年的两倍，学校的总体成绩也提高了一倍多。2009 年，约翰逊成为一名教练，到辛辛那提其他学校给教师们教授数据室的使用方法。2010 年，她被同行评选为辛辛那提市的年度最佳教师。

让信息变得有意义

辛辛那提市实施EI时，迪莉娅·莫里斯已经是高中一年级的学生了，她没有机会像南埃文代尔小学的学生那样成为改革的受益者。而且，即使市政府决定扩大这个项目的实施范围，对她来说似乎也太晚了。她的爸爸当年被雇主辞退，失去了杂货店保安的工作，紧接着又和房东打了一架。迪莉娅回家后发现公寓大门紧锁，上面贴着橙色封条，大厅里堆满黑色垃圾袋，里面装着她和 7 个兄弟姐妹的所有物品。迪莉娅一家先在教友家暂住了一段时间，之后去朋友家借宿，他们陷入了每隔几个月就要搬一次家的窘境。

迪莉娅是一个学习刻苦的好孩子，学校老师认为她足够聪明，她的天赋可以帮她离开辛辛那提恶劣的社区，考入大学。但是，这并不意味着她一定能够摆脱这一切。每年都有像迪莉娅一样的学生，他们似乎可以拥有更好的人生，而贫困把他们拖回了原点。迪莉娅的老师们对她抱有期望，但现实也很残酷，他们知道，即使对有天赋的学生来说，更好的生活有时也遥不可及。对于这一点，迪莉娅心知肚明。她担心即使是暂时的无家可归也会改变老师对她的看法，所以她没对任何人提起她家里的事。"在学校读书是我一天中最美好的时光，"她对我说，"我不想毁掉这份美好。"

2009 年，迪莉娅在西山高中读二年级，辛辛那提市的教育改革扩展到了高中阶段。然而，改革初期的结果令人失望。教师们纷纷抱怨，建立数据室等创新行为只是起点，并不能解决所有问题。教师们说高中生已经定型，很难改变他们的行为，而且可以对他们进行干预的时间实在太短。教师们表示，要想改变孩子们的人生，学校应该帮助学生更好地做决定，尤其是在面对一生只有一次的选择机会时：上大学继续学习，还是去工作；终止妊娠，还是结婚；在所有人都需要你的帮助时，是帮助家人还是其他人。

因此，该项目改变了针对高中生的教育改革重心，在西山高中和其他与当地高校、美国国家科学基金会有合作关系的高中开设了工程类课程，目标是"实施跨学科教育，鼓励学生利用日常生活中的技术手段解决现实世界中的问题"，该项目在总结中写道。西山高中有 90% 的学生生活在贫困线以下，教室里的油毡地板有的已经剥落，黑板也出现裂纹，因此"利用科技"并不是大多数学生担心的事。迪莉娅报名参与德翁·爱德华开设的工程课程，爱德华的开场白说出了所有人的现实情况。

"我们来学习如何像科学家一样思考，"他对学生说，"不要依赖父母和朋友，卸下所有包袱，我们要学习如何做出明智的选择。如果你们没吃早饭，我的桌子上有能量棒，你们可以自己拿。坦承自己饿了没什么不好意思的。"

爱德华工程课程的真正核心是教学生如何做决定，也被称为"工程设计流程"，它能够鼓励学生找出问题、搜集数据、用头脑风暴的方式解决问题、讨论可行方案以及反复进行实验。"工程设计流程是工程师在尝试解决问题和设计解决方案时采取的一系列步骤，是系统解决问题的方法。"一本教师手册中这样写道。很多一开始看似严重的问题可以被分解成若干小块，不断地对解决方案进行验证，直到答案出现。工程设计流程就是基于这一方法建立的。它要求学生必须准确地找出他们想要解决的问题，对问题进行研究，找出多种解决方案，并加以验证和评估，循环往复，直至找出答案。在这个过程中，学生让问题变得更易于控制，最终把它们装进"脚手架"和"思维的文件夹"，方便存储和调用。

这门课程的首要任务是设计一辆电动车。连续几周，在爱德华的课堂上，学生们被分成几个小组，按照工程设计流程的每个步骤完成这项任务。教室里能提供的材料很少，但这并不会影响他们，因为完成这个任务的关键在于如何利用可获得的信息，不管这些信息来自哪里。不久，学生们开始联系汽车代理商，参观汽车修理店，到废品回收站收集铝罐，再根据他们在网上找到的资料，用这些材料制作电池测试设备。"我第一步要教他们的是放慢一点儿节奏。"德翁·爱德华对我说，"这些孩子整天都在忙着解决各种问题，他们要面对父母的离家、有暴力倾向的男友和吸毒的同学，他们的

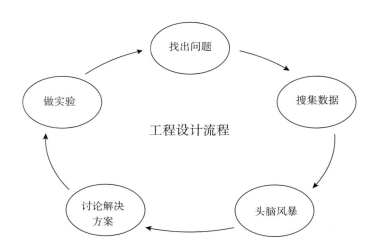

经历要求他们必须很快做出选择。我想让他们知道，如果学会一种做决定的方法，他们就能够放慢速度、认真思考。"

到了期中，学生们完成了电动车的设计，下一步是安装弹珠分类装置。迪莉娅 21 岁的姐姐有个小孩，孩子的父亲却离开了他们，迪莉娅的姐姐每天累得筋疲力尽，恳求迪莉娅每天下午帮她照看一下孩子。迪莉娅很难拒绝姐姐的请求，她的父亲对她说，她应该帮姐姐这个忙，因为他们是一家人。

一天，在爱德华的课上，迪莉娅从活页夹里拿出工程设计流程图，一边和小组成员进行工程设计，一边思考是否帮姐姐看孩子的问题。如果她同意帮姐姐照看孩子，接下来会怎样呢？工程设计流程的第一步是搜集数据，于是迪莉娅把类似的经历列出来。她对所在小组的同学说，她的另一个姐姐几年前利用课余时间打工，很快全家人都依赖她的那份薪水过活，导致她无法放弃那份工作，进入社区大学的愿望不得不被搁置。迪莉娅猜想，如果她同意帮姐姐照看孩子，类似的情况就可能发生在她身上，这是数据点一。

接着，迪莉娅列出自己答应帮姐姐看孩子之后每天的日程安排

表：上午 8 点 30 分到下午 3 点 30 分上课，下午 3 点 30 分到晚上 7 点 30 分看孩子，晚上 7 点 30 分到 10 点做作业。然而，照看孩子是一件累人的事，很可能每天照看完外甥后，她剩下的时间只会看电视，而不会做数学题或者准备复习考试了。她会因此满腹牢骚，在周末也会做出糟糕的选择，这是数据点二。

随着流程的推进，她的小组成员把她的问题分割成若干小块，通过头脑风暴寻找解决方案，并进行角色扮演。而这时，班里的其他同学正在讨论如何把杂色弹珠和纯色弹珠分开。最后，迪莉娅找到了答案：照看孩子看似无足轻重，但证据表明迪莉娅需要做出很大的牺牲。迪莉娅给她爸爸写了一封邮件，上面列举了她的分析过程，向父亲证明她为什么不能帮姐姐。

心理学家说，用这种方法学习如何做决定很重要，对年轻人来说更是如此。这易于他们从自己的经历中学到更多的东西，并从不同的视角看待各种选择。这是制造不顺畅的一种形式，有助于我们更加客观地评估自己的生活，不带任何情绪和偏见地领悟蕴藏在过往经历中的道理。当《冰雪奇缘》的动画团队构思电影时，迪士尼的创作机制促使他们把个人的生活经历视为创作素材。但是，我们在自己的生活经历中不仅能够获得创作素材，还能获得数据。我们都会本能地忽略以往决策中所包含的信息，也会忘记自己做过的每个选择都包含了上千次实验。我们对自己的经历太过熟悉，以至常常想不到如何把过往的数据分成若干小块。

但是，像工程设计流程这样的体系促使我们搜索信息，用头脑风暴的方式寻找潜在的解决方案，产生不同的想法并加以测试，即通过把过去的经历放在新的参照系中帮助我们制造不顺畅。学习用新的方法做决定，这颠覆了我们的大脑对二元选择的渴望：我应该帮助姐姐还是让家人失望？

1984 年，美国西北大学发布了一份关于这类决策框架的力量的重要研究报告。该大学的一位研究人员要求一组参与者根据自己的亲身经历说出购买录像机的原因，参与者列出了几十种购买的理由。有人说录像机能给他们带来乐趣，有人认为这是一种教育投资或者是家庭聚会的一种休闲方式。接着，研究人员要求这些参与者给出不买录像机的理由，却发现他们几乎想不出什么不买的理由，大多数人都说他们不久后可能也会买一台录像机。

接着，研究人员找来另一组参与者，让他们列出不买录像机的理由。有人说看电视会疏远和家人的关系，也有人说看电影没有意义，他们拒绝这种诱惑。当研究人员要求这些人给出买录像机的理由时，他们很难给出什么有说服力的答案，并表示他们不太可能会买录像机。

让研究人员感兴趣的是，每组参与者在已经建立决策框架的情况下，接受相反的观点有多难。两组参与者的情况相似，他们本来都想买录像机，至少他们应该给出差不多的买或者不买的原因。但是，参与者一旦建立了某种决策框架，比如认为这是一种教育投资或者看电视会疏远和家人的关系，就很难从不同的角度考虑新的选择。类似的结果也在其他实验中出现过，当人们被问及关于生命（比如临终选择）和消费（比如买一辆车）的问题时，决策框架一旦形成，就很难被改变。

然而，只要我们迫使自己寻找新的出发点，决策框架就可以被彻底改变。当迪莉娅把遇到的难题用爱德华的工程设计流程图来分析时，她就制造了不顺畅，这给她最初的决策框架带来干扰。她回到家，用她的逻辑和她的父亲交谈，最终也改变了他的决策框架。

迪莉娅对她父亲说，她不能照看外甥，因为她加入了爱德华的机器人俱乐部，每周二和周四需要在学校待到下午 6 点，而且这个俱乐部是她上大学的一个途径。除了这两天，她想在图书馆完成作业再回家，家里环境太吵闹，她没办法静下心来做作业。通过对决定框架的重构，迪莉娅让它变成从两者之中做出选择：是现在帮助家人，还是先完成学业，以便将来在更多方面帮助家人。她的父亲同意找其他人照顾她姐姐的孩子，让迪莉娅好好学习。

"我们的大脑倾向于使用一个简单的决策框架，而且轻易不会改变，这和大脑倾向于二元选择是一样的道理。"哥伦比亚大学的心理学家埃里克·约翰逊对我说，"这就是为什么年轻女孩在和男朋友分手时考虑的问题常常是'我爱不爱他'，而不是'我要不要和他谈恋爱，或者我要不要去上大学'？或者在买车时，你想的是'我需要电动车窗还是全球定位系统（GPS）'，而不是'我确实买得起这辆车吗'？"

"如果我们教给别人重构决策框架的方法，让一系列决策的过程变得和以往不同，"约翰逊说，"他们就能更好地做出决策。"

要想帮助人们从不同的视角审视自己过往的经历，最好的方法是教授他们一种正规的决策方法，例如工程设计流程图，让他们的大脑拒绝接受简单的选项。"这个过程教会我们在解决问题时不要墨守成规，"约翰逊说，"这是一种能让我们看到其他选择的方法。"

● ● ●

迪莉娅进入西山高中的第三年，她的家庭生活变得越发混乱。她的一个姐姐在家照顾小孩，另一个姐姐也退学了。在一家人准备寻找下一个住处时，其他麻烦事接踵而至：又有一个人失业了，而且由于邻居投诉，他们不得不再次搬家。后来，他们找到一处可以长期租住的房子，但没有暖气，当没有钱付电费时还会遭遇断电。

那时，迪莉娅的老师们已经对她家的情况有所了解，也看到她是多么努力——她是成绩全优生。他们都竭尽所能地帮助迪莉娅，当迪莉娅需要洗全家人的衣服时，她的英语老师托勒女士会邀请她去自己家学习；当迪莉娅感到疲惫不堪时，爱德华会让她趴在教室的桌子上小睡，他自己则在一旁批改试卷。这些老师看到了迪莉娅的潜力，他们希望能帮助她顺利考入大学。

尤其是爱德华老师，他对迪莉娅的人生产生了重要的影响。他把她介绍给学校的升学顾问，帮助她申请奖学金、修改大学申请资料并确保它们被及时寄出。每当她和朋友产生矛盾，和男朋友吵架，和她爸爸发生争执，觉得时间少作业多，生活快要把她击垮时，她就会用爱德华的工程设计流程来分析和解决问题。这能让她静下心来，想出解决方案。

高中三年级的那个春天，迪莉娅陆续收到奖学金委员会寄来的信，她共获得17种奖学金，包括1万美元的努德斯特伦奖学金、扶轮奖、辛辛那提大学少数族裔资助金。迪莉娅是班里的优秀学生，也是公认最有可能考上大学的人。高中毕业典礼前的那个夜晚，她住在托勒女士的家里，因为可以洗个热水澡，再烫一下头发。那年秋天，她被辛辛那提大学录取了。

"大学生活比我想象中更不容易。"迪莉娅对我说。现在她是一名大学二年级的学生，主修信息技术专业。她是班里唯一一名女生，也是唯一一名黑人学生。学校为了帮助像迪莉娅这样的学生，设立了一个"第一代移民学生"（Gen-1）项目，为他们提供导师、辅导员、必修课程辅导。Gen-1 项目的帮助对象大一时都住在统一的宿舍楼里，还要签订一份长达 7 页的合同，包括承诺遵守宵禁、晚上保持安静以及去自习室学习等规定。学校的目的是帮助他们告别过去的成长环境，在新环境下重新审视自己。

"家里的突发状况依然不断。"迪莉娅说。但是，每当感到事情难以应付时，迪莉娅都会想到爱德华的课程，然后任何问题都能一步一步得到解决。"如果把某个让我为难的问题分解成若干小块，我就不会有那种束手无策的感觉了。"她说。

"我经历了很多事，我认为，只要能跳出思维定式去思考问题，就能有所收获。如果我能正确地思考，任何发生在我身上的事都会变成一种财富。"

● ● ●

最善于学习的人，能够吸取自己身边人的经验教训，从个人经历中领悟道理，充分利用不断涌来的信息，知道如何跳出思维定式。他们会对生活给予他们的东西进行改造，而不是被动地接受，他们知道最好的经验是从行动和信息处理的过程中获得的。他们随时获取数据并进行实验，不管是使用工程设计流程，在工作中验证某个观点，还是和朋友探讨某个概念，这些都是跳出思维定式的手段，这样做更有助于我们理解信息。

在发表于 2014 年的一项研究报告中，来自普林斯顿大学和加州大学洛杉矶分校的研究人员对学习和不顺畅之间的关系进行了检验。他们观察两组学生，上课时，一组学生一边听讲一边用笔做笔记，另一组学生用笔记本电脑做笔记。手写比打字更难，而且效率更低。写字时手指会痉挛，速度也比打字慢，所以你不可能记下太多内容。相反，选择使用笔记本电脑的学生，课堂上花在记笔记上的时间更少，但记录的内容却多出一倍。换句话说，写字比打字更不顺畅，因为这一过程需要付出更多劳动，而且无法一字不差地记录。

然而，研究人员在比较两组学生的成绩时发现，手写笔记的学生记住的课程内容是打字的学生的两倍。一开始，研究人员对这个结果心存怀疑，也许是手写笔记的学生课后花了更多时间学习？于是，他们又做了第二个实验，安排两组学生上同一堂课，而且一下课就把他们的笔记收走，让他们无法进行课后复习。一周后，他们再次测试两组学生，手写组的成绩仍然比打字组高。不管设置什么限制条件，那些不辞辛苦地手写笔记的学生——他们在处理信息的过程中制造出不顺畅——总是能掌握更多课程内容。

我们的生活中也存在同样的道理，当面对新的信息，想要从中得到些什么时，我们就必须对数据进行处理。如果你想减肥，仅凭体重秤每天往手机应用程序发送数据是不够的，你还需要把这些数据绘制成图表，才有可能在午餐时放弃汉堡而选择沙拉。如果你阅读的书里有不少新观点，试着把书放下，然后把这些观点解释给坐在你旁边的人听，这样你才更有可能把这些观点应用到你的生活中。如果发现了一个新信息，你需要认真思考，在实验中加以验证或者与朋友分享，才能构建思维的文件夹，这是学习的核心。

人生中的每个选择都是一种体验，每天你都有很多新机会来重构更好的决策框架。在我们生活的这个时代，数据更加丰富，分析数据的成本更低，把数据转化为行动也更容易。这些都是前所未有的，智能手机、网络、电子数据库和各种应用程序让信息唾手可得。但是，只在我们知道如何让信息变得有意义时，它们才能为我们所用。

● ● ●

2013 年，丹蒂·威廉斯从南埃文代尔小学毕业，结束了 5 年的小学学习生活。毕业典礼的前一天，他参加了一个派对，地点是在 6 年前"和平碗"橄榄球比赛时一个学生被谋杀的那个操场，那里到处是气球，摆放了充气城堡，有一台棉花糖机，还有一位唱片骑师（DJ）。南埃文代尔小学位于辛辛那提市的一个最贫困的地区，校园附近仍有毒品交易，也仍有人住在木板房里。但是那一年，有 86% 的学生成绩超过了本州教学标准。2015 年，这一比例上升到 91%，好多孩子都在等待能到南埃文代尔小学上学的机会。

当然，任何一所学校的改变都不能仅归功于一个项目，就像任何一个学生的成才都不能仅归功于一门课程或者一位老师。丹蒂和迪莉娅，以及南埃文代尔小学和西山高中的改变，是多种力量聚集到一起发生作用的结果：敬业的教师，善于调整目标的管理者，专注于改革的校长，支持改革的家长。但是，只有在知道如何利用这些优势时，我们才能取得成功。数据室把信息转化成真正的知识，教师们懂得把学生看作有不同需求和优势的个体，这些才是辛辛那提公立学校发生转变的根本原因。

在毕业典礼上，看到丹蒂走上舞台时，他的家人开心地笑了。每个毕业生的毕业证书上都有一处空白，丹蒂的也不例外。校长说，这是每个毕业生都必须做的事，就是在毕业证书的空白处写上自己的名字。校长递给丹蒂一支笔，丹蒂在他的毕业证书空白处写上了自己的名字。

附　录　书中核心观点使用指南

在我联系阿图·葛文德（本书开头提到的那个激发出我对效率研究的兴趣的医生兼作家）几个月之后，我开始创作这本书。近几年时间，我通过拜访专家、阅读大量的科技文献和案例进行研究。有时，我觉得自己似乎已经是一个效率专家了。在动笔写作本书时，我以为把这些观点用文字表述出来应该很容易。

但这些都是我的异想天开。

很多时候，我坐在书桌旁，连续几个小时在网上搜索效率研究的新动向，然后阅读、整理自己的笔记。在飞机上，我的随身行李中装满了我原本打算阅读的科技论文，但我一直在回复邮件、列出待办事项，完全忽略了我应该完成的那些重要的事。

我的头脑中有一个目标：写作一本书，告诉人们如何把我在书中介绍的提高效率的方法应用到自己的生活中。但这个目标似乎太遥远、太难实现，我只好把注意力集中在容易达成的目标上。结果，几个月过去了，我只列出了写作提纲，没写出一个完整的章节。

我一度感到绝望，"我觉得自己失败极了"，我在给编辑的邮件中写道，"我不知道问题出在哪里了"。

他回复我时指出了问题所在：也许我应该先把从专家那儿学到

的东西应用到我自己的生活中，亲身践行我打算在书中介绍的那些方法。

激发动力

我遇到的最大挑战和我的动力有关，它似乎在最不恰当的时间"熄火"了。在写作本书时，我是《纽约时报》的一名记者，同时还在宣传我写作的《习惯的力量》一书，并且我一直在努力做个好爸爸和好丈夫。换句话说，我当时感到精疲力竭。在《纽约时报》工作一整天后，回到家又要整理笔记，或者写书稿，或者哄孩子睡觉，或者收拾餐桌，或者回复邮件。这时，我发现自己的动力快没了，尤其是回复电子邮件，对我而言就是一种折磨。我的收件箱随时会被新邮件塞满，有同事的问题、其他作家的问题、我想采访的学者给我的回复，还有其他各种需要深思熟虑才能回答的问题。

然而，我只想看电视。

每天晚上，当努力寻找回复这些邮件的动力时，我开始思考本书第 1 章的核心观点，还有查尔斯·克鲁拉克将军通过增强新兵内控制点来改造海军陆战队新兵训练营的理念：

> 当我们把被动的任务转化成主动的选择时，就更容易产生动力，这样做会提升我们的掌控力。

每天，我至少有 50 封邮件待回复，而且我总是下决心一吃完晚饭就坐在笔记本电脑前处理这些邮件。然而事实上，我总能找到各种拖延的理由，比如，给孩子多读一个睡前故事，或者打扫客厅，或者浏览社交网站，来逃避回复邮件的烦恼。又或者，我会快速地浏览收件箱，不停地点击回复键，结果整个计算机屏幕上都是等待我输入文字的回复界面，这让我崩溃不已。

克鲁拉克将军对我说："大多数新兵不知道怎样逼迫自己动手做有难度的事，但是如果我们能够训练他们通过做些什么迈出第一步，他们就会拥有掌控力，并且很容易坚持下去。"我很认同这句话。

我意识到，克鲁拉克的观点能够让我产生动力。所以，一天晚上在孩子们睡着之后，我坐在笔记本电脑前，点击了很多封邮件的回复键。接着，我用最快的速度在每封邮件的回复界面上都写了一句话，"什么都可以"，作为我迈出的第一步。比如，一位同事发邮件问我是否可以和他一起参加会议，我一直没有回复他，因为我不想参加那个漫长无聊的会议，但又不能完全拒绝他。所以，我在回复给他的邮件中写下的一句话是：

　　我可以陪你去，但我 20 分钟后就得离开。

我写了 20 多句类似的回复，然后，我一一返回去补充余下的回复：

　　嘿，吉姆，
　　好的，我可以陪你一起去，但我 20 分钟后就得离开。
　　希望不会给你带来麻烦。
　　祝好。

　　　　　　　　　　　　　　　　　　　　　　　　　　查尔斯

我注意到两件事：第一，写了一句话之后，回复邮件变得简单多了。第二，也是最重要的一点，回复的这句话如果让我感到自己在掌控局面，我就会更有动力。当回复吉姆说我只能在那个会上待20分钟时，这提醒了我，如果不想去，我就没有必要参与他的项目。当回复一封邀请我在一个会议上发言的邮件时，我写下的第一句话是：

> 我想周二离开，周四晚上返回纽约。

我想表明的意思是，是否参加会议的决定权掌握在我的手里。

换句话说，用一句话回复的同时，每条回复都在提醒我，眼前这些选择的主动权掌握在我自己手中。（按照心理学家的说法，我用这一句一句的回复增强了自己的内控制点。）在35分钟内，我便处理完了所有邮件。

但是，其他方面的拖延症该怎么应对呢？当碰到一项艰巨的任务时，比如写一份很长的备忘录，要和同事进行一次重要的谈话，你该怎么办？如果没有一种简单可行的方法证明你可以掌控局面，你该怎么办？对于这些情况，我想起另一个观点：

> 如果我们把选择看作对自己更深层次的价值观和目标的肯定，就更容易产生动力。

这就是海军陆战队新兵要互相问"为什么"的原因："你为什么要登山？""你为什么错过了女儿的出生？""你为什么要打扫餐厅、做俯卧撑？""你为什么放弃安逸的生活而选择上战场？"强迫自己回答这些问题有助于让我们记住：这个任务只是漫长人生道路上的一小步，完成它，我们就离有意义的人生目标更近了一步。

比如，为了激发自己在飞机上阅读研究材料的动力，我在每份材料前面写上必须读这份材料的原因。这样一来，当把材料从包里拿出来后，我就能更专心地阅读。简略地写下做这件事的原因，可以让事情的"开头"变得不那么难。

证明自己正在掌控局面、拥有选择权或者正在朝有意义的目标前进，这可以激发我们的动力，推动我们前进的正是这种自我决定的感觉。

如何激发动力

· 证明选择权掌握在你自己手中。如果你正在回复邮件，先写下一句能够表达你的主要观点和决定的话。如果你要进行一次重要的谈话，请提前决定谈话的地点。拥有掌控权比做出具体的选择更能激发你的动力。

· 想清楚这个任务为什么与你在乎的事物息息相关。告诉自己这项任务为什么能让你离那个有意义的目标更近一步。告诉自己为什么这项任务很重要，然后你就会发现迈出第一步变得容易了。

设定目标

然而，仅仅知道如何激发自己的动力还远远不够。写书是一个大目标，从很多方面来讲甚至是一个很大的目标，人们很难从一开始就能把控全局。在努力思考如何弄清楚这个目标时，我的那些有关目标设定的报道给了我不少启发，其中最主要的收获是，我知道自己需要设定两种目标：

- 一种是符合我的远大志向的延展目标。
- 一种是有助于我制订具体行动计划的SMART目标。

专家告诉我，设定这两种目标最有效的方法之一，就是列出具体待办事项：一定要明确我的延展目标和SMART目标。于是，我开始列出待办事项，并在待办事项的最上面写下总体目标，也就是延展目标。（这能避免我产生认知闭合需要，以及过度沉迷于容易完成的短期目标。）在总体目标下面，列出子目标以及SMART目标，然后制订行动计划。这样一来，我才更有可能实现所有的目标。

例如，在写作过程中，我的一个延展目标就是找到一个能够阐明心智模型如何发挥作用的案例。我知道，航空专家认为心智模型对飞行员应对突发状况起到了重要作用，所以，我把这个延展目标写在第3章待办事项的开头。

接着，我在自己的延展目标下面写下了SMART目标：

延展目标：找到一个能够佐证心智模型作用的航空案例（一次有惊无险的迫降）。

具体的：通过谷歌搜索找到一位航空专家。

可衡量的：每天上午给4位专家打电话，直到找到我需要的人和案例。

可达成的：每天上午只专注于这项任务，9点到11点30

分不打开电子邮箱。

　　现实的：周一花一个小时的时间搜索航空专家，列出我打算联系的人员名单；给这些专家排好顺序，从上午 10 点 15 分开始，分别给 4 位专家打电话。每次通话快结束时，请他们给我推荐其他可以联系的专家。

　　有完成期限的：如果每天打 4 个电话，到周四就可以联系上 16 位专家。如果到那时还没找到合适的案例，我就要制订新的计划了。如果案例找到了，我会在周五把案例概要发给编辑。

我只花了几分钟时间简略地写下了延展目标和 SMART 目标，却极大地提高了这一周的工作效率。现在，我会给每项重要任务都列出这样的待办事项。每天早上坐在办公桌前，我就很清楚地知道自己要做哪些工作了，无须被动地做出决定，也找不到拖延的理由。

　　另外，因为对自己的延展目标非常清楚，所以我不会轻易偏离主题，或者被完成简单任务的快感麻痹。就像科学家所说的，我已经摒除了自己的认知闭合需要。我不会仅因为一个不错的采访，或者发现了一项有用的研究，又或者找到了一个也许能用在书中的有趣案例而停止写作。相反，我始终清楚一点，那就是我达成这些 SMART 目标是出于更重要的原因——写一本关于效率的书。事实上，我还有一系列延展目标。

如何设定目标

- 设定一个延展目标，一个能够代表你远大志向的目标。
- 把这个目标分解成很多子目标和 SMART 目标。

保持专注

然而，现实生活中总会出现一些分散我们注意力的事情以及其他需求。所以，除了要制订行动计划，我还需要保持专注，这是澳洲航空 32 号航班幸免于难那一章的核心观点，我一直铭记于心：

> 我们可以通过想象自己期待看到的事物来建立心智模型（给自己讲故事），来保持专注力。

为了确保自己能专注于延展目标和 SMART 目标，每天早上坐在办公桌前开始工作时，我会先想象一下我期待发生的事。所以，我养成了一个习惯：在每周日晚上的某个时间，拿出便笺和笔，想象接下来的一天和一周会发生什么样的事情。我通常会选择 3~4 件自己期待发生的事，然后问自己一系列问题：

我的目标

找到一个能够佐证心智模型的航空案例。

首先要做什么？

我要编制一个航空专家列表。

↓

你会如何应对让你分心的事？

上午 11 点 30 分之前不打开电子邮箱。

↓

你怎样判断自己是否成功？

我会打至少 10 个电话，确保能联络上 4 位专家。

↓

成功的必需品是什么？

我需要一杯咖啡，这样我就不会赖在床上不起来。

↓

你接下来会做什么？

我会查找资料，列出明天要打的电话。

我一般只需要花几分钟来想象我希望发生的事，之后我的大脑中就有了一个故事，它就是关于我上午应该怎样工作的心智模型。当分散我注意力的事情不可避免地发生时，我很容易判断是否应该忽略它。

如果收件箱显示我有 30 封未读邮件，那么我知道先忽略它们，在上午 11 点 30 分以后再处理那些邮件，因为我头脑中的那个故事告诉我应该这样做。如果电话铃响了，来电显示告诉我那是我想要联系的专家，我就会接起电话，因为心智模型给这个干扰信息预留了一个位置。

我的延展目标和 SMART 目标指导我制订了行动计划，头脑中有一张关于这个计划应该如何展开的指示图，所以我很容易决定应该把注意力放在哪里。

如何保持专注力？

想象会发生什么。首先会发生什么？潜在的障碍是什么？你怎样提前扫除障碍？给自己讲一个你期待发生的故事，在你的计划和现实生活发生冲突时，你会很容易决定应该把注意力放在哪里。

做决定

生活中总有这样的时刻：我已经设定了延展目标和SMART目标，有了帮我保持专注力的心智模型，找到了激发动力的方法，然而，突然出现的事情会打乱我的计划和安排。有时这件事很小，比如我的妻子问我要不要跟她一起吃午饭，有时这件事又很大，比如编辑交给我一个令人兴奋但不在计划之中的任务。

那么，当遇到意料之外的事时，我应该怎样做决定呢？也许我们可以从有关概率思维的那一章找到答案：

想象多种可能性，然后强迫自己思考哪一种最有可能发生，为什么。

关于是否同意和妻子一起吃午饭等简单的决定，处理方法很简单：一种可能是，我花一个小时的时间吃午饭，并因此感到开心和放松；另一种可能是，午饭吃了很长时间，我和妻子一直在讨论家务事还有保姆的问题，这让我感到筋疲力尽，以至无法按计划完成工作。

考虑可能发生的结果，我就能更好地干预事情的进展。比如在选择和妻子吃午饭的餐馆时，我可以推荐一家离我办公室很近的餐馆，吃完饭我就能马上回去工作。如果吃饭时妻子提起家务事，我就会对妻子说晚上回家后再讨论。预测未来有助于我做出更明智的决定。

但是，对于一些重要的决定，比如是否接受一项令人兴奋的新写作任务，就需要进行更多的分析。举个例子，在写作此书的过程中，一家制作公司问我是否有兴趣参与开发一档电视节目。在考虑是否应该抓住这个机会时（它也许会影响我的写作进程，但从长远来看我可以得到回报），我列出了参与该电视节目的制作后可能会出现的一些结果：

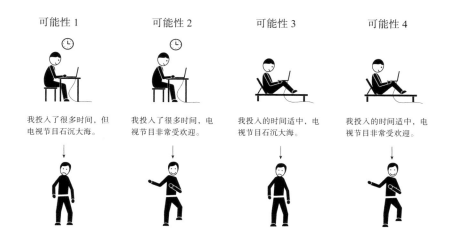

可能性 1	可能性 2	可能性 3	可能性 4
我投入了很多时间，但电视节目石沉大海。	我投入了很多时间，电视节目非常受欢迎。	我投入的时间适中，电视节目石沉大海。	我投入的时间适中，电视节目非常受欢迎。

我不知道如何评估这些可能性。我能想到的可能性还有几十种，但无法预测结果。于是我给从事影视工作的朋友打电话，根据他们的建议，我给以上可能的结果算出了概率。

根据专业人士的预测，结果很有可能是这样的：我投入了大量时间，很有可能得不到回报；但如果投入适量的时间，我至少有可能从中学到些什么。

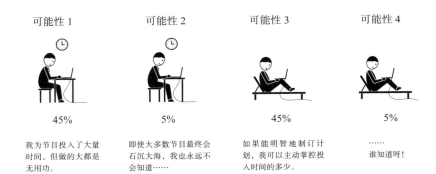

可能性 1　　　　可能性 2　　　　可能性 3　　　　可能性 4

45%　　　　　　5%　　　　　　45%　　　　　　5%

我为节目投入了大量　即使大多数节目最终会　如果能明智地制订计　……
时间，但做的大都是　石沉大海，我也永远不　划，我可以主动掌控投　谁知道呀！
无用功。　　　　　　会知道……　　　　　入时间的多少。

这时，我会用贝叶斯法则进行自我指导。于是，我花了几天想象各种各样的结果。最后，我发现我以前忽略了一种可能性：即使节目最后石沉大海，我也很有可能从中获得很多乐趣。所以，我决定参与电视节目的制作，但我事先向他们说明，我不想让节目制作占用我的全部时间。

这是一个正确的决定，总的来说，我在该任务中的参与度很低，差不多相当于两个星期，但收获超出了我的预期，我的确从中学到了很多东西。

更重要的是，这个决定是在我经过深思熟虑之后做出的。因为我已经考虑了各种各样的结果，而且加入节目之前，我也设定了延展目标和SMART目标，所以我能够主动掌控自己花在节目上的时间和精力。

如何更好地做决定？

· 想象各种可能出现的结果，鼓励自己想象各种各样的可能性，即使有些可能是自相矛盾的，你也会做出更明智的选择。

> • 培养自己的贝叶斯思维，通过了解不同的经验、视角和其他人的观点，获取信息，并了解信息，你的选择就会更加正确。

本书的核心观点

附录部分概述了一些在生活中让我受益匪浅的重要观点，如果你更有动力、更专注、更善于设定目标和做出正确的决定，那么你已经走在了通往高效的路上。当然，本书还有一些观点会在其他方面（比如，你想要管理他人，你想学得更快，你想在短时间内实现创新）对你有所帮助。与效率有关的以下章节也包含独特的观点：

如何使团队更高效？

• 管理是指管理团队的方式，而不是团队里的人。当每个团队成员感觉自己可以在公平的环境中发表意见，成员之间懂得关注彼此的感受时，心理安全就会产生。

• 如果你正在管理一个团队，想想你传递出的信息是什么。你是鼓励每个成员拥有均等的发言机会，还是奖励发言最多的人？你想通过重复别人的观点、对他人的提问和看法做出回应来表示你在倾听吗？当有人感到沮丧或者不安时，你会表示关注吗？你会带头关注别人的感受，给其他成员做榜样吗？

如何有效地管理他人？

• 精益和敏捷管理方法告诉我们，如果员工认为自己拥有更多决定权，以及他们的同事都在朝着同一个方向努力，他们就会更具智慧、更优秀。

•让与问题最直接相关的人做决定，领导者可以借此充分利用每个人的专长，激发他们的创造力。

•掌控力可以激发动力，要想激发人们思考和解决问题的动力，就要让人们知道他们的建议不会被忽略，也不会因犯错而受到责怪。

如何鼓励创新？

•创造性源于把旧想法用新方式结合起来，创意经纪人是关键。首先，你自己要成为创意经纪人，然后鼓励团队成员也这样做。

•要了解自己的个人经历，学会关注自己对事物的感受。这样做才可以很好地分清什么是陈词滥调，什么是真知灼见，还要研究自己的情感反应。

•要明白，在创新过程中压力并不意味着一切都完了。相反，创造性绝望至关重要，焦虑能促使我们用新视角看待过去的想法。

•最后，要记住，创造性突破虽然令人欣慰，但也会让我们"屏蔽"更多的选择。我们要客观地评价所取得的成绩，从不同的角度思考问题，赋权给某一成员，让她/他去做从未做过的工作，使我们的思维保持活跃。

如何更好地获取数据？

•当得到新信息后，我们应该对信息进行处理。做笔记解

释你刚刚学到的东西，或者想出能够验证观点的办法，或者
在纸上把一系列数据点绘制成图表，或者跟朋友分享你的观
点。人生中的每个选择都是一种实验，关键是要看到蕴藏其
中的数据，并加以运用，这样我们才能从中学到些什么。

在所有概念中，最重要也是最基础的一点是，把 8 种观点结
合起来形成本书的核心内容：效率就是意识到他人通常会忽视的机
会，会用某种方式做出某些决定（我们看待生活的方式）；我们给
自己讲的故事，我们强迫自己设定的目标；我们构建的团队文化；
我们在生活中做出选择和处理信息的方式。高效的人和企业会强迫
自己选择大多数人和企业忽略的东西，当人们换一种方式思考时，
效率就会产生。

在写作本书的过程中，我找到一个我很喜欢的故事，也是我最
喜欢的报道之一。这个故事是关于现代船运集装箱的发明者马尔科
姆·麦克莱恩的。麦克莱恩于 2001 年去世，但他留下了很多影像
和档案资料，于是我花了几个月研读资料，采访他的家人和他生前
的几十位同事。在他们的眼中，麦克莱恩一直不懈地坚持自己的观
点：用金属制成的箱子运送货物会使港口的运行更高效。这一观点
最终也改变了制造业、运输业以及世界各地的经济。他们说，麦克
莱恩能够如此高效，是因为他执着地坚信自己的观点。

我花了很多时间了解麦克莱恩的故事，并打算把他的故事写到
这本书里。

然而，最终我并没有用这些内容，我发现麦克莱恩的故事体现
出来的道理（一意孤行地坚信某个想法能够带来巨大的改变）不像
我想阐述的其他概念那么重要和具有普遍意义。麦克莱恩的故事虽

然有趣，但不是那么不可或缺，他的方法不一定适用于所有人。而且，有很多例子证明，固执地坚持某种想法会带来适得其反的结果。所以，他的观点无法和本书的 8 种观点相提并论。

不过，我花在研究麦克莱恩身上的时间是值得的，放弃这个素材加深了我对专注力的理解。我大脑中关于本书的心智模型一直和麦克莱恩的故事发生着冲突，麦克莱恩故事中的 SMART 目标并不符合我书中放之四海而皆准的延展目标。换句话说，对麦克莱恩故事的研究帮助我厘清了究竟要通过本书传递什么思想。本书的价值在于，提醒大家效率是如何发生作用的，高效并不意味着每个行动都是有效的，也不意味着不存在无用功。事实上，就像迪士尼团队领悟到的那样，有时你需要通过制造压力来激发创新，有时一个失误却是通向成功的最重要一步。

最后，如果你已经懂得如何发现对很多人来讲也许不太明显的选择，那么你会逐渐变得更高效、更优秀也更具智慧，任何人都可以更具创新性、更专注、更善于设定目标和做出正确的决定。学校可以通过改变教师获取数据的方式发生转变；团队可以学会如何从错误中有所收获，或者把压力作为优势，或者做一些看似浪费时间却能使团队离目标更近一步的事情。赋权给和问题最直接相关的人，可以让口碑较差的学校焕发生机；鼓励老年人成为"叛逆者"，可以使他们的生活充满活力。

我们每个人都可以成为更高效的人，现在你知道该如何去做了吧。

致　谢

无可争辩的是，我所拥有的更高效、更优秀、更具智慧的能力有赖于很多善良人的无私帮助，我需要感谢的人很多。

首先，本书从创意、雏形到呈现在大家面前，都离不开安迪·沃德的大力支持。安迪所做的一切——对编辑和质量的要求尽善尽美，对朋友真心诚挚的友谊——激励着他周围的人变得更加优秀，也让这个世界变得更加美丽和公正，我非常感激有机会与他相识。

我十分幸运能与兰登书屋合作，在吉娜·森屈罗、苏珊·卡米勒和汤姆·佩里明智稳定的领导下，在像超人一样工作的玛丽亚·布雷柯尔、萨莉·马文、桑宇·狄龙、特雷莎·佐罗、阿维德·巴希拉德、妮科尔·莫拉诺、凯特琳·麦卡斯基、梅利莎·米尔斯坦、利·马尔尚、阿莱纳·瓦格纳、丹尼斯·安布罗斯、南希·迪莉娅、本杰明·德雷尔以及耐心的卡拉·迈尔斯等人的配合下，兰登书屋运转良好。我对所有为本书出版付出努力的人心存感激，他们是：戴维·菲特安、汤姆·内文斯、贝丝·凯勒、戴维·韦勒、理查德·卡利森、克里斯蒂娜·麦克纳马拉、杰弗里·韦伯、戴维·罗米尼、辛西娅·拉斯基、斯泰西·贝伦鲍姆、格伦·埃利斯、阿利森·珀尔、克里斯滕·弗莱明、凯茜·塞尔皮科、肯·沃尔罗布和兰登书屋销售部门的每个人。我同样感到非常幸运，能与贾森·阿瑟、埃玛·芬尼根、马修·拉德尔、贾森·史密斯、奈杰尔·威考克斯、威廉海涅曼出版公司的阿斯兰·伯恩，以及加拿大的马莎·科尼亚-福斯特纳和凯茜·泼尼一起共事。

我还要感谢威立版权代理公司的安德鲁·威利和詹姆斯·普伦，安德鲁一直努力让与之合作的作家们可以心无旁骛地工作，我很感谢他的付出，詹姆斯也帮助我了解如何用适合出版的语言形式——我高中时期的短板——进行写作。

我获得的一切成就很大一部分要归功于《纽约时报》的迪安·巴奎特、安迪·罗森塔尔和马特·珀迪，他们的领导力和榜样作用指引我做好每个选择。阿瑟·苏兹贝格、马克·汤普森和梅雷迪思·科皮特·莱维恩是我很好的朋友，是他们让我坚持不懈地追求真理。我很感谢与商业编辑迪安·墨菲和助理商业编辑彼得·拉特曼一起共度的时光，他们的友善、建议和耐心让我有勇气完成此书的撰写。同样，拉里·英格拉西亚几乎在每个问题上都给予我不可或缺的指导。格里·马尔佐拉蒂、金西·威尔逊、苏珊·基拉、杰克·西尔弗斯坦、比尔·瓦蒂克和克利夫·利维一直以来都是值得我信赖的朋友。

我还要感谢《纽约时报》的同事们，他们是：戴维·伦哈特、A. G.苏兹贝格、沃尔特·波格丹尼奇、山姆·多尔尼克、爱德华多·波特、戴维·珀皮奇、约迪·坎特、薇拉·提坦尼克、彼得·拉特曼、戴维·西格尔、乔·诺切拉、迈克尔·巴尔巴罗和吉姆·斯图尔特，以及无私地和我分享真知灼见的人们。

同样，我要感谢亚历克斯·布隆伯格、亚当·戴维森、保拉·肖驰曼、尼维·诺德、亚历克斯·贝伦森、娜扎宁·拉夫桑加尼、布伦丹·柯纳、尼古拉斯·汤普森、萨拉·埃利森、阿曼达·谢弗、丹尼斯·波塔米、詹姆斯和曼迪·温、诺厄·柯奇、格雷格·尼尔森、凯特琳·派克、乔纳森·克莱因、阿曼达·克莱因、马修和克洛艾·加尔金、尼克·帕纳格帕勒斯和玛丽莎·龙卡、唐南·斯蒂尔、斯泰西·斯蒂尔、韦斯利·莫里斯、阿迪尔·瓦尔德曼、里奇·弗兰克尔、珍妮弗·库赞、阿龙·本迪克桑、理查德·兰佩尔、戴维·勒维克、贝丝·沃特麦斯、埃伦·马丁、埃米·华莱士、拉斯·乌曼、埃林·布朗、杰夫·诺顿、拉杰·德达塔、鲁宾·西加拉、丹·科斯特洛和彼得·布莱克，他们一路给我提供了至关重要的支持和指导。本书的封面和内部插图来自才华横溢的安东·乌克诺维茨，谢谢你，安东。

还要感谢帮助我校对信息的科尔·路易松和本杰明·弗伦，帮助我安排格式和注释的奥利维娅·布恩。

在本书的写作过程中，我要感谢很多人不吝时间提供知识和见闻。在此，我想特别感谢威廉·朗格维舍，以及艾德·卡特姆和埃米·华莱士，前者在飞行力学上给予我写作指导，后者让我顺利完成迪士尼那一章的创作。

最后，我要由衷地感谢我的家人：凯蒂·都希格、杰奎·詹库斯基、戴维·都希格、丹·都希格、托尼·马尔托雷利、亚历山德拉·奥尔特和杰克·戈尔茨坦，他们也是我的好朋友。我的儿子奥利弗和哈里一直是我灵感和快乐的源泉，我的父母约翰和多丽丝在我很小的时候就鼓励我写作。

当然，还有我的妻子莉兹，她始终如一的爱、支持、指导、才智和友善让本书得以和大家见面。

2015 年 11 月